Gli Iperborei

Dello stesso autore:
Il sentiero delle babbucce gialle, 2020
Un pappagallo volò sull'IJssel, 2016
Il corvo, 2013
Il re, 2012
Il messaggero, 2010
La casa della moschea, 2008
Ritratti e un vecchio sogno, 2007
Calila e Dimna, 2005
Scrittura cuneiforme, 2003
Il viaggio delle bottiglie vuote, 2001

In copertina
Elaborazione grafica:
Iperborea
Progetto grafico:
XxYstudio

Kader Abdolah

UNO SCIÀ ALLA CORTE D'EUROPA

Traduzione e postfazione di
Elisabetta Svaluto Moreolo

IPERBOREA

Titolo originale:
Salam Europa!
Prima edizione: Prometheus, Amsterdam, 2016

Traduzione dal nederlandese di
Elisabetta Svaluto Moreolo

1ª Edizione: maggio 2018
4ª Edizione: gennaio 2021

www.iperborea.com

ISBN 978-88-7091-494-8

UNO SCIÀ ALLA CORTE D'EUROPA

Così si racconta, ma Dio solo sa se sia riportato secondo verità.

C'era dunque una volta un mercante molto ricco, che aveva numerose persone al suo servizio. Il mercante aveva un harem con donne di ogni tipo che provenivano da diverse tribù, e anche moltissimi figli.

Un giorno decise di lasciare tutto per fare un viaggio in terre lontane.

Dio lo prese sotto la sua protezione e lo predestinò a un viaggio fortunato. Il mercante cavalcò giorno e notte e con suo grande stupore conobbe molte altre genti che parlavano altre lingue e avevano inventato cose meravigliose, e scoprì che c'erano tante altre belle donne sulla terra. Un giorno, nella calura del deserto, vide un castello in lontananza e cavalcò in quella direzione. Arrivato al castello, legò il cavallo a un noce ed entrò titubante per vedere quale prodigio lo attendesse.

«Mio Dio!» esclamò sorpreso.

(Da un'antica *hekayat* persiana)

Salam Europa!

Salam significa salve, pace e salute, quindi: alla tua!

Il mio nome è Seyed Jamal e sono il narratore di questa storia.

Si racconta che una volta c'era un re persiano che un giorno lasciò tutto per fare un viaggio in Europa. E io vorrei provare a mettere per iscritto la storia di quel viaggio, ovvero le fiabe che aveva vissuto.

Da quando ho cominciato a scrivere questa storia non riesco più a distinguere il vero dal falso. Spesso invento cose, ma con mio grande stupore si rivelano più credibili della realtà. È per via della mia fuga: chi non può più tornare a casa finisce per vivere in uno stato di immaginazione. Stendhal, lo scrittore francese dell'Ottocento che nelle sue opere fondeva influenze romantiche e realiste, dichiara in un'intervista: «Non posso restituire la realtà dei fatti, posso solo mostrarne l'ombra.»

Ricordo quando da piccolo mi nascondevo sotto il chador da preghiera di mia madre e seduto in mezzo agli altri bambini raccontavo loro storie inventate. Nella maggior parte di quelle storie volevo essere uno scià che andava dappertutto e faceva tutto quello che voleva. Con questo libro ho fatto la stessa cosa: mi sono nascosto sotto il velo di mia madre e, come uno scià, sono partito per un lungo viaggio.

È con quella base di verità che ho iniziato questo racconto.

Mi sono laureato in lingue orientali all'Università di Leida ed è all'Università di Amsterdam che insegno attualmente, al dipartimento di Lingue e Civiltà Orientali.

Grazie ai miei studi mi sono aperto una porta su quel mondo orientale da cui provengo. Leggo i classici e li traduco in olandese. Ogni tanto, quando da quelle parti del pianeta succede qualcosa, vado in tv a parlare di Iran, Iraq o Siria. Soprattutto adesso che i profughi si stanno riversando in massa in Europa, mi invitano spesso a dare spiegazioni.

Giro molto in bicicletta e mi capita di andare a bere qualcosa con i colleghi, ma a volte mi vedo come un vecchio monaco, chiuso nella sua cella. Un uomo che, nel silenzio e nella pace, si dedica allo studio di testi antichi. I monaci lo facevano per amore di Dio, io per placare la mia fame di racconti.

In questo momento sono seduto a scrivere in un posto tranquillo, vicino alla finestra, nella sezione di Orientalistica della biblioteca dell'università. È una giornata grigia ad Amsterdam e piove.

Vivo in Olanda ormai da un quarto di secolo e da quindici anni ad Amsterdam. Grazie al mio lavoro di docente, ho buoni contatti con i miei colleghi in Germania, Francia, Belgio e Inghilterra e conosco quindi abbastanza bene l'Europa. Nei miei viaggi mi capita spesso di chiedermi: chissà com'era qui una volta, e come mai oggi mi trovo a percorrere queste strade? Anche quando vai ad abitare in una vecchia casa ti domandi che tipo di persone abbiano dimorato lì prima di te e cosa abbiano vissuto.

Avevo letto parecchi libri sull'Europa, ma non mi sentivo appagato: quello che cercavo era piuttosto un'esperienza personale, uno sguardo originale, non un approccio storico. Mi sarebbe piaciuto fare un viaggio a ritroso nel tempo.

Un paio di anni fa, mentre ero diretto in Germania e guidavo per le tranquille strade di confine, mi è venuta tutt'a un tratto l'idea di scrivere un libro sull'Europa. Volevo raccontare una mia storia, un racconto sull'Europa a modo mio.

Non è che io creda al caso, ma all'Università di Colonia mi capitò tra le mani il diario di un re persiano che aveva fatto un viaggio straordinario di sei mesi in Europa alla fine dell'Ottocento. Mi ci gettai a capofitto e finii di leggerlo sul posto. Era affascinante.

Essendo un re poteva andare ovunque, e ovunque le porte di palazzi, musei, dimore private di sovrani e capi di stato, teatri, bordelli, caffè e fabbriche gli venivano spalancate. Fece cose che nessun altro avrebbe potuto fare.

Continuavo a pensare al suo viaggio, ma mancava qualcosa di fondamentale ai suoi racconti. Gli erano sfuggiti molti aspetti importanti. Come lettore vedevo tra le righe delle sue annotazioni tutto quello che lui non aveva visto. Ovviamente leggendo il suo diario quasi centotrent'anni dopo. Sulla via del ritorno in Olanda mi venne l'idea di scrivere un nuovo libro su di lui e sulle sue esperienze alla luce di ciò che sappiamo oggi.

E così sono andato alla ricerca di altre informazioni. Ci ho messo un anno e mezzo per raccogliere tutte le notizie di cui avevo bisogno e leggere una serie di antichi diari di viaggio orientali e di autobiografie occidentali, ma alla fine ero pronto. Per scrivere il mio libro ho scelto un'antica forma orientale: l'*hekayat*. Sarebbe diventato una serie di episodi sull'Europa nello stile degli antichi racconti persiani.

Per avere comunque un punto di riferimento, ho fissato prima un tempo fittizio di ambientazione: la primavera e l'estate del 1880, in modo da poterci avvicinare un po' di più alla realtà. Ma mi sono presto reso conto che non poteva funzionare. Nei racconti dello scià le date oscillano tra il 1870 e il 1890, per cui mi trovavo spesso incastrato tra tempo reale e tempo immaginario. Così nella mia narrazione ho lasciato perdere il tempo.

Ogni racconto ha un inizio e in questo racconto tutto comincia a Teheran. Vado a vedere dov'è il re.

Hekayat dell'addio dello scià al suo harem

In Persia il re era chiamato «scià». Scià è una parola antica che significa «il più grande, il migliore, il perfettissimo». Significa inoltre l'ombra di Dio sulla terra. Lascerò che anche i miei personaggi lo chiamino così.

Dopo un anno di preparativi, lo scià si accingeva al suo viaggio. Passando dall'Azerbaijan avrebbe attraversato la Russia fino ad arrivare a Mosca, per poi proseguire in treno, in carrozza e a cavallo attraverso il resto dell'Europa. Alla fine di questa lunga visita di stato, avrebbe fatto ritorno in Persia seguendo un tragitto più breve.

Nel momento in cui scrivo lo scià è ancora a Teheran. Nonostante fosse andato a letto tardi, si era svegliato di buonora e stava passeggiando nei giardini del palazzo.

Era l'inizio della primavera e gli alberi erano in piena fioritura. Lo scià fremeva di impazienza, avrebbe voluto addirittura anticipare la partenza, ma doveva aspettare che i suoi compagni di viaggio fossero pronti. Voleva dare un'ultima occhiata al suo harem, ma ebbe la sorpresa di trovarsi davanti le sue trecento mogli che l'aspettavano zitte, vestite a festa, in giardino. Reggevano tutte in mano uno specchio e piangevano in silenzio e al tempo stesso sorridevano. Alcune si fecero avanti con coppe di cristallo piene di acqua limpida con cui lo aspersero per augurargli un viaggio privo di pericoli. Per ultima arrivò sua madre e porse anche a lui uno specchio. Lo scià si guardò: un uomo di quarantasette anni, con i capelli in parte grigi, grandi baffi spioventi e due ardenti occhi neri.

Si commosse e le lacrime presero a scorrergli sulle guance. Si apprestava a partire per un viaggio lontano, un viaggio ignoto per lui e per tutti, un viaggio misterioso dal quale forse non sarebbe tornato vivo. Poteva anche essere l'ultima volta che vedeva le sue mogli. Le donne gli si strinsero intorno, toccandolo e accompagnandolo al cancello, dove lo attendevano i compagni di viaggio. Arrivarono anche i domestici portando fornelletti accesi sui quali spargevano erbe aromatiche per scacciare gli spiriti maligni, mentre un gruppo di musicisti accompagnava un giovane cantante che intonava malinconici canti d'addio. Lo scià si asciugò le lacrime con il fazzoletto e si congedò dalle sue mogli.

Una grande carrozza dorata era pronta davanti al cancello. Lì, schierati su due file, si erano radunati i funzionari di stato, i membri della famiglia reale, una delegazione del bazar e gli ambasciatori dei paesi europei, quello russo e quello britannico in testa, per augurare buona fortuna allo scià nella sua spedizione. Lui rivolse ad alcuni un cenno del capo, ad altri strinse la mano, e scambiò qualche parola cordiale con l'ambasciatore russo e quello britannico. Centinaia di persone si accalcavano dietro i sorveglianti nella speranza di riuscire a scorgerlo. Il gran ciambellano gli si avvicinò con un vassoio d'argento colmo di monete di nuovo conio. Lo scià ne afferrò una manciata e le lanciò alla folla. Non aveva mai lanciato così tante monete ai suoi sudditi: lo fece pensando che, se non fosse tornato, non lo avrebbero mai dimenticato.

«Sono pur sempre i nostri sudditi», diceva tra sé con gli occhi pieni di lacrime, «e noi siamo il loro re.»

La sua carrozza si avviò seguita da altri duecento tra carri e carrozze, che trasportavano in un corteo infinito i compagni di viaggio e i bagagli. Lo scià aveva preso con sé sei delle sue trecento mogli, quelle più dotate di buone maniere, in pratica le principesse della sua diretta famiglia reale.

A distanza di oltre centotrenta o forse centocinquant'anni, guardo dalla finestra della biblioteca dell'Università di Amsterdam la carrozza dello scià e la carovana che la segue. Trovo meraviglioso sapere più cose io del loro viaggio di tutti quanti loro.

1

Finora non ho mai sentito la necessità di un computer nuovo, ho sempre usato Word su quello vecchio e lento dell'università: per via dei tagli, i finanziamenti nel dipartimento di Studi Orientali ormai sono ridotti al minimo. Ma da che ho cominciato questo libro, mi rendo sempre più conto che me ne servirebbe uno più veloce.

Ieri ho visto il nuovo MacBook. Il commercialista mi ha detto che posso detrarre l'acquisto dalla mia dichiarazione dei redditi: credo proprio che uno di questi giorni andrò a comprarmelo. Intanto mi dà un po' più di prestigio come docente universitario e poi forse mi è utile, con tutti i miei spostamenti.

Oggi fa decisamente caldo e gli studenti vanno in giro in pantaloni corti e abiti estivi. È difficile tenerli in classe in giornate così.

Andrò a vedere che ne è della carovana dello scià.

Il convoglio si era lasciato alle spalle molte colline, montagne, campi, fiumi e miseri villaggi sulla strada verso il Mar Caspio, dove li attendeva una grossa nave russa inviata dallo zar. Era finito il lungo anno di faticosi preparativi e Teheran era ormai lontana, dietro le alte montagne.

Lo scià si era soprattutto liberato delle oltre trecento mogli del suo harem. Era scoppiata una lite furibonda su chi tra loro dovesse andare con lui. Non capivano che non poteva portarne tre o quattro qualsiasi. Erano per lo più donne umili, analfabete, che non conoscevano le buone maniere. Come poteva portarle in Europa, come poteva presentarle ai sovrani europei? Per questo viaggio storico doveva essere accompagnato dalle sue mogli più belle, più giovani e più brillanti. Perciò la scelta era caduta su sei autentiche principesse della sua stessa dinastia. Coperte dal *niqab*, le principesse viaggiavano in sei carrozze distinte, ciascuna con i propri domestici. Erano al colmo della felicità. Avevano fatto lunghi pellegrinaggi in passato, ma questo viaggio era un'altra cosa.

Non sapevano niente, assolutamente niente dell'Europa, e a stento conoscevano i paesi che avrebbero visitato, in pratica solo per sentito dire. Mosca è bella, le chiese lì hanno cupole dorate molto particolari. Berlino è la capitale della Germania, che prima si chiamava Prussia. Ad Amsterdam ci sono le prostitute alle finestre, Anversa ha diamanti eccezionali. A Londra abita la regina Vittoria. A Parigi ci sono donne eleganti, belle borse e belle scarpe.

Questo era quanto: praticamente non sapevano altro. Ed erano così eccitate da quello che le aspettava da rischiare quasi di rimanerci secche.

Nonostante fosse appena iniziata la primavera, era arrivato un caldo improvviso e le strade erano terribili. Lo scià e compagni erano spesso costretti a smontare dalla carrozza per permettere ai cavalli di proseguire.

Il sovrano aveva fretta, voleva uscire al più presto dal paese per paura che succedesse qualcosa che potesse impedirgli di proseguire: un evento catastrofico che richiedeva la sua presenza, un terremoto, un'epidemia di peste o la morte improvvisa della vecchia madre. Per questo preferiva fermarsi il meno possibile.

Poiché le piogge primaverili e le forti alluvioni avevano reso impraticabile la maggior parte delle strade, ci avrebbero comunque messo una settimana per arrivare al Mar Caspio. Quindi, ora che si stava lentamente lasciando alle spalle il paese e le sue incombenze di re, poteva sostare ogni tanto a scrivere con tranquillità. Scriveva tutto quello che vedeva e le poesie che gli venivano in mente. La sera si sistemava su una sedia davanti alla tenda e lavorava a una poesia che gli aveva ispirato questa nuova, inattesa primavera:

È appena sfrecciato un uccello sopra il prato.
In alto, verso il sole se ne è volato.
Una bella fanciulla è passata per la via.
Non sarebbe male, pensammo, averla per compagnia.
Ma tenersi in tenda una nuova moglie in viaggio.
Non ci è parso, dopo tutto, troppo saggio.

Scritta la poesia, si alzò e andò a fare un giro tra le tende per vedere come se la passava il suo seguito.

Hekayat dei compagni di viaggio dello scià

In nessun diario c'è scritto chi avesse effettivamente accompagnato lo scià in questo viaggio storico.

E neppure è detto chiaramente da nessuna parte in quanti fossero. Anche questo è un tipico modo orientale di raccontare. Non si indicano i numeri esatti, si conta e si calcola tutto con larghezza. «Eravamo in tanti», «eravamo un gruppo numeroso», «ero con molti altri».

È come se si avesse paura di perdere qualcuno, dicendo il numero esatto. Personalmente sono arrivato a contare un seguito di centoquaranta persone, composto da:

un folto stuolo di ministri e relativi assistenti;
un folto stuolo di principi (con i rispettivi domestici) inquadrati sia nella guardia speciale sia nell'esercito;
uno stuolo di generali di alto rango con i loro sottoposti;
il dottor Toluzan, medico personale dello scià;
il cuoco di palazzo, con sotto-cuochi e sguatteri;
il capo della Scuderia Reale e diversi stallieri addetti alla cura dei cavalli che lo scià, i suoi ministri e i generali montavano in diverse occasioni esibendoli con orgoglio;
il barbiere personale dello scià, che durante il viaggio aveva anche altre mansioni,

come fargli i massaggi e preparare il tè. Gli preparava anche il narghilè e l'oppio;
Mirza, il domestico che gli leggeva i libri ad alta voce e aggiornava il suo diario quando lui non ne aveva voglia;
e naturalmente le sei principesse con la loro servitù.

Con grande irritazione dello scià, c'era anche un esponente del clero, un imam che su incarico del grande ayatollah di Teheran sorvegliava i membri della comitiva.

Ma c'era anche una donna che viaggiava segretamente con loro. A parte chi l'aveva aiutata di nascosto, sono l'unico al corrente della sua presenza. Ho letto le sue memorie. Si chiamava Enisbanu, e d'ora in poi la chiamerò soltanto Banu.

Banu non doveva assolutamente far parte del seguito, ma si era nascosta in una delle grandi cassapanche caricate sui carri. Per ora non mi occuperò più di lei, aspetto che esca da sola dal suo nascondiglio. Avendo letto la storia della sua vita, so che avverrà solo quando si troverà in terra russa.

Ma per il momento siamo lontani, dobbiamo ancora raggiungere il porto del Mar Caspio dove una nave russa è in attesa dello scià. Prima di arrivarci, però, voglio raccontare la storia delle zucche.

Hekayat delle zucche

Il futuro scià doveva essere educato con il pugno di ferro fin da piccolo, pensava suo padre, il re. Doveva imparare a combattere, a sparare, ad andare a cavallo, a nuotare, a uccidere e a sopportare la fame. Ma il bambino non era fatto per un'educazione così rigida, e men che meno per diventare un giorno re. La sua infanzia era stata perciò terribile e terribile l'adolescenza. Era così che era stato preparato alla regalità.

Aveva quattordici anni quando il padre morì e dovette succedergli al trono. Fu immediatamente coinvolto nella dura e intricata politica di Russia e Inghilterra, entrambe determinate a decidere il futuro della sua patria. Nel palazzo in cui viveva recluso era circondato da complici di inglesi e di russi, oltre che dalle bugie e dagli inganni dei suoi ministri, dei suoi principi e delle sue stesse mogli. Gli era stato insegnato di non fidarsi di nessuno e quindi non si fidava di nessuno. Così era diventato un sovrano crudele, proprio lui che non avrebbe mai voluto essere re. Dava sistematicamente l'ordine di uccidere le persone a lui più care. Era diventato il monarca che i suoi educatori volevano, solo a nuotare non aveva mai imparato, quello era rimasto il suo incubo. Bastava la vista di un fiume a risvegliare le angosce della sua infanzia.

Aveva quattro anni quando, di punto in bianco, il suo istitutore lo aveva preso e gettato in un fiume gridando: «Nuota, nuota, nuota!» Lui aveva pianto, strillato, annaspato nell'acqua finché l'istitutore non l'aveva ripescato per la collottola come un gatto annegato. Intirizzito e paralizzato dalla paura, si era aggrappato alle sue gambe supplicandolo di non ributtarlo in acqua. Non sapeva nuotare, non voleva e non avrebbe mai imparato.

Anni dopo, diventato re, avrebbe fatto spesso lo stesso incubo: fuggiva a cavallo dal fronte, inseguito da soldati nemici. A un tratto si trovava davanti un fiume largo e profondo. E il cavallo si rifiutava di entrare in acqua.

Tra poco avrebbe dovuto affrontare il Mar Caspio per poter mettere piede sul suolo russo. Mancavano ancora due giorni e tre notti per arrivare al mare. Erano già tutti stanchissimi, ma lui non poteva permettersi di esserlo. Era solo l'inizio di un lungo viaggio, il viaggio dei viaggi. E lui era il primo scià ad andare in Europa, non doveva in alcun modo lasciarsi prendere dalla paura del mare.

A un certo punto la carovana si trovò davanti un fiume largo e profondo. I cavalli si rifiutarono di entrare in acqua. Lo scià scorse poco lontano degli uomini, che in quella giornata calda nuotavano ridendo e parlando ad alta voce. Avevano qualcosa di strano. Li scrutò con il cannocchiale e si rese conto che erano tutti vecchi e con la gobba. Scese dalla carrozza e si nascose dietro un albero per osservarli meglio. Ciò che vide lo lasciò di stucco. Ognuno di quei vecchi aveva una zucca vuota legata alla schiena che gli impediva di annegare. Non sapevano nuotare, erano le zucche a tenerli a galla mentre agitavano goffamente braccia e gambe nell'acqua. Lo scià non poté fare a meno di ridere, e al tempo stesso gli si riempirono gli occhi di lacrime al doloroso ricordo della sua infanzia.

«Vai a cercare una grossa zucca», disse a Einoldowle, il fidato ciambellano.

Poco dopo nuotava nel fiume ridendo con una zucca vuota sulla schiena.

«Vai a procurarti le zucche più grandi che trovi», gli ordinò poi.

Dopo mezza giornata di ricerche Einoldowle tornò con quindici grandi, enormi zucche.

«Le portiamo via tutte», disse lo scià.

Le zucche furono caricate su un carro e seguirono lo scià in Europa.

Quando la carovana raggiunse Parigi ne erano rimaste ancora sette. Un giornalista francese le menzionò in un articolo su *Le Figaro*, senza però riuscire a capire perché lo scià se le portasse dietro ovunque: «*Je ne pouvais pas comprendre pourquoi le shah avait besoin de ces grandes citrouilles à Paris.*»

Seguiamo il viaggio delle zucche.

Hekayat della nave dello zar

La carovana proseguì verso il mare con il suo carico di zucche. Dopo altre due notti di sonno agitato, lo scià si trovava ora sulla riva del Mar Caspio. Si vedevano in lontananza grandi navi bianche che battevano bandiera russa. Il suo povero paese non possedeva neanche una nave. Un sudore freddo gli velò la fronte: come re di uno stato tanto povero si vergognava di visitare un paese potente come la Russia. Presto avrebbe incontrato re e uomini di stato europei, varcato la soglia di palazzi sontuosi e visto tante cose straordinarie che gli avrebbero continuamente fatto capire quanto era piccolo e insignificante. «Avremmo preferito non fare questo viaggio», annotò sul suo diario, «ma è giunto ineluttabile come la morte. È la storia che ci porta.»

Tutt'a un tratto le navi si misero a lanciare muggiti, come giganteschi bovini, in onore dello scià. Gli occhi gli si riempirono di lacrime: non era un re, era un bambino. Con una mano guantata di bianco si asciugò una goccia traditrice che gli scendeva sulla guancia.

Sarebbe voluto salire subito a bordo della nave dello zar venuta a prenderlo dalla Russia, ma doveva avere pazienza, prima andavano caricati i bagagli, tutte le valigie, i bauli e i cavalli. Doveva anche parlare per l'ultima volta di questioni importanti con il suo primo ministro. Poi giunse il momento di un mesto commiato: «Addio, patria. Tra poco dovrò affrontare il mare.

Forse non metterò mai più piede sul nostro amato suolo.»

Poco dopo una piccola delegazione russa sbarcò da una lancia, gli porse gli omaggi dello zar e lo condusse alla nave. Quando la lancia si staccò da terra, lo scià agitò la mano verso il suo paese e iniziò un viaggio verso le storie vere che forse sarebbero state potenti quanto le fiabe orientali.

«Quale sarà la nostra prima meta?» gli chiese una delle sue sei mogli.

«Dio solo lo sa.»

«Ma non stiamo andando in Russia?» esclamarono le altre cinque in coro.

2

Ho due scatole di fotocopie di articoli di giornali di tutti i paesi che lo scià ha visitato nel suo viaggio. I miei vecchi compagni di lotta sono sparsi in tutto il mondo, da Mosca all'Inghilterra, e perfino in Sudafrica. Mi sono stati di enorme aiuto, andando a scartabellare negli archivi e spedendomi montagne di ritagli di giornali e fotografie che normalmente mi sarebbe stato difficile procurarmi. Così, per una serie di coincidenze, sono ora in grado di viaggiare nell'Europa dell'Ottocento. È l'ennesima prova che niente nella vita succede per caso.

Basandomi su quegli articoli, per prima cosa voglio presentare brevemente Banu, che sarà uno dei personaggi principali della storia. Banu è dunque la settima moglie dello scià che partecipa al viaggio, e attualmente è nascosta in una cassapanca nella stiva della nave. Era l'unica con cui lo scià si sentisse a suo agio, la sua migliore amica e confidente, l'unica cui osasse leggere le sue poesie. Una donna che lo prendeva tra le braccia come un bambino e lo consolava.

Lo scià l'avrebbe sicuramente voluta con sé, ma sua madre, che aveva molto da ridire sul suo conto, aveva fatto cancellare il suo nome dalla lista: «Lei no, è una persona infida. Come fai a presentarla alla zarina di Russia o alla regina Vittoria? Lo scià di Persia con un'armena?»

Sono nel mio ufficio all'Università di Amsterdam e sto leggendo le memorie di Banu, scritte in francese. Suo padre era musulmano, ma la madre proveniva da una famiglia armena. Sono contento di poterla inserire nel mio romanzo. Non è una contadina, è una donna intelligente che nelle prossime pagine ci condurrà a modo suo nell'Europa dell'Ottocento.

Ma prima devo farla uscire dalla cassapanca.

Hekayat dell'incontro tra lo scià e Banu sulla nave

La nave russa solcava tranquilla il Mar Caspio con a bordo lo scià, quando all'improvviso il tempo cambiò, e in pochi minuti si ritrovò squassata da onde alte e violente. L'umore del sovrano mutò con altrettanta prontezza e anche lui, come gli altri passeggeri, sentì infuriare la burrasca fin dentro allo stomaco. Era come se le sue viscere volessero fuggire dal corpo attraverso la bocca. I suoi compagni di viaggio si liberarono di quanto avevano mangiato e rimasero sdraiati. Le sei mogli si rifiutavano di lasciarsi vedere in quelle condizioni: chiusero la porta della cabina e vomitarono anche l'anima.

Mentre erano tutti a letto stremati, qualcuno sgattaiolò nella stiva per aprire la cassapanca in cui era rinchiusa Banu. A differenza degli altri, lei non soffriva il mal di mare. Fece comunque fatica ad alzarsi, ma dopo aver camminato un po' avanti e indietro sentì di nuovo le membra sciolte.

Andò alla cabina dello scià. Lui non aveva vomitato, ma era afflosciato sul pavimento come un sacco di patate. Banu gli tamponò il viso con un panno umido e gli diede un sorso d'acqua. Poi si accoccolò accanto a lui, gli prese il capo tra le mani e se lo posò in grembo. Lo scià dischiuse appena gli occhi ma, vedendola, pensò che fosse la sua immaginazione e li richiuse subito.

Un attimo dopo, però, li spalancò sbigottito e balzò seduto.

«Che cosa ci fai tu qui?»

«Potevo lasciare che il mio re affrontasse questo lungo viaggio da solo?»

Lo scià si alzò in piedi.

«Come sei arrivata fino a qui?» le domandò incredulo, ma anche con una punta di sospetto.

«Come tutti gli altri», rispose Banu con un sorriso.

Queste parole non acquietarono affatto la sua diffidenza. Sospettoso com'era, voleva una risposta precisa alla domanda.

«Come sei salita a bordo?»

«Dentro una cassapanca.»

Lo scià era innamorato della moglie, ma quella risposta non gli bastava.

«Chi ti ha aiutato?»

«Nessuno! Ero disperata e mi sono nascosta in una delle tante cassapanche. Così sono salita a bordo insieme al resto dei bagagli.»

Era troppo assurdo per essere vero, ma poteva anche essere andata banalmente come lei sosteneva.

«Mi mancavate», riprese Banu, «e sapete quanto avrei voluto venire con voi. E poi me lo avevate promesso. Avevate scritto il mio nome nella lista. Io vi amo, Maestà. Credetemi, mi sono nascosta in quella cassapanca e ora sono qui con voi.»

Lo scià era perennemente costretto a destreggiarsi in un groviglio di verità e menzogne, tra amici, nemici e spie, donne e tradimenti. Nel frattempo la nave imperiale era entrata nel delta del Volga. Non aveva senso lasciare che quella faccenda rovinasse il viaggio dei suoi sogni. Forse Banu diceva la verità. Dopo tutto avevano fantasticato di quel viaggio per un anno intero e lui le aveva effettivamente promesso di portarla con sé.

Sì, pensò, poteva benissimo darsi che Banu dicesse la verità. Lasciò che lo aiutasse a indossare l'abito reale in modo da essere elegante quando, tra poco, avrebbe messo piede sul suolo russo.

Vestita a festa, Banu salì le scale dietro di lui per uscire in coperta.

Hekayat delle sei mogli dello scià quando incontrarono Banu in coperta

Ancora malfermi sulle gambe per via del mal di mare, lo scià e i suoi compagni di viaggio guardavano dal ponte la nave entrare nel porto di Hadj Targhan. Una delegazione russa li attendeva sulla banchina per porgere allo scià il benvenuto a nome dello zar.

Per sicurezza il barbiere lo fece accomodare su una sedia e gli porse uno specchio: voleva dare un'ultima rasatina ai peli regali del collo. Non ci volle molto e pochi istanti dopo lo scià si alzò.

Uno stormo di oche selvatiche passò alto nel cielo sopra di loro. Il barbiere gli porse il fucile carico e lui ne abbatté subito una. Tutti applaudirono.

Una grossa e rabbiosa zanzara russa lo punse sul collo appena rasato. Lo scià maledisse la madre della zanzara e la uccise con un colpo secco. Il barbiere gli allungò subito un asciugamano per pulirsi mano e collo.

Mentre la nave eseguiva le ultime manovre, i rimanenti membri del seguito scomparvero uno dopo l'altro in coperta, ma delle sei mogli dello scià non si vedeva l'ombra. Tutti pensarono che fossero ancora in cabina in preda al mal di mare. In realtà erano alle prese con tutt'altro. Con grande sgomento avevano avvistato a bordo la loro rivale Banu. Si sentivano ingannate dallo scià e pensavano che l'avesse portata con sé alle loro spalle.

Le sei donne erano cresciute nell'harem insieme ad altre trecento concubine e sapevano come vendicarsi. In un momento di distrazione generale infilarono un sacco in testa a Banu. Poi iniziarono a picchiarla tutte insieme e a riempirla di morsi e pizzicotti. Sapevano che era la favorita dello scià e per questo ribollivano di rabbia e di gelosia.

«Parla! Come sei salita a bordo?» le chiedevano continuando a darle morsi.

Banu taceva.

«È stato lo scià a portarti?»

Lei scosse la testa, ma non fu una risposta saggia. Avrebbe dovuto dire che lui le aveva chiesto personalmente di accompagnarlo, altrimenti rischiava che la buttassero in mare.

«Dicci allora chi ti ha fatto salire a bordo!» le urlarono in faccia.

«Lo scià!» disse Banu, «è stato lui a portarmi!»

Le sei mogli avevano perso ogni piacere in quel viaggio. La sua presenza era peggio del mal di mare. Lo scià non avrebbe dovuto permettersi un simile sgarbo. Adesso toccava loro contendersi con lei ogni notte il letto del sovrano. Ma non potevano opporsi alla realtà delle cose. Indossarono il niqab per nascondere il loro dolore e salirono in coperta ad ammirare la Russia.

I soldati dello zar spararono sette salve di cannone e i musicisti attaccarono a suonare.

Lo scià mise piede sul suolo russo nel porto di Hadj Targhan.

3

Ho guardato su Google Maps per capire in quale porto avesse attraccato la nave. Nel diario dello scià si parla della città portuale di Hadj Targhan. Naturalmente si tratta di un'antica denominazione che nel frattempo è cambiata. Dopo il tramonto della Russia imperiale e l'avvento dell'Unione Sovietica, a tutte quelle città è stato dato un nome nuovo, ma ai fini di questa storia non è rilevante. So che cinquantaquattro anni dopo Stalin ha seguito a ritroso lo stesso percorso per andare a Teheran, dove lo attendevano il presidente americano Roosevelt e il primo ministro britannico Churchill. Avevano organizzato l'incontro per formare una coalizione contro Hitler.

Non è a caso che ho nominato Stalin: più avanti lo scià incontrerà suo padre e forse gli metterà anche in mano una moneta d'oro. Ovviamente non poteva sapere che quell'uomo aveva un figlio che anni dopo sarebbe stato noto come Iosif Stalin, l'uomo d'acciaio.

Trovo pazzesco che io sia diventato docente di orientalistica, e per giunta ad Amsterdam. Che la mia vita dovesse prendere una simile piega non mi sarebbe mai neanche passato per la testa, quando vivevo ancora a Teheran.

Era da molto che i miei pensieri giravano intorno all'idea di conoscere meglio l'Europa, ma non mi aspettavo di farlo insieme allo scià e di vederla con i suoi occhi. Tra poco andrò con lui in luoghi dove non avrei potuto metter piede neanche nella mia immaginazione. Luoghi che nessun europeo poteva visitare in quel modo.

Lo scià mi affascina, e mi sorprende con il suo viaggio. Per questo continuo a seguirlo volentieri. Chissà, forse riuscirò a scrivere il libro dei miei sogni.

Tra poco incontreremo il padre di Stalin. Ma prima passeremo una notte a Hadj Targhan.

Hekayat della prima notte in Russia

A Hadj Targhan una marea di persone era scesa in strada per ammirare lo scià. Lui non si aspettava minimamente tutta quella folla. Lo applaudivano, gli lanciavano fischi di ammirazione e scandivano frasi nella loro lingua che lui non capiva.

Il sindaco della città lo condusse verso una carrozza comunale riccamente decorata, ma lui preferiva fare il suo ingresso alto in sella sul suo cavallo, come un vero re. Quando glielo portarono fu chiaro che durante il viaggio il vivace, robusto destriero aveva perso il suo acume e la lucentezza del manto: l'animale aveva l'aria vecchia e malata. Era ancora stordito dalla traversata e schiuma e bava gli colavano dalla bocca. Non c'era più traccia dello splendore di un tempo. E in più non voleva saperne di muoversi.

Lo scià chiese di avere il suo secondo cavallo, ma tutti i cavalli stavano male ed erano in preda al panico in quel nuovo ambiente. Einoldowle, il fido ciambellano che lo accompagnava ovunque, gli sussurrò: «Se vostra Maestà volesse salire sulla carrozza comunale...»

Lo scià montò in carrozza, mentre uno stuolo di cavalieri in alta uniforme lo precedeva e i principi persiani lo seguivano in sella a cavalli russi per scortarlo alla sua residenza tra il giubilo della folla.

Per quella sera non erano previsti impegni ufficiali, perciò lo scià poteva riposare. Ma non riusciva a rilassarsi a causa della tensione. Prese il suo diario e si mise a descrivere con dovizia di particolari la lunga cerimonia di benvenuto e ciò che accadeva attorno a lui. Quando fu stanco di scrivere, ordinò a Einoldowle: «Fa' venire Banu.»

Cercò di scacciare dalla mente ogni pensiero cupo su di lei: la conosceva da anni, era la sua favorita e gli aveva dimostrato da tempo di essere affidabile. Doveva crederle perché era sicuro che lo amava. Nel lungo viaggio pieno di emozioni che aveva intrapreso aveva bisogno di parlare con Banu, di aprirle il suo cuore. Se non poteva fidarsi di lei, non poteva più fidarsi di nessuno.

Einoldowle aprì la porta della camera da letto e la fece entrare. Lo scià non fece alcun cenno a quello che era successo sulla nave, la accolse subito nel suo letto e fece l'amore con lei. Poi Banu posò come sempre il capo sul suo petto nudo, chiuse gli occhi e lo lasciò parlare. Era l'unica persona cui lo scià apriva il suo cuore, l'orecchio paziente di cui aveva bisogno.

«Ci ha fatto piacere quell'accoglienza regale. È stato un buon inizio, ma ora siamo curiosi di vedere come ci accoglierà lo zar. Per quanto abbiamo selezionato con cura i nostri compagni di viaggio, temiamo che tra loro ci siano spie inglesi e russe pronte a fare rapporto su ogni cosa. Siamo appena partiti e già quell'imam non fa altro che tormentarci. Passa continuamente a predicare cosa dobbiamo o non dobbiamo mangiare, e quale bicchiere possiamo toccare e quale no. Ci dà sui nervi. Dobbiamo trovare il modo di evitare che ci segua ovunque.»

Sapendo che sarebbe scoppiato il finimondo se le altre mogli fossero venute a sapere della visita di Banu, alla fine della serata lo scià la mandò via. Poi fece venire le altre, che erano sollevate e contente che lo scià non ne avesse chiamato solo una ma tutte e sei insieme.

Lui le aspettava a letto con lo stesso pigiama con il quale aveva accolto Banu.

«Come state, principesse?» domandò in tono allegro.

Non c'era bisogno di chiederlo: erano raggianti di gioia. Per sei mesi non sarebbero state costrette a starsene chiuse nel loro soffocante harem, sarebbero state accolte nelle corti d'Europa, e avrebbero visitato metropoli come Mosca, Berlino, Parigi e Londra. Era un viaggio misterioso che andava oltre la loro immaginazione.

«Spogliatevi», ordinò loro lo scià, «stasera abbiamo bisogno di tutte voi. Venite, coccolateci, massaggiateci e fateci godere.»

Le principesse si guardarono felici, contente che il re fosse di buon umore. Si spogliarono e si infilarono sotto il grande lenzuolo bianco. Ricoprirono lo scià di baci, gli fecero massaggi, coccole, lo stuzzicarono, lo mordicchiarono dolcemente, gli fecero mille complimenti e lasciarono che godesse di tutto quello che voleva.

Einoldowle rimase ancora per un po' dietro la porta. Appena sentì i gorgoglii delle donne e le risa dello scià, andò in camera sua a riposare dopo quella lunga giornata.

Quando posò la testa sul cuscino, pensò all'imam.

Hekayat di Einoldowle e dell'imam

Come suo confidente, Einoldowle era la persona più importante nella vita privata dello scià. In effetti era come lo scià stesso, ma in un'altra corporatura. Era alto e forte e seguiva lo scià come la sua ombra.

Aveva tredici anni quando era stato castrato per poter lavorare nell'harem. Nei lunghi anni al servizio del suo signore, aveva saputo conquistare la sua fiducia e lo scià non muoveva un passo senza di lui. L'eunuco lo considerava l'ombra di Dio sulla terra e considerava se stesso la sua ombra.

Anche nel sonno stava sempre con l'orecchio teso per poter soddisfare a ogni istante i suoi desideri. Quella notte nessuno aveva bisogno di lui. Lo scià e le sue sei mogli dormivano profondamente tra le braccia l'uno delle altre, e nel resto del palazzo regnava il silenzio.

Lo scià non gli impartiva mai ordini diretti, ma lui sapeva sempre ciò che voleva. In quel viaggio era i suoi occhi, le sue orecchie e il suo braccio. Era sua la responsabilità di tenere sotto controllo la carovana. Non aveva ancora parlato con il suo signore di quel ficcanaso dell'imam, ma sapeva che lo scià voleva liberarsi di lui. E stava già pensando al modo di sbarazzarsene prima che si addentrassero nel cuore dell'Europa.

L'imam si chiamava Mulla Nazar e aveva il compito di far rispettare la sharia. Controllava soprattutto che le mogli dello scià non avessero condotte sconvenienti, ma anche che gli uomini si comportassero bene. Pretendeva addirittura di stare alle costole dello scià, cosa che il sovrano non aveva affatto messo in conto.

Tutti lo detestavano e avevano paura di lui.

La parte ufficiale del viaggio sarebbe iniziata soltanto a Mosca, ma lui aveva già cominciato da tempo a far rispettare la sharia. Impediva alle mogli dello scià di apparire in pubblico, a meno che non indossassero il niqab.

A loro non piaceva affatto. Banu, poi, non lo ascoltava neanche e faceva quel che le pareva. Così lui era entrato nel primo ufficio telegrafico che aveva trovato e aveva spedito al sommo ayatollah di Teheran un telegramma breve ma efficace: «La principessa Banu si comporta come una sgualdrina.»

Mulla Nazar doveva essere messo fuori combattimento, se necessario, anche eliminato di nascosto, questo Einoldowle l'aveva capito bene.

Nei due giorni seguenti lo scià aveva un fitto programma di impegni a Hadj Targhan. Una cena con gli amministratori comunali, un brindisi con la delegazione arrivata da Mosca, la visita di una serie di musei, chiese e moschee e una dimostrazione antincendio, tutte cose di cui avrebbe fatto volentieri a meno. Avrebbe voluto proseguire più velocemente verso l'Europa, andare a Mosca, incontrare lo zar e gli altri sovrani.

Fremeva di trepidazione all'idea che tra pochi giorni avrebbe visto per la prima volta un treno e ci sarebbe anche salito. Aveva letto e sentito parlare molto dei treni, ma non avevano ancora raggiunto la Russia europea, doveva avere pazienza.

Non era solo lui a voler accelerare i tempi, anche i membri del suo seguito e soprattutto le sue mogli avrebbero voluto rimettersi in viaggio.

Partiamo quindi da Hadj Targhan.

La carovana dello scià si era nel frattempo allungata per via dei doni che aveva ricevuto. Inoltre molti di loro avevano comprato diversi prodotti e souvenir, tutte novità russe o europee ancora introvabili nei bazar di Teheran. In effetti non avrebbero dovuto fare tutti quegli acquisti, che sarebbero col tempo diventati un peso enorme. Se andavano avanti così in ogni paese, la carovana sarebbe presto stata senza fine.

Non avevano fatto ancora abbastanza strada per rendersene conto, ma io già prevedevo come si sarebbero resi ridicoli passando per le vie di Mosca, Berlino, Londra e Parigi con centinaia di carrozze e carri pieni di valigie, casse e zucche. Avrebbero causato enormi ritardi ai treni e tutta quanta la faccenda non sarebbe passata inosservata ai giornalisti europei, che proprio in quell'epoca stavano prendendo piena coscienza del potere della carta stampata.

Ma non siamo ancora arrivati lì. Dobbiamo prima affrontare una magica steppa.

Hekayat della steppa

La carovana, con alla testa la carrozza dello scià, stava attraversando la steppa. Una distesa monotona e infinita. Lo scià si allungò sulla poltrona reale e si coprì con un lenzuolo bianco, tirandoselo fin sopra il capo per proteggersi dal riflesso violento della luce.

La carrozza avanzava e lui ascoltava lo zoccolio dei cavalli.

Non sapeva che nel sottosuolo di quella steppa c'era un enorme giacimento di petrolio e gas naturale.

Molti sovrani europei erano al corrente dei siti dei vari giacimenti petroliferi, ma non potevano ancora sapere che nel giro di qualche decennio il petrolio avrebbe cambiato il mondo. Per accaparrarselo si sarebbero combattute molte guerre, si sarebbero cambiati molti confini, molti uomini sarebbero stati uccisi.

Lo scià non sapeva nemmeno che nel sottosuolo del suo paese ci fossero giacimenti di petrolio e gas naturale ancora più grandi. Reuter, un uomo d'affari britannico, lo sapeva da tempo ed era già entrato in trattative con lui. Lo scià gli aveva ceduto i diritti su tutte le possibili riserve di greggio e gas per una somma ridicola, che gli era servita a finanziare il suo storico viaggio in Europa. Era profondamente soddisfatto di quell'accordo, nella convinzione di aver venduto ai britannici qualcosa che in realtà non esisteva. Era come se avesse venduto aria.

Reuter, che aveva scoperto nel sottosuolo persiano uno dei più ricchi giacimenti di petrolio e gas naturale del mondo, riuscì a detenerne il monopolio per settantacinque anni. La sua società petrolifera svuotò una dopo l'altra tutte le riserve, trasportando ogni giorno migliaia di barili di greggio in Inghilterra su grandi navi. Senza che allo stato persiano fosse pagata neanche una percentuale.

Al contrario dello scià, lo zar era perfettamente consapevole che sotto la sua steppa c'era un oceano di petrolio.

Lo scià tirò fuori la testa dal lenzuolo e guardò dal finestrino il cielo sopra la steppa. Un uccello solitario volava in un infinito spazio azzurro e senza nubi. La steppa aveva qualcosa che gli sfuggiva e non riusciva a sopportare. Ma né lo zar né lui potevano sapere che qualche decennio dopo da quella stessa steppa la cagnolina Laika sarebbe stata lanciata nello spazio in una navicella russa. E non molto dopo da quella stessa steppa Juri Gagarin sarebbe salito a bordo della capsula Vostok 3KA, della missione Vostok 1, per fare un giro intorno alla Terra. Il primo passo dell'uomo verso l'universo.

Lo scià sentì il forte bisogno di una donna. Fece fermare la carrozza. «Mandami Banu», disse a Einoldowle.

Quando Banu salì a bordo, i cavalli si rimisero in moto. Lo scià la spinse contro lo schienale della poltrona, coprì entrambi con il lenzuolo e si infilò tra le sue gambe. Solo così riusciva a sopportare la magia della steppa.

Banu portava sempre lo scià nel mondo dell'immaginazione. Lo liberava dai tradimenti e dalle bugie con cui aveva a che fare ogni giorno.

E gli lesse per l'ennesima volta *Eugénie Grandet* di Balzac.

Hekayat di Banu che legge libri allo scià

Lo scià amava la letteratura, e in più si considerava un autentico poeta, uno scrittore. Faceva quel lungo viaggio solo ed esclusivamente per poterne scrivere, per ricavarne un libro unico, impareggiabile. E soltanto Banu lo sapeva. Lei era la sua musa, non solo in virtù del suo corpo, ma soprattutto della sua intelligenza e del suo spirito acuto.

Einoldowle, il fido ciambellano, era la sua personificazione quando lui non poteva essere presente. E compiva le missioni che lui non poteva portare avanti di persona.

Banu serviva lo scià in un altro modo, lo nutriva di letteratura. Proveniva da una famiglia agiata: il padre era un mercante e la madre discendeva da una tribù armena emigrata un tempo dalla Russia in Persia.

Era stato il destino a volere che Banu entrasse nell'harem dello scià. Era una quindicenne quando lui l'aveva notata durante una visita alla comunità armena di Tabriz. Secondo la costituzione, lo scià non poteva sposare una donna di un altro credo religioso, ma il padre di Banu era musulmano e le origini armene della madre non costituivano un ostacolo. Lo scià chiese dunque la sua mano e la condusse quel giorno stesso a Teheran.

Banu era molto infelice, non aveva niente da spartire con le altre mogli dello scià. Era diversa da loro perfino nell'aspetto. Inoltre era cresciuta in un clima più libero nella comunità armena. Ma era sveglia e lo scià la amava. La scelse come sua *sogoli*, il che significava che era la favorita tra le sue mogli e poteva tenergli compagnia per una parte della giornata e che lo scià non dormiva con lei nell'harem, ma nel suo letto a palazzo.

Con il tempo Banu diventò amica della moglie del medico francese dello scià. Così imparò a parlare la sua lingua e grazie a quella famiglia si avvicinò alla letteratura francese.

Aveva letto tutti i romanzi francesi dell'epoca e così era diventata la porta segreta attraverso cui lo scià poteva entrare in quel mondo magico. E anche tenere in esercizio la lingua, conversando con lei.

Banu conosceva anche la letteratura russa. Inoltre parlava correntemente il russo, che aveva imparato dalla madre.

Anche lo scià aveva l'ambizione di scrivere. Faceva molti viaggi in patria solo e unicamente per mettere nero su bianco le sue memorie di viaggio. Inoltre scriveva poesie e ogni tanto un breve racconto. Banu era sempre la prima a leggere i suoi testi e a correggerli, se necessario.

Lo scià non glielo diceva, ma era contento che lo accompagnasse in quel viaggio quasi impossibile. Aveva bisogno di lei per condividere i momenti di massima felicità e quelli di più profonda tristezza.

5

Dopo questo viaggio Banu ha scritto un'autobiografia in francese, che a distanza di un secolo è stata ripubblicata dalla nota casa editrice Gallimard di Parigi. L'ho qui davanti a me sulla scrivania.

Ci sono sue fotografie in bianco e nero. È una bella donna dall'aria intelligente. In una foto indossa un cappello a tesa larga e assomiglia a una stella del cinema muto.

Per poter scrivere questo libro, ho letto attentamente anche la sua autobiografia. Le sue annotazioni gettano luce su molti aspetti della vicenda che lo scià ha tralasciato.

Ogni autobiografia, ogni diario, ogni ritaglio di giornale, ogni resoconto di quel viaggio mi hanno aiutato a trovare una tessera del mosaico di tutta la storia.

Prima di proseguire, però, devo fare una rettifica. Oggi ho ricevuto una mail dal Tagikistan, da un mio collega che insegna all'Università di Dušanbe. Tempo fa gli avevo chiesto se sapeva qualcosa della città portuale di Hadj Targhan. Ora mi rendo conto di aver fatto uno stupido errore. Pensavo, o presumevo, che Hadj Targhan fosse un porto del Tagikistan, ma mi sbagliavo. Il mio collega mi ha fornito ampie informazioni al riguardo: «Hadj Targhan è la denominazione persiana di Astrakhan o Astrachan, una delle principali città portuali della Russia europea meridionale. Il porto sorge sul delta del Volga, che sfocia nel Mar Caspio, un centinaio di chilometri più a sud.»

Il resto delle informazioni non è rilevante ai fini del racconto. A questo punto correggo il percorso dello scià nel suo viaggio verso la prima, o ultima, stazione ferroviaria a est.

Ieri, nella pausa pranzo, ho fatto un salto al nuovo negozio della Apple in centro per comprare il più recente e più leggero modello di laptop, come desideravo da tempo. Ora sono alla mia scrivania col mio nuovo laptop. Tra poco andrò a vedere se lo scià ha finito con Banu e dove si trovano.

Sì, Banu è tornata nella sua carrozza e in lontananza è apparso il profilo di una cittadina di nome Gori o Ghori. Sono ancora molto lontani dalla loro meta, ma la carovana farà sosta lì per qualche ora per consentire ai viaggiatori di sgranchirsi le gambe, mangiare un boccone e visitare il centro.

È giorno di mercato nella piazza di Ghori e lo scià può fare una passeggiata nel più felice anonimato. E, se non sbaglio, è proprio qui che incontrerà il padre di Stalin.

Hekayat del padre di Stalin

Le autorità e i mercanti della cittadina, che non erano al corrente dell'arrivo dello scià, videro in quei viaggiatori una comitiva di ricche famiglie che si spostavano insieme dal Tagikistan a Mosca.

Volendo rimanere anonimo, lo scià si mise in testa un cappello tagiko e con le mani dietro la schiena si avviò per la via commerciale della città. Passando davanti a un fornaio, il profumo del pane fresco gli penetrò nelle narici. Fece per entrare, ma non aveva soldi locali. Einoldowle gli mise subito in mano delle monete.

Lo scià entrò nel negozio non come un cliente normale, ma come un re. Il garzone del fornaio lo accolse con un inchino. Lo scià prese dall'asse una pagnotta calda e tonda appena sfornata, pagò il garzone con una moneta e ricevette due o tre centesimi di resto. Felice del suo primo acquisto personale, uscì con la pagnotta sotto il braccio. Era la prima volta nella sua vita che comprava il pane. La trovò un'esperienza meravigliosa.

Einoldowle fece per liberarlo della pagnotta, ma lo scià volle tenerla stretta ancora un po'. Passò davanti a un macellaio, dove centinaia di api coprivano i quarti di maiale appesi all'ingresso. Lo trovò uno spettacolo disgustoso e proseguì. Passò davanti a un negozio di tessuti e si fermò a dare un'occhiata alla vetrina, ma erano tessuti di cattiva qualità. Proseguì la sua passeggiata fino a una casa da tè che aveva dei tavolini e qualche sedia all'esterno. Si guardò attorno e si sedette su una di quelle sedie sul marciapiede. Trovava stupendo starsene seduto lì, lui, lo scià di Persia, senza la ressa delle guardie del corpo e delle persone che volevano ammirarlo.

Il garzone della sala da tè gli posò davanti un bicchiere e senza chiedergli niente lo riempì. Lo scià mise degli spiccioli sul tavolo e lasciò che il ragazzo ne prendesse uno.

Allungò le gambe e rimase lì al tepore del sole a osservare il mercato, e vide che le sue sei mogli giravano tra le bancarelle senza niqab, mentre l'imam Mulla Nazar, paonazzo di rabbia, le teneva d'occhio da lontano. Aveva come la sensazione di essere un semplice mercante, libero dagli oneri regali, che poteva starsene beatamente seduto mentre le sue mogli facevano compere muovendosi libere per la città.

Quando finì il tè, il garzone gli riempì di nuovo il bicchiere e gli chiese se desiderasse mangiare qualcosa. Nel frattempo il profumo di uova fritte proveniente dalla cucina gli aveva messo appetito e lo scià annuì. Poco dopo il ragazzo gli servì una padella bollente di uova al burro. Allo scià venne l'acquolina in bocca e, come gli altri clienti, si mise a mangiare con le mani aiutandosi con un pezzo di pane fresco: un pranzo delizioso.

Aveva appena finito di mangiare quando gli si avvicinò un lustrascarpe dall'aria cupa, avvolto in luridi abiti consunti, che gli chiese se poteva lucidargli le scarpe. Lo scià indossava costose scarpe di cuoio marrone. Dopo aver dormito con Banu nella steppa, aveva fatto pipì dietro un cespuglio e un po' di sabbia e fango erano rimasti attaccati alle scarpe. Ma non voleva toglierle. Non si fidava di quell'uomo che puzzava di alcol e poteva benissimo essere un ladro. Ci mancava solo che lo scià di Persia si ritrovasse al mercato scalzo… Meglio di no, quindi.

Ma il lustrascarpe era convinto di avere a che fare con un ricco mercante e non voleva andarsene.

«*Net, mne ne razut'sja*», tentò lo scià in russo, «No, non ci togliamo le scarpe.»

«*Vam ne nužno snimat'obuv'*», replicò subito l'uomo, intendendo dire che lo scià non era obbligato a toglierle.

Si sedette quindi su uno sgabello, prese il piede sinistro dello scià e se lo mise in grembo. Pulì la tomaia con un panno, vi spalmò sopra una sostanza brunastra e iniziò a lucidarla. Nonostante fosse ubriaco, eseguiva il suo lavoro piuttosto bene. Poi passò al piede destro.

In quattro e quattr'otto lo scià si ritrovò con le scarpe lustre. Guardò l'uomo con occhi diversi. Notò una sorta di gravità angosciante sul suo volto.

«Come ti chiami?» gli chiese.

«Vissarion», rispose il lustrascarpe e lo scià annotò mentalmente il suo nome.

«E di cognome?»

«Non lo ricordo più, a nessuno è mai interessato il mio cognome.»

«A noi ora interessa e lo scriveremo nel nostro diario di viaggio. Abbiamo apprezzato molto il tuo lavoro. Le nostre scarpe non sono mai state così lustre.»

«Il mio cognome è Džugašvili.»

«Come si scrive?»

«Non lo so.»

Quell'uomo poteva anche essere ubriaco e avere l'aria vecchia e sudicia, ma dai suoi occhi emanava una forza imperiosa. Faceva pensare a un re detronizzato, fuggito per salvarsi la vita e che ora lavorava per strada come un anonimo lustrascarpe. Lo scià non si sbagliava, conosceva la natura umana. In quell'uomo c'era qualcosa che lo colpiva profondamente. Infilò la mano nella tasca della giacca e gli gettò una moneta d'oro in grembo a mo' di elemosina, pensando che avrebbe portato fortuna anche a lui. Poi si alzò e con le scarpe lucide riprese la sua passeggiata per la via commerciale.

Il lustrascarpe rimase lì sbalordito. Per paura di perdere la moneta d'oro, la infilò in bocca e corse subito a casa.

Quel giorno Vissarion per la prima volta da molto tempo tornò a casa felice. Contrariamente al solito non picchiò la moglie e il figlio ancora piccolo: con loro grande sorpresa sputò sul tavolo da pranzo una moneta d'oro.

A questo punto credo proprio di dover spiegare come sono venuto a conoscenza di questo aneddoto.

Quel giorno nessuno in quella cittadina sapeva del singolare incontro tra lo scià e il lustrascarpe. Fu solo dopo la partenza dello scià che gli abitanti scoprirono che era il re di Persia.

In seguito il lustrascarpe raccontò a suo figlio che quel giorno aveva incontrato un re persiano, e che era stato lui a donargli quella moneta d'oro.

Anni dopo la morte dello scià il suo diario di viaggio fu dato alle stampe. Ma fu solo dopo la Seconda guerra mondiale che si scoprì, a Teheran, che il lustrascarpe da lui incontrato in quella cittadina, e di cui aveva annotato il nome, era il padre di Stalin. La moglie del lustrascarpe si chiamava Ekaterina e suo figlio Iosef o, per esteso, Iosif Vissarionovič Džugašvili. Successivamente Iosif scelse lo pseudonimo di Stalin.

Stalin nell'infanzia aveva spesso ripensato a quell'episodio. Nella sua autobiografia leggiamo che da bambino era molto attratto dalle storie di re, in particolare da quelle dei re delle *Mille e una notte*, ma non spiega come mai e perché.

Durante la Seconda guerra mondiale, dopo che Hitler aveva conquistato tutta l'Europa, Stalin, il premier britannico Winston Churchill e il presidente statunitense Franklin Delano Roosevelt decisero di stringere un'alleanza. Churchill e Roosevelt avrebbero voluto che la conferenza si tenesse a Istanbul, ma Stalin insistette per incontrarli a Teheran. Churchill e Roosevelt, che era in sedia a rotelle, volarono quindi nella capitale iraniana.

Questo incontro è stato e continua a essere uno dei summit politici più importanti della storia. In seguito è passato alle cronache con il nome di Conferenza di Teheran.

Non entrerò nel merito della Conferenza, tenuta dal 28 novembre al 1° dicembre del 1943, ma racconterò un'altra vicenda che riguarda Stalin e la sua visita a Teheran.

Quando Stalin andò a Teheran, era re dell'Iran il giovane Mohammad Reza Pahlavi, che naturalmente abitava nella favolosa reggia del nostro scià. Pahlavi fu deposto una trentina di anni dopo dalla rivoluzione guidata dall'ayatollah Khomeyni. Fuggì dal paese e morì poi in esilio. Un mio amico di gioventù, che oggi lavora in una casa editrice di Teheran, mi ha spedito la scansione di una vecchia intervista in cui Pahlavi racconta un bel retroscena del suo incontro con Stalin. La cito:

> Stalin entrò nel palazzo con passo sciolto. Io scesi le scale e gli porsi la mano. Lui finse di non vederla e disse: «È questo il palazzo dello scià che un giorno ha compiuto un viaggio in Europa?»
> Risposi di sì. In quel momento Stalin era l'uomo più potente del mondo e io un giovane re. Mi ferì il fatto che non fosse interessa-

to a me, ma a un defunto monarca persiano. Visto soprattutto che lo desiderava espressamente, gli feci visitare la nostra antica reggia fiabesca, dove molti altri re avevano vissuto prima di me.
Sbirciò come un bambino nel salone degli specchi, rivestito da migliaia di frammenti di vetro argentato. Poi, con le lacrime agli occhi, entrò nel salone dei gioielli, dove il soffitto e le pareti erano decorati d'oro e di gemme preziose. A un certo punto disse: «Da piccolo ho visto spesso questo palazzo nei miei sogni. È tutto come allora.»
Non capivo di che cosa parlasse. Poi aggiunse: «Mio padre mi raccontava sempre che un giorno un re persiano era passato dalla nostra città. E che quel re gli aveva donato una moneta d'oro. Da quel giorno smise di picchiare me e mia madre.»

Non so in che misura il nostro re, Stalin e il futuro scià Reza Pahlavi abbiano detto la verità, perché, a ben vedere, i resoconti di quell'incontro differiscono in più punti. Inoltre la località di Gori o Ghori è lontana dal percorso seguito dalla carovana dello scià.

Non posso sapere tutto, ma una cosa è certa: il nostro scià non può aver inventato questo episodio a posteriori, perché subito dopo il ritorno in patria fu ucciso per strada a colpi di pistola da un uomo istruito dai nichilisti russi.

Dio è onnisciente, io non so nulla.

E con questo lasciamo in ogni caso Ghori, diretti alle prime, magiche ferrovie che un po' alla volta ci condurranno nell'autentico mondo dell'immaginazione.

Quando la carovana lasciò la cittadina di Ghori, alla fila di carri se ne erano aggiunti altri due coperti e stracarichi di nuovi bagagli. Quindi la carovana si era allungata.

Lo scià ha scritto che risalendo il fiume Volga hanno raggiunto la città di Saritsin, ma io non sono riuscito a trovarla da nessuna parte. Può darsi che intendesse Saratov, capoluogo dell'*Oblast'* omonimo, una grande città portuale sul medio corso del fiume.

Oggi ci sono una ferrovia e un'autostrada di ottocento chilometri che collegano Astrakan e Saratov, ma lo scià e i suoi compagni dovettero fare il tragitto prima con carri e carrozze e poi in nave. Avrebbero navigato per un'intera notte e per tre quarti del giorno successivo.

L'angoscia aveva di nuovo preso lo scià e il suo seguito: temevano di dover soffrire ancora di mal di mare. Tutti si ritirarono subito nelle loro cabine, chiusero le tende e si misero a letto. Dei centoquaranta compagni di viaggio dello scià non c'era quindi neanche l'ombra.

Lo scià invece se ne stava coraggiosamente in coperta a guardare i mozzi che issavano i bagagli.

«Attenti! Fate piano!» gridò quando li vide maneggiare ridendo le grosse zucche.

I cavalli si rifiutavano di salire a bordo. I mozzi li incappucciarono con delle specie di sacchi neri e li trascinarono verso la stiva tirandoli per le briglie. Ma gli animali, che avevano già fiutato l'odore del porto, non volevano obbedire. Allora i mozzi si misero a spingerli e a picchiarli.

«*Ne delat' ètogo! Ne delat' ètogo!*» gridava lo scià. «Non così, non così!»

Quando i bagagli furono finalmente a bordo e la nave si staccò lentamente dal molo, i musicisti del Comune attaccarono a suonare. Lo scià salutò il sindaco e una serie di rappresentanti della città che lo avevano scortato fino a lì. Poi si voltò, e rivolgendosi a Einoldowle disse: «Pensiamo che stia già per prenderci il mal di mare, perciò andiamo a letto. Fai venire le donne nella mia cabina perché ci distraggano!»

Sapendo che le sue sei mogli erano già nelle loro cabine in preda alla nausea, il ciambellano rispose: «Mi hanno fatto sapere in precedenza che non volevano disturbarvi durante la navigazione.»

«Meglio così! Allora stasera mandaci Banu.»

Quando fu buio Banu entrò nella cabina dello scià. Si infilò sotto le lenzuola bianche e fresche di bucato in cui lui giaceva semiriverso.

«Il mondo ci gira attorno», si lamentò lo scià.

Banu premette la sua testa contro il suo petto. «Penso che vostra Maestà esageri un po', perché non stiamo navigando in mare, ma sul Volga.»

Per distrarlo gli parlò dei treni, come una madre che racconta una storia al suo bimbo prima di dormire. Gli descrisse per l'ennesima volta il funzionamento della locomotiva a vapore, di cui aveva letto in un libriccino russo. Riassumeva tutto in russo, poi lo traduceva letteralmente, perché non esistevano ancora parole persiane per indicare le componenti di una locomotiva. Lei parlava e lo scià ascoltava.

«Una caldaia piena d'acqua. Sotto la caldaia si accende un fuoco con la legna, il carbone o la nafta. L'acqua inizia a bollire e produce vapore. Passando attraverso dei tubi il vapore arriva a uno stantuffo, che a sua volta mette in moto un cilindro e così i possenti bracci di ferro mettono in moto le ruote anteriori. Adesso la locomotiva si muove sui binari trascinando i vagoni e le persone a bordo.»

In effetti per lo scià era un discorso alquanto oscuro, ma mettendo insieme una parola qua e una frase là cercava con l'immaginazione di farsene un'idea.

«È come una poesia», disse.

«Avete ragione, Maestà», rispose Banu.

Lui infilò la testa sotto il lenzuolo e premette il viso tra le sue cosce, affinché la cabina smettesse di girargli attorno.

Lo scià non soffriva di mal di mare, aveva un peso sulla coscienza. Una specie di senso di inferiorità gli causò una notte insonne. Cinquecento anni prima della nascita di Gesù, il re persiano Dario il Grande aveva tentato di invadere l'Europa attraverso Atene. Il resto del mondo l'aveva già sottomesso. Così partì con centinaia di navi e migliaia di soldati alla conquista della città greca. Le navi entrarono nel porto e il re mise piede sul suolo europeo senza che i greci si ribellassero. Ma quell'azione si concluse rapidamente in una catastrofe. I greci accerchiarono le navi, sbaragliarono l'esercito e Dario fu ucciso mentre cercava di fuggire.

Da allora i re persiani avevano voltato le spalle all'Europa. Adesso, duemilaquattrocento anni dopo, un altro re persiano stava facendo rotta per l'Europa, ma non con milioni di soldati, le navi più grandi del mondo e le armi più moderne del suo tempo. Bensì accompagnato ufficialmente dalle sue sei mogli, che avevano tutte nomi importanti e carichi di significato:

Fakhrolmoluk, l'orgoglio dei re;
Fakhroldowle, l'orgoglio dell'impero;
Fakhrolzaman, l'orgoglio dei tempi;
Shamsolmoluk, il sole splendente dei re;
Qamarolmoluk, la luna che illumina i re;
Qamarolzaman, la luna che brilla per tutti i tempi.

E ora tutte quelle donne erano in preda al mal di mare nella loro cabina sulla nave che le portava in Europa.

Hekayat dell'orgogliosa città portuale di Saratov

La nave raggiunse Saratov, ma la carovana dello scià non sarebbe entrata in città: se si fossero fermati due o tre giorni in ogni posto non sarebbero mai arrivati in Europa.

Saratov in quegli anni si era trasformata a un ritmo incredibile in una città industriale, perciò il governo aveva fatto costruire una ferrovia che collegava il porto a Mosca.

Nel momento in cui la nave entrava nel porto, in città viveva una numerosa comunità tedesca. Quando Hitler invase la Russia durante la Seconda guerra mondiale, Stalin ordinò la deportazione di tutti i tedeschi per paura che collaborassero con il Führer.

A distanza di una cinquantina d'anni, quando lo scià giaceva da tempo nella sua tomba, era ormai possibile ripercorrere con tutta calma e nei dettagli il suo viaggio in Europa.

Il giorno in cui arrivò a Saratov, Juri Gagarin, il primo viaggiatore dello spazio, era ancora lungi dall'essere nato. Ma anni dopo sarebbe giunto in nave nella città sul Volga per studiare al politecnico locale. E una volta rientrato dal suo viaggio spaziale, la sua capsula sarebbe ammarata appena fuori dal porto. In futuro Saratov sarebbe stata orgogliosa di aver fornito a Juri Gagarin le conoscenze necessarie a compiere la sua impresa, e anche di averlo accolto sano e salvo al suo rientro sulla Terra dal suo magico viaggio nello spazio.

Ma non siamo ancora così avanti nel tempo. Devono accadere molte altre cose prima che Juri Gagarin possa partire per il suo volo attorno alla Terra. Nel racconto stavamo ancora viaggiando sulla superficie della Terra e i musicisti chiamati a dare il benvenuto allo scià facevano un baccano infernale. Era previsto che a Saratov il sovrano si riposasse un po' prima di andare in stazione.

Schierati in una lunga fila, un centinaio di alti dignitari e relative consorti cercavano di catturare un'immagine del re e delle principesse persiane, ma lo scià aveva già spedito le sue mogli in stazione insieme ai bagagli per liberarsi della seccatura dell'imam.

Il momento in cui avrebbe visto il treno, o addirittura i treni, da vicino era ormai arrivato e lo scià fremeva di trepidazione.

«Nessuno può mettere piede sulla banchina finché non saremo arrivati. Prima vogliamo vedere il treno di persona da soli», aveva preavvertito Einoldowle. Non voleva sentirne parlare da altri, voleva fare l'esperienza di persona per poi annotare sul suo diario la sua prima impressione.

A Saratov dunque il suo pensiero era rivolto a una sola cosa: la locomotiva.

7

Oggi è una bella giornata ad Amsterdam e il sole non splende così per caso, splende per me, perché sono contento. Ogni anno si iscrivono sempre meno studenti alla Facoltà di studi orientali. E ogni anno le università accorpano più corsi per mantenere comunque alto l'interesse per la materia. Ogni semestre i docenti aspettano con ansia di vedere se ci saranno abbastanza iscrizioni per avviare i corsi. Con mia grande gioia ho sempre avuto un numero di iscritti più che sufficiente. Non faccio niente di speciale, ma alle mie lezioni vengono sempre parecchi studenti. Sono tutti giovani che per diversi motivi sono interessati agli studi di Orientalistica. E nella maggior parte dei casi si tratta di ragazzi speciali, mossi da un'autentica curiosità per l'Oriente.

Ma il motivo per cui sono contento è un altro. Oggi si è presentata nel mio studio una ragazza, una biondina sui vent'anni. Ha detto che si era iscritta a Storia, ma non era contenta della sua scelta. Voleva sapere se nel prossimo semestre potrà frequentare le mie lezioni. Naturalmente ero contento di avere una studentessa in più, ma poi è successa un'altra cosa. All'improvviso si è messa a parlare con me in persiano. Siccome non parlava in modo corretto e aveva un forte accento olandese, all'inizio non capivo quello che diceva, ma ascoltandola più attentamente mi sono reso conto che parlava nella mia lingua madre. Non so perché, ma ho l'impressione che sia arrivata giusto in tempo per compiere il viaggio in Europa insieme a me e allo scià. Perché ogni tanto mi sembra di non riuscire a cavarmela da solo. Devo fare un sacco di ricerche, leggere un sacco di articoli e testi d'archivio in persiano, francese e inglese. È troppo per me solo, ma un antico detto persiano recita: «Mettiti in viaggio e sarà la strada a indicarti come proseguire.»

Con mia grande soddisfazione questa studentessa padroneggia perfettamente tutte e tre le lingue. Inoltre conosce bene anche il russo. Ha proprio un'inclinazione particolare per le lingue.

Si è presentata come Iris Michaëla e ha aggiunto di provenire da un'agiata famiglia dell'Overijssel.

Quando le ho detto che stavo scrivendo un libro su un re persiano, mi ha confessato di avere una piccola parte di DNA orientale, che il suo aspetto peraltro non tradiva. Per questo voleva seguire il corso di studi orientali.

Mi ha raccontato con grande convinzione la storia della sua famiglia. «Un centinaio di anni fa», ha detto, «una ragazza o giovane donna della mia famiglia è rimasta incinta di un nobile orientale e ha partorito una figlia, che a sua volta ha sposato un olandese.»

Non so se sia vero, e non approfondirò neanche la questione, ma una cosa è certa: avevo bisogno di lei per raccontare questa storia. E lei era autenticamente interessata ad assistermi in questo viaggio.

È entrata nel racconto nel momento in cui lo scià veniva accompagnato, a bordo di una carrozza addobbata e trainata da quattro cavalli, alla stazione di Saratov. Alla carovana dello scià si è unito quindi un altro passeggero.

Sono curioso di scoprire che cosa potrà aggiungere alla storia.

Adesso vado a vedere se lo scià è arrivato in stazione.

È una strana sensazione, sono davanti al computer nel mio studio all'Università di Amsterdam, eppure sto andando alla stazione ferroviaria di Saratov, dove tutti erano fuori ad aspettare e nessuno osava mettere piede sulla banchina.

Hekayat del primo treno ammirato dallo scià

Lo scià indossava il suo abito più elegante, che portava solo in occasioni speciali. Era trapuntato di quasi un chilo di pietre preziose e sul copricapo regale scintillava una gemma verde a forma di penna di pavone. La carrozza si fermò davanti alla stazione e, tra il giubilo della gente accorsa in massa, lo scià ne smontò con aria compassata.

Appena entrò nell'atrio della stazione scese il silenzio. Passeggeri e membri del seguito gli fecero ala ed Einoldowle gli aprì la porta che conduceva al binario, lasciando che accedesse da solo alla banchina.

Era una semplice banchina spoglia, ma c'era un lungo treno notturno tutto addobbato che lo aspettava. Ai finestrini erano appese bandiere russe e persiane, e scritte di benvenuto; in sottofondo un gruppo di musicisti suonava un'allegra danza russa, il vento giocava con le lanterne colorate e in mezzo al binario c'era un ritratto dello scià a grandezza naturale in una cornice d'oro.

Lo scià sorrise e ringraziò tra sé Dio per quel momento di soddisfazione.

Da dove doveva cominciare? Si avvicinò alla porta di un vagone e cercò di aprirla, ma era diversa da tutte quelle che aveva aperto in vita sua. Osservò le enormi ruote di ferro, avrebbe voluto chinarsi per studiarle meglio, ma non era il caso, soprattutto con quell'abito carico di pietre. Se si fosse chinato, il copricapo con la gemma verde sarebbe finito sotto il treno.

Vide il macchinista accanto alla locomotiva. Con le mani intrecciate dietro la schiena si avviò piano verso di lui. Lì per lì l'uomo, che indossava la divisa delle ferrovie imperiali russe, lo fissò perplesso, non sapeva come si saluta uno scià. Raddrizzò goffamente le spalle, portò la mano destra al berretto e gli fece il saluto militare. Lo scià rispose con altrettanta solennità, poi disse in russo: «Котел заполнен водой. С дерева, угля или мазута огонь горел. Это было задачей кочегаром. Это была тяжелая работа, потому что они должны были держать в теплом во время поездки. Огонь приносит воду до кипения и создает пар. Все больше и больше пар там просыпается создает давление. Пар из пара проходит через трубопроводы до поршня...»

Era grosso modo il testo dell'opuscolo informativo sul funzionamento della locomotiva a vapore che Banu gli aveva letto più volte.

Il macchinista, ancora confuso, non capì una parola di quello che diceva. Guardò in direzione della porta dell'atrio per vedere se scorgeva il capostazione, ma con suo grande sgomento vide centinaia di passeggeri che li fissavano dalle finestre.

«Котел заполнен водой. С дерева, угля или мазута огонь горел. Это было задачей кочегаром. Это была тяжелая работа, потому что они должны были держать в теплом во время поездки. Огонь приносит воду до кипения и создает пар. Все больше и больше пар там просыпается создает давление. Пар из пара проходит через трубопроводы до поршня», disse lo scià, facendo capire di voler visitare la locomotiva dall'interno.

Il macchinista lo aiutò a salire la scomoda scaletta della motrice. Non fu una cosa semplice, naturalmente, con tutte le pietre preziose che addobbavano l'abito dell'illustre ospite. Una volta a bordo, lo scià si ritrovò nel magico spazio segreto del treno. Il macchinista gli mostrò la caldaia, il fuoco, i tubi, il cilindro e i bracci possenti che mettevano in moto i vagoni.

Lo scià si rese conto che in quel momento storico si trovava al centro del progresso meccanico europeo, davanti al motore della Rivoluzione industriale. Per celebrarlo afferrò una paletta e gettò solennemente un po' di carbone nel fuoco. Poi scese la scala di ferro con le mani sporche di ruggine.

E adesso?

Sentiva il bisogno di dire qualcosa per esprimere ciò che provava. Si diresse verso la testa della locomotiva e si fermò qualche metro più avanti. Raddrizzò le spalle e puntando il braccio nella direzione verso cui, poco dopo, si sarebbe mosso il treno per Mosca, esclamò: «*Salam*, Europa!»

Il macchinista tirò la catena del fischio a vapore e la locomotiva mugghiò come una mucca preistorica. La porta del binario si spalancò e i passeggeri corsero con le valigie in mano verso il treno.

Banu fu l'unica che in quel momento pensò ad Anna.

Adesso lo scià era nel suo vagone privato, la carrozza imperiale allestita esclusivamente per lo zar. Le pareti erano decorate di specchi e vedute di paesaggi russi. Un ritratto a olio dello zar era appeso sopra lo scrittoio, fornito di penne d'oca e calamaio. Il pavimento era coperto da un tappeto variopinto, annodato apposta per quella carrozza. Lo scià si sistemò allo scrittoio e iniziò subito a scrivere il suo diario. Era un sogno. Com'era possibile altrimenti starsene seduto a una scrivania imperiale, mentre il vagone avanzava su due magiche rotaie?

Non riusciva a concentrarsi. Si alzò di nuovo e fece una passeggiata in corridoio. Era un momento speciale per andare a trovare il suo seguito e vedere come se la passavano i suoi compagni. Erano tutti contenti, emozionati ed eccitati e tutti baciavano la mano dell'uomo che aveva consentito loro quel viaggio.

Chiacchierò con le sue sei mogli nei rispettivi scompartimenti. Erano molto grate, ma anche scontente. Si lamentavano di non avere la libertà di vivere fino in fondo quell'esperienza e del fatto che l'imam le seguiva e le spiava ovunque. Gli chiesero di fare qualcosa perché anche loro potessero godere di quel viaggio indimenticabile.

«Andrà tutto bene», rispose lo scià, «troveremo una soluzione.» Gli facevano pena. Avrebbe concesso loro volentieri la libertà che chiedevano, ma si rendeva conto solo adesso che era stato un grosso errore portarle. Aveva ricevuto un altro telegramma dal grande ayatollah di Teheran, in cui lo avvertiva che le sue mogli non dovevano offendere il volto dell'Islam in Europa.

Un po' rattristato, tornò nella sua carrozza e si lasciò cadere sul letto con tutte le sue pietre preziose e il copricapo in testa. Pensò a quel guastafeste dell'imam che riferiva ogni cosa a Teheran. Ficcava sempre più il naso dappertutto. Si era spinto così in là che nemmeno lui osava più toccare un bicchiere in sua presenza durante le cerimonie. Se continuava così, gli avrebbe rovinato tutto il viaggio.

Rimase coricato nel letto completamente vestito a pensare a un piano per liberarsi dell'imam. Gli passarono per la mente pensieri truci. Poteva farlo scaraventare fuori da un finestrino mentre costeggiavano un dirupo di notte, o gettare in un fiume mentre il treno sferragliava su un ponte. Doveva pensarci bene e non fare sciocchezze lì all'estero. Ma in un modo o nell'altro doveva sbarazzarsi di lui. Con queste idee in testa cadde in un sonno profondo.

Poco dopo Banu entrò nella carrozza. Indossava un bell'abito e i suoi orecchini brillavano nella luce. Voleva svegliare lo scià per infilargli il pigiama, ma non lo fece. Spense la lampada a gas, si coricò accanto a lui e coprì entrambi con una coperta. Anche lei era stanca, ma non riusciva a dormire per l'emozione, perché il giorno dopo avrebbero incontrato il suo scrittore russo preferito. Era stata lei a inserire quell'incontro tra gli impegni dello scià.

Lo scià aveva letto i suoi romanzi con enorme

ammirazione e non vedeva l'ora di conoscerlo. Aveva intenzione di leggergli qualcuna delle sue poesie.

A Banu piaceva di più l'ultimo romanzo d'amore di quello scrittore russo, mentre lo scià andava matto per il suo capolavoro, che parlava di guerra.

Coricata accanto a lui, Banu pensava alla protagonista. Anna aveva deciso di suicidarsi e si era gettata sotto un treno.

Banu non riusciva a immaginare una cosa simile. Stava dormendo nel letto dello zar su un treno: come poteva Anna aver deciso di gettarsi sotto un treno come quello?

Mentre pensava a lei sentì le palpebre farsi pesanti e si addormentò.

8

Sono contento come lo scià e Banu all'idea che tra poco incontreremo il grande scrittore russo. È evidente di chi si tratta, ma non volevo precedere i miei personaggi facendo il suo nome.

Condivido l'emozione che provavano guardando fuori dal finestrino mentre il treno entrava nella stazione di Faustovo.

Banu aveva infilato i due libri in una borsa per farglieli firmare. Negli ultimi tre mesi aveva letto per la seconda volta *Guerra e Pace* allo scià, che impazziva per quel romanzo, come lei impazziva per *Anna Karenina*.

So anche un'altra cosa che Banu non poteva sapere mentre andavano all'incontro con Tolstoj.

Lo scià gli aveva portato in dono una penna d'oca d'oro. L'aveva infilata in un elegante portapenne che teneva nella tasca interna della giacca.

L'appuntamento era stato fissato nei dintorni di Faustovo perché lì il treno avrebbe fatto una lunga sosta per oliare le ruote e rifare le scorte di carbone. Per permettere l'incontro tra lo scià e Tolstoj il treno si sarebbe fermato un'ora in più.

Era arrivato il momento tanto atteso, il treno attraversò un ponte maestoso sul Don, sotto il quale transitavano grandi navi. Lo scià salutava tutti con la mano come un bambino. Il treno fischiò tre volte ed entrò nella città di Faustovo.

Quando si fermò, il capostazione salì sulla carrozza dello scià, gli diede il benvenuto e accompagnò lui e Banu all'uscita, dove li aspettava una carrozza.

Non potevo farne a meno, volevo essere presente anch'io al loro incontro con lo scrittore. Così li seguii all'appuntamento insieme alla mia studentessa.

Hekayat dell'incontro tra Tolstoj e lo scià

Era stata l'ambasciata russa a Teheran a organizzare la visita dello scià a Tolstoj. Se tutto andava bene, lo scià lo avrebbe incontrato in un castello non lontano dalla stazione. Tolstoj abitava a 180 chilometri da Mosca, la via più breve per lui era raggiungere il castello in carrozza.

La vettura lasciò la stazione verso la campagna. A parte il sindaco, nessuno sapeva dove fosse diretto lo scià, tutti pensavano a una gita per vedere i dintorni.

Banu indossava un bell'abito russo, si era truccata e aveva il capo avvolto in uno scialle tagiko, per cui sembrava che lo scià sedesse accanto a una donna tagika. Sorrideva.

La strada era buona, la carrozza procedeva senza sbalzi e i dintorni erano belli. Percorrevano le stesse strade di cui Tolstoj parlava nei suoi libri.

Dopo un quarto d'ora di viaggio tra le tenute, in lontananza spuntò un castello.

Lo scià infilò la mano nella tasca interna della giacca e tastò l'astuccio con la penna d'oca che aveva portato in dono a Tolstoj: era una penna particolare, forgiata dall'orafo più famoso del bazar di Teheran.

La carrozza imboccò il viale d'accesso al castello. Due guardie in uniforme sostavano davanti al cancello. Non appena scorsero la carrozza, la fecero entrare. L'intendente del castello si fece loro incontro per dare il benvenuto allo scià. Non sapeva che fosse il re di Persia, pensava si trattasse di un funzionario di un paese orientale. Il cocchiere aprì la portiera e i viaggiatori smontarono dalla carrozza. L'intendente accompagnò lo scià e Banu nel salone dei ricevimenti.

Con loro grande sorpresa, trovarono il salone vuoto. Lo scià si avvicinò a una finestra e guardò fuori nella corte, poi verso il cancello, ma a parte la loro vettura non se ne vedevano altre nei paraggi. Tolstoj evidentemente non era ancora arrivato. Lo scià osservò gli affreschi e, dopo aver atteso una decina di minuti in silenzio, disse rivolto a Banu: «Andiamo, non aspetteremo oltre.»

La porta del salone si aprì e lo scià si voltò, era l'intendente venuto a portare un vassoio con il caffè e un dolce appena fatto. Banu gli chiese se sapeva quando sarebbe arrivato l'altro ospite, ma l'intendente non era al corrente dell'incontro.

Aspettarono altri dieci minuti, lo scià ribolliva di rabbia. Da quando a quattordici anni era diventato re di Persia, non era mai successo che qualcuno con cui aveva un appuntamento non si fosse presentato. Banu non osava guardarlo. Era stata lei a inserire quell'incontro nel suo programma.

Lo scià sospettava che quell'attesa fosse un modo dei russi per umiliarlo. Sapeva che lo zar era furibondo per l'ampio spazio che aveva concesso alla Gran Bretagna nel suo paese. Grazie agli ultimi contratti stipulati, l'Inghilterra aveva preso indirettamente possesso della Persia, insediandosi così ai confini russi. Lo zar aveva già espresso il suo disappunto tramite l'ambasciata russa a Teheran. Ora voleva umiliarlo e quell'incontro mancato ne era una prova.

Lo scià lanciò un'occhiata inviperita a Banu. «Andiamo!» disse.

Ma mentre era in cima alle scale vide una carrozza che si avvicinava. Il cancello si aprì, la carrozza entrò e si fermò sotto gli alberi.

Lo scià scorse all'interno un uomo con la barba. Guardò Banu con aria sollevata e aspettò che Tolstoj salisse le scale per riservargli l'accoglienza che meritava.

Il cocchiere smontò di cassetta e aprì la portiera della vettura per far scendere il passeggero, ma non uscì nessuno. Il passeggero si era addormentato. Il cocchiere lo scrollò per un braccio, ma l'uomo russava rumorosamente e non c'era verso di svegliarlo. A quel punto il cocchiere richiuse la portiera e lo lasciò stare. Tirò fuori la pipa e andò a sedersi su una panchina.

Lo scià rimase interdetto in cima alle scale con Banu alle sue spalle. Che cosa significava tutto questo? Davvero lo zar aveva architettato quella sceneggiata per umiliarlo? E che cosa doveva fare adesso? Andarsene? Ma come? Quell'uomo barbuto era Tolstoj o qualcun altro? Era un trucco o era proprio lo scrittore quello addormentato sulla carrozza? E se era lui, perché non scendeva?

Lo scià doveva prendere una decisione che sarebbe stata determinante per i suoi rapporti con la Russia. Doveva appurare di persona quello che stava succedendo. Si guardò attorno, dietro una finestra l'intendente teneva d'occhio la situazione, il cocchiere fumava la sua pipa seduto al sole sulla panchina; Banu aspettava immobile poco lontano da lui. Lo scià scese le scale con aria composta e si avvicinò alla carrozza. Scrutò all'interno attraverso il finestrino, quell'uomo poteva essere Tolstoj, aveva visto una sua fotografia tempo prima, ma se fosse davvero lui non poteva dirlo nessuno.

Batté la mano sul vetro, ma l'uomo non si scompose. Batté ancora più forte. Niente da fare, quel tizio non si muoveva.

Lo scià abbassò delicatamente la maniglia e aprì la portiera. Fu investito da una densa e calda zaffata di alcol, carne alla griglia e tabacco che lo costrinse a distogliere il viso. L'uomo era così ubriaco che non si sarebbe svegliato prima del giorno dopo. Aveva il volto di Tolstoj incorniciato da una lunga barba. C'era una cartella ai suoi piedi e sul grembo aveva un'edizione rilegata di *Guerra e Pace*, che probabilmente aveva portato come dono per lo scià. Era davvero Tolstoj o i russi avevano ingaggiato un sosia?

Lo scià doveva scoprirlo, la cosa avrebbe avuto conseguenze spiacevoli sulle sue relazioni con la Russia. Ma come poteva appurare se quell'uomo era Tolstoj? Si voltò a guardare Banu, che aspettava terrorizzata in cima alle scale, poi l'intendente, appostato come prima dietro la finestra, poi il cocchiere, che fumava a occhi chiusi godendosi il sole. Alla fine si decise, salì sulla carrozza e chiuse la portiera.

Prese il libro dal grembo dell'uomo. Si trattava effettivamente di un'edizione speciale di *Guerra e Pace*, l'aprì, sul frontespizio c'era una dedica firmata: «Al re di Persia. Tolstoj»

Sul volto dello scià spuntò un sorriso di sollievo, ma anche quello poteva far parte di una sceneggiata ordita dai russi per punirlo. Lui era il re di Persia e doveva andare a fondo di quella faccenda. Iniziò a frugare nel cappotto dell'uomo e trovò un vecchio documento di cartoncino strappato e ingiallito. Nella penombra della carrozza cercò di decifrarne i dati. Individuò a fatica un nome russo, Лев Николаевич Толстой, che a prima vista suonava come Lev Nikolàevič Tolstoj.

Fu un momento di sollievo. Lo scià prese la cartella, la aprì e ne estrasse un fascio di fogli. Era il manoscritto di un racconto, con tantissime correzioni, cancellature e modifiche in inchiostro nero. Lo scià rimise i fogli nella cartella, la chiuse e restò ancora un po' seduto in silenzio. E adesso?

«Quest'uomo è Tolstoj», disse poi con le lacrime agli occhi, finalmente libero dai brutti pensieri che gli erano venuti in mente. Infilò la penna d'oro nella tasca interna del cappotto dello scrittore, prese il libro dedicato a lui e scese dalla carrozza.

Andiamo, fece segno a Banu.

9

Il libro firmato da Tolstoj si trova ora in una teca al museo di storia di Teheran. L'ho visto con i miei occhi quando vivevo ancora lì. In quel museo c'è una grande sala allestita per ospitare gli oggetti personali che lo scià ha riportato dal suo viaggio in Europa. Sono tutti doni ricevuti nelle sue visite. Tra questi ci sono molti orologi da taschino, penne e anelli d'oro, ma anche ricercati guanti in pelle, eleganti servizi da tè, medaglie d'oro dei sovrani d'Europa, rari fucili da caccia, cappelli, calze di lana con fantasie tipiche, pantofole trapuntate d'oro e un'edizione di *Guerra e Pace* firmata da Tolstoj.

Molti scrittori e giornalisti iraniani visitano il museo solo per vedere quel libro. Sono stati scritti molti articoli sull'incontro tra lo scià e Tolstoj. C'è chi è convinto che l'uomo seduto in carrozza non fosse il celebre romanziere, ma un sosia ingaggiato dai russi.

Adesso gli archivi della Russia zarista sono aperti al pubblico. Potrei chiedere a un mio vecchio compagno di lotta che abita a Mosca di dare un'occhiata ai dossier dell'epoca, ma non lo farò. Lascerò la storia come l'ha scritta Banu nelle sue memorie.

Quello che ho raccontato sull'incontro tra lo scià e Tolstoj è basato sulle annotazioni dello scià e di Banu, e su ciò che ne pensavano gli scrittori iraniani dell'epoca. Se l'uomo addormentato nella carrozza era un impostore non lo sappiamo, ma quell'incontro determinò un cambiamento nel resoconto di viaggio dello scià, di cui riferirò in parte adesso e il resto più avanti, a Mosca.

Tornato alla stazione, lo scià ebbe la netta sensazione di un certo nervosismo. I principi discutevano tra loro e l'imam gridava allo scandalo. A quanto pareva, durante la sua assenza erano successe cose inaccettabili.

L'imam in realtà era arrabbiato con lui perché non gli aveva detto dove andava. Inoltre aveva portato con sé Banu senza il niqab. Doveva essere stato per forza un incontro peccaminoso, altrimenti lo scià l'avrebbe invitato.

Per di più, in sua assenza, le sei mogli avevano fatto una cosa imperdonabile. Per questo era furibondo e voleva parlarne con lui.

Lo scià ricevette l'imam, ma senza lasciarlo entrare nello scompartimento, poteva fargli rapporto restando sulla porta.

«Parli!» gli ordinò.

«Temo che andando avanti così non arriveremo alla fine di questo viaggio», disse l'imam, parole che suonarono molto insolenti alle orecchie dello scià.

«Parli!» ripeté il re, dandogli le spalle e guardando fuori dal finestrino.

«Durante la vostra assenza, le vostre mogli sono scese sulla banchina come se niente fosse, sono andate dal venditore di gelati e, tra l'esultanza di centinaia di persone, hanno passeggiato avanti e indietro leccando un cono. Se si comportano così in una stazione qualunque, che cosa faranno quando saranno a Mosca? Se gli ayatollah di Teheran vengono a saperlo...»

«Non verranno a saperlo», lo interruppe lo scià.

L'imam avvertì una minaccia nella sua voce. Avrebbe voluto parlargli anche di Banu, che si era comportata fuori da ogni regola, ma non osò per paura che la situazione gli sfuggisse di mano.

«Ha qualcos'altro da aggiungere?» gli chiese lo scià.

«No, questo è tutto, Maestà.»

«Allora può andare.»

Einoldowle condusse via l'imam.

«Quel ficcanaso, quel mascalzone!» sbottò lo scià.

Quando Einoldowle tornò nello scompartimento, lo scià disse in tono secco e deciso: «È diventato un peso.»

Era uno di quei momenti in cui, come re, era costretto a prendere una decisione. Porse in silenzio la mano al fido ciambellano. Era un ordine.

Einoldowle la prese e la baciò. Ora sapeva che cosa doveva fare.

Il treno fischiò e proseguì la sua corsa verso Mosca.

Hekayat dell'accoglienza ufficiale dello scià a Mosca

Una distesa infinita e senza alberi scivolò lentamente all'orizzonte. Il treno fece ancora una sosta in una grande stazione per oliare un'ultima volta le ruote. Lo scià ne approfittò per chiamare a raccolta i principi e ricordare a tutti i loro compiti e il comportamento da tenere.

Erano i principi che lo avrebbero scortato come previsto dal cerimoniale: negli incontri ufficiali dovevano seguirlo a cavallo di alti destrieri ordinati in precedenza.

Al ristorante della stazione lo scià parlò loro per l'ultima volta: «Voi siete il volto del regno. Nei paesi europei ci sono giornalisti e fotografi che vi terranno d'occhio. Tra poco entreremo in Europa e dimostreremo che proveniamo da un'antica civiltà. Gli europei hanno molte cose che noi non abbiamo; anche noi abbiamo molte cose che loro non possono avere. Quindi nessuno può comportarsi come se loro avessero tutto e noi niente. La Storia decide ogni volta in modo diverso. Un tempo eravamo noi ad avere tutto. Ora tocca a loro. Ed è ciò che constateremo. Andate e indossate la vostra uniforme migliore. Ci vediamo alla stazione di Mosca.»

Quando il treno arrivò in vicinanza della città, lo scià si vestì. Appese alla cintura la spada tempestata di gemme preziose, indossò il copricapo reale, si guardò un paio di volte allo specchio, impomatò i lunghi baffi e spruzzò un po' d'acqua di rose sul mantello. La locomotiva fischiò a lungo, lo scià guardò fuori dal finestrino.

Il treno passò davanti a una serie di grandi fabbriche le cui ciminiere vomitavano in cielo colonne di vapore. Era uno spettacolo straordinario che non aveva mai visto, quelle gigantesche ciminiere e il vapore che ne usciva formando bellissime nuvole che il vento portava via.

A un tratto Mosca comparve in lontananza. Le cupole dorate delle chiese brillavano e sembravano infiammarsi nella luce del sole. Il cielo era azzurro, quel giorno, e ovunque sopra la città aleggiavano nubi di vapore. Sembrava un enorme quadro.

Ora passavano davanti a una serie di ville di un nuovo tipo di architettura.

Il treno fischiò tre volte ed entrò nella stazione di Mosca.

Dal finestrino lo scià osservò la banchina. «Benvenuto allo scià di Persia!» gridava la gente in russo. Lui si guardò allo specchio un'ultima volta. Il sindaco di Mosca aprì la portiera del treno e, prima di scendere dalla scaletta, lo scià salutò la folla con la mano. I musicisti attaccarono a suonare con foga, i principi persiani, nelle nuove uniformi dai colori sgargianti, presero posto alle spalle del re, e d'un tratto fu come se lo scià fosse uscito da un antico racconto orientale anziché essere sceso da un supermoderno treno russo.

In lontananza furono sparate sette salve di cannone e lo scià entrò nell'atrio della stazione come Dario il Grande. Poiché aveva perso qualche bottone, i pantaloni gli cadevano e doveva bloccarli di continuo con il gomito.

Alla presenza di trenta principi e della guardia ufficiale russa, sfilò davanti a cinquecento o più funzionari moscoviti. Camminava impettito, facendo ogni tanto un cenno con il capo e senza stringere la mano a nessuno.

Il sindaco e sua moglie lo scortarono a una carrozza imperiale trainata da quattro cavalli che li attendeva all'uscita per condurli al Cremlino. La moglie del sindaco allungò il collo due o tre volte per vedere se scorgeva la moglie o le mogli dello scià, ma le principesse erano uscite dal retro della stazione per essere accompagnate al Cremlino su carrozze separate, sotto la sorveglianza dell'imam.

Lo scià era perfettamente in grado di salire in vettura da solo, ma due principi si precipitarono verso di lui, uno gli offrì il braccio e l'altro prese posto alle sue spalle.

La moglie del sindaco si sedette accanto al re e il sindaco di fronte a lui e, tra le grida di gioia e gli applausi assordanti della folla assiepata a entrambi i lati della strada, la carrozza si mosse in direzione del Cremlino.

All'ultimo piano del Cremlino c'era una confortevole dimora riservata allo zar quando da San Pietroburgo si trasferiva a Mosca. Lì venivano anche alloggiati i re e i presidenti degli altri paesi in visita alla città. Era la sistemazione migliore che la Russia potesse offrire a un ospite di riguardo. Sullo stesso piano si trovava anche una serie di stanze dove ora pernottavano le mogli dello scià.

Per quanto fosse abituato a palazzi segreti, lo scià si guardò attorno con stupore. Quella non era una reggia, ma una grande casa secolare a molti piani, abitata da antichi spiriti russi.

Un giovane ufficiale di nome Ensdorf Graffie lo scortò alla sua camera, facendogli fare nel frattempo una breve visita dell'edificio.

Il Cremlino che vide lo scià non era il centro del potere, ma la Russia di cui parlava Tolstoj e che avrebbe poi descritto Maksim Gor'kij nei suoi racconti. Era una grande dimora antica, tutta decorata e piena di scale che portavano a recessi ancora più segreti. Le sale, i corridoi e le pareti delle scale erano abbelliti da scene della storia russa. C'erano perfino due grandi dipinti delle guerre combattute contro i persiani, per l'esattezza delle guerre che gli zar avevano mosso al nonno dello scià. Nell'ultima, suo nonno aveva dovuto cedere ai russi l'Azerbaijan. Era morto di crepacuore. Il suo volto compariva chiaramente in uno degli affreschi. Per lo scià quindi il Cremlino non era il luogo ideale per dormire tranquillo.

Perché lo zar aveva scelto quel palazzo per il suo soggiorno a Mosca? Per umiliarlo di nuovo? Invidia e rancore presero il sopravvento, ma doveva dominarsi, in fondo erano scene di un'epoca passata. Proseguì lungo i larghi passaggi magici del palazzo. I pavimenti erano coperti di grandi tappeti antichi, che provenivano dai salotti o dai palazzi di imperatori russi ormai defunti. Nelle diverse stanze erano esposti gli effetti personali – abiti, corone, manoscritti, mantelli, calze, pantaloni e bastoni da passeggio – di tutti gli zar della storia. Era un luogo dove i defunti imperatori dicevano: un tempo eravamo e ora non siamo più.

Davanti a un grande tappeto variopinto lo scià si inginocchiò e si chinò a studiarne il motivo. Nella prima invasione dell'Azerbaijan, i russi avevano portato via quell'antico tappeto dal palazzo di suo nonno come bottino di guerra. Da piccolo lui ci aveva gattonato sopra. Le lacrime gli scesero lungo le guance.

L'ufficiale russo che lo accompagnava pensò che non si sentisse bene e lo prese per un braccio per aiutarlo ad alzarsi: «Maestà?»

Lo scià rifiutò bruscamente la sua mano, come se fosse al fronte e si ribellasse a un soldato nemico. Ma alla fine sorrise e proseguì, entrando in un'ampia sala, dove un antico trono ornato di pietre preziose scintillava alla luce di un grande lampadario con decine di candele. Era il trono su cui si erano seduti tutti gli imperatori russi.

L'ufficiale lo condusse a un balcone dal quale si godeva una vista sull'intera città, che ora, al calare della sera, rischiarata dalle luci dei lampioni a gas, appariva immersa in un'atmosfera magica. Quando rientrarono nel palazzo, lo scià non riuscì più a trovare la strada che portava al piano superiore. Le stanze, le sale, i corridoi, i pilastri, gli antichi specchi, i quadri, i ritratti a grandezza naturale degli zar lo avevano catturato nella loro morsa. Perciò, con sua grande irritazione, fu costretto a seguire il sedere del russo e addentrarsi in un altro antico labirinto attraverso cui arrivò all'ultimo piano.

Il russo aprì la porta di una stanza e lo fece accomodare. Era una camera da letto imperiale, con un grande letto antico in legno. Una camera storica, dove anni prima aveva dormito Napoleone. In seguito, dopo aver strappato il potere allo zar, vi avrebbe dormito Lenin, e successivamente Stalin, quando la Germania nazista aveva accerchiato Mosca. E lì un centinaio di anni dopo Putin si sarebbe infilato sotto le coperte.

Lo scià, che nel lungo viaggio in treno aveva mangiato abbondantemente, disse all'ufficiale che non desiderava cenare, che era stanco e non voleva essere disturbato. Così il russo si chiuse la porta alle spalle e lo lasciò solo.

Poco prima Einoldowle aveva preparato i suoi indumenti per la notte su una poltrona. Assorto nei suoi pensieri, lo scià si cambiò e si lasciò cadere sul letto, stanco e depresso com'era.

Nonostante la visita del Cremlino non fosse stata piacevole per lo scià, io ero contento all'idea di fare un giro con lui, attraverso le sue descrizioni, per quel palazzo straordinario, perché oggi nessuno ha accesso al centro del potere russo.

Il Cremlino era sempre stato un luogo segreto, era ed è il cuore della Russia, con quelle sue cupole straordinarie che accendono l'immaginazione. Ma da quando ha preso il potere, Vladimir Putin se ne sta lì giorno e notte con i suoi ex colleghi del KGB a studiare piani per mettere in sicurezza i confini del paese usando il pugno di ferro. Perché l'America e i suoi alleati hanno circondato la Russia e, per la prima volta, cercano di fare presa su Mosca senza l'impiego di soldati, ma attraverso l'azione politica.

Oggi, mentre scrivo, le relazioni tra Russia e Occidente sono molto peggiorate. La Russia ha perso il controllo dell'Ucraina e sono scoppiati gravi scontri tra i separatisti russi e l'esercito ucraino. L'America boicotta la Russia, nessun presidente americano visiterà Mosca nel prossimo futuro e, per timore degli USA, nessun governante europeo osa stringere accordi con Putin.

Nel frattempo Putin gira per il paese come un autentico imperatore, facendosi riprendere in bei filmati per la tv. Si mostra alla guida di una moto classica, vola insieme a uno stormo di gru enormi, batte frotte di campioni sportivi, nuota in fiumi impetuosi, cavalca per i campi a torso nudo, si fa selfie con belle ragazze russe.

Adesso che nessun presidente europeo o americano è disposto ad andare al Cremlino, ci vado volentieri io per vedere come lo scià ha trascorso la sua prima notte nello storico palazzo in compagnia dei fantasmi russi.

Hekayat della prima notte dello scià al Cremlino

Evidentemente per lo scià il Cremlino non era il posto giusto per riposare in seguito a un lungo viaggio ricco di emozioni. Dopo essersi rigirato nel letto per qualche ora, finalmente si addormentò. Ma nel cuore della notte si svegliò sentendo delle voci. Pensò di essersi sbagliato, rimase dov'era e tese l'orecchio. In effetti, si sentivano voci e un vago rumore di passi al piano di sotto. Bevve un sorso d'acqua dal bicchiere accanto al letto e si rimise in ascolto. No, non sentiva più niente. Forse era stato soltanto un sogno.

Nonostante facesse caldo, si coprì la testa con il lenzuolo e l'affondò ancora di più nel soffice cuscino. Ora sentiva di nuovo chiaramente dei passi, c'era qualcuno che camminava al piano di sotto. Si sedette sul letto, c'era gente che correva sulle scale, sentiva le loro voci smorzate.

Chiamò Einoldowle, ma il ciambellano non venne. Era la prima volta che succedeva. Evidentemente anche lui era molto stanco per il viaggio.

Lo scià si alzò, aprì piano la porta e rimase in ascolto. Dal piano inferiore qualcuno salì di corsa le scale, qualcun altro le scese sempre correndo, una donna rise sottovoce, un'altra ridacchiò nervosamente. Erano gli antichi fantasmi della storia russa? O lo zar aveva architettato quella messinscena per tormentarlo? Avvolto nell'ampio pigiama, attraversò il corridoio e si mise in un punto vicino alla finestra per poter vedere meglio il piano sottostante. Ma era buio, si indovinavano solo le sagome e le ombre degli oggetti nella luce di qualche candela. Scorse gli spiriti femminili russi in pigiama. Si erano posti sul capo le antiche corone degli imperatori e passavano da una stanza all'altra appoggiandosi ai bastoni da passeggio degli zar defunti. Marciavano con antichi fucili in spalla, indossavano vecchi cappotti imperiali, si saltavano in groppa a vicenda cantando sottovoce melodie russe. Lo scià rimase a fissarli sbalordito nel buio del corridoio. Ma erano spiriti russi o le sue sei mogli?

Non era il momento di chiederselo, aprì la bocca e gridò: «Andatevene, streghe! Andate a letto!»

Funzionò, gli spiriti svanirono, scese il silenzio e lo scià tornò nel suo letto imperiale e si addormentò.

Fu una notte inquieta. Sognò di andare al prestigioso teatro Bol'šoj ma, nonostante avesse indossato il suo abito regale, non aveva i pantaloni, solo lunghi mutandoni bianchi.

Hekayat del teatro Bol'šoj e del barbiere

Il giorno dopo lo scià si svegliò di buonora, i pensieri molesti della notte prima si erano dileguati e lui era eccitato come un bambino per essere finalmente a Mosca. Si vestì in fretta e aspettò il sindaco che quel primo giorno lo avrebbe accompagnato a visitare la città. Nei successivi due o tre avrebbe avuto un programma fitto di impegni, dal mattino al tardo pomeriggio. Avrebbe fatto un giro in centro, visitato le chiese, i musei e perfino lo zoo.

Ma non appena lasciò il Cremlino, anche il suo barbiere decise di andare a vedere la città. Non osava allontanarsi troppo, perché chissà cosa sarebbe successo se lo scià fosse tornato all'improvviso e non l'avesse trovato... Ma la tentazione era troppo grande, vedeva con invidia gli altri membri del seguito andare per negozi e tornare con borse piene di souvenir. Anche lui voleva fare degli acquisti.

Siccome lo scià amava molto bere il tè e fumare il narghilè, il barbiere aveva portato dal palazzo di Teheran il grande samovar dorato e un set di cinque narghilè.

Oltre che barbiere era anche l'assaggiatore ufficiale di corte. Prima che lo scià accostasse il cibo alle labbra, ne assaggiava un boccone per assicurarsi che non fosse avvelenato. Se necessario, gli preparava anche il set da oppio. Il suo signore non era schiavo dell'oppio, ma lo usava come antidolorifico quando non riusciva a dormire e quando andava nell'harem per giacere con una delle sue mogli. L'oppio sedava il dolore, lo tranquillizzava e fungeva da afrodisiaco.

Nel tardo pomeriggio il barbiere era intento a preparare il samovar e il narghilè per lo scià che quella sera, dopo una giornata densa di impegni, sarebbe andato al celebre teatro Bol'šoj a vedere un balletto molto popolare all'epoca. Doveva riposare bene prima di andare a teatro.

Il barbiere srotolò un piccolo tappeto sul balcone del Cremlino e vi sistemò sopra dei cuscini, in modo che il suo signore potesse godere del panorama.

Poco dopo arrivò lo scià in pigiama. Il barbiere gli servì una tazza di tè sul tavolino accanto alla poltrona, sistemò dall'altro lato un narghilè e gli porse il bocchino. Lo scià intinse una zolletta di zucchero russo nel tè e la infilò in bocca: squisita. Le zollette russe erano più dolci di quelle persiane, per cui il fumo del narghilè aveva un sapore migliore. Inalò un paio di volte e soffiò il fumo sopra la città, in direzione di una statua equestre dello zar.

Era meraviglioso non essere a Teheran, dove, in fin dei conti, viveva prigioniero nel suo palazzo, circondato da decine di spie russe e inglesi. Lì era anche libero dal fardello delle sue mogli, che non lo lasciavano mai in pace. Aveva sempre odiato governare, ma doveva farlo, la storia aveva deciso che fosse re. Durante questo viaggio però evitava di intromettersi nelle difficili trattative tra governi. Erano i suoi ministri a sedersi al tavolo con i rappresentanti degli altri paesi. E se necessario lui dava qualche suggerimento.

Sazio di tè, tabacco e dolciumi, lo scià se ne

tornò soddisfatto in camera a fare un sonnellino. Non si era ancora addormentato quando il fido Einoldowle lo avvertì che era arrivata Banu, senza preavviso. Lo scià le diede il permesso di entrare.

«Banu ha qualcosa da dirci?» domandò.

«Vorrei chiedervi se mi concedete di tenervi compagnia al Bol'šoj.»

«Non se ne parla», rispose lo scià. «Conosci l'imam. A Teheran scoppierebbe all'istante un dramma.»

«Avete davvero paura di quell'imam? Siete intimidito da lui? Non me l'aspettavo da voi. Lasciateci, lasciate, vi prego, che anche le vostre mogli godano di questo viaggio. Voi non siete un re antiquato, ma un re moderno, leggete romanzi, parlate francese, avete incontrato Tolstoj e anche voi scrivete. Ho sentito parlare così tanto del teatro Bol'šoj di Mosca, soprattutto degli spettacoli di danza: portatemi con voi.»

«Non è possibile, questa è una visita di stato, non possiamo mescolare vita pubblica e privata.»

«Mi confidate i vostri segreti, sono vostra moglie, la vostra guida. Vi ho letto decine di libri, prendo appunti per il vostro diario di viaggio. Vi amo, ma so troppe cose di voi. Mi sento come una preda nelle vostre mani. E so che alla fine mi farete allontanare, come avete fatto con altri. Ma so anche che senza di voi non potrò realizzare i miei sogni. Lasciate che stasera vi tenga compagnia, è uno dei miei sogni entrare al teatro Bol'šoj come una principessa.»

Lo scià rifletté in silenzio.

«Come mai tutto questo entusiasmo?» chiese poi.

«Danno un balletto speciale, di cui parlano tutti. E soprattutto le signore indosseranno i loro abiti più belli, voglio esserci anch'io tra loro. In fondo sono una principessa.»

«Di che cosa parla questo balletto?»

«È la storia di un principe russo che va a caccia insieme ai suoi amici. Arrivati sulla riva del lago dei cigni, gli uomini vorrebbero sparare agli uccelli, ma all'improvviso compare la loro regina ed esclama: "Non sparate! Non sparate!" In realtà i cigni erano giovani principesse che una strega aveva tramutato in uccelli.»

«Ci penseremo», rispose lo scià, «più tardi ti diremo che cosa abbiamo deciso.» E si tirò il lenzuolo sopra la testa.

Hekayat dell'imam in un vicolo stretto dietro il teatro Bol'šoj

Quella sera, quando la carrozza dorata si fermò davanti al Cremlino per accompagnare lo scià al teatro Bol'šoj, c'era Banu al suo fianco. Indossava il suo abito più bello e sul capo uno scialle di seta variopinta. Era al colmo della felicità. Si diede un paio di pizzicotti sulle gambe per essere sicura che fosse tutto vero.

Nascosto dietro la statua dello zar, l'imam non riusciva a credere ai suoi occhi: Banu che andava a teatro con lo scià! La carrozza si mise in moto e lui la rincorse come un idiota.

Il sindaco e sua moglie attendevano lo scià davanti al teatro e notarono con piacere che era in compagnia di sua moglie o di una delle sue mogli.

Con sgomento dell'imam, che si era nascosto dietro una carrozza, lo scià offrì il braccio alla moglie del sindaco e il sindaco porse il proprio a Banu. Scortati da uno stuolo di principi e da una sfilza di ministri e funzionari persiani, le due coppie entrarono nell'edificio, dove un migliaio di persone li avrebbero accolti con un applauso.

L'imam, scioccato da ciò che aveva appena visto, non si era nemmeno accorto che due uomini lo seguivano nell'ombra. Non appena lo scià e Banu entrarono a teatro, si lanciò a capofitto alla ricerca dell'ufficio telegrafico per inviare un telegramma a Teheran.

L'ufficio telegrafico imperiale di Mosca era aperto fino a tarda sera. L'imam sapeva più o meno dov'era, ma tra il buio e la pioviggine sbagliò strada. Imboccò un vicolo dietro il teatro, ma avrebbe fatto meglio a evitarlo, perché era buio e deserto. Sentì un rapido scalpiccio alle spalle, si voltò e vide due uomini con il volto coperto. Avvertì il pericolo, pensò si trattasse di ladri russi. Cercò di fuggire, ma non aveva mai avuto bisogno di correre in vita sua, e in più era inutile. Uno degli uomini lo afferrò per il collo, lo spinse contro il muro e gli infilò un fazzoletto in bocca, mentre l'altro lo colpiva violentemente sugli stinchi con un bastone, finché l'imam si accasciò e crollò a terra. Gli svuotarono le tasche, lo abbandonarono piagnucolante nel buio del vicolo e si dileguarono nell'oscurità delle strade di Mosca.

Le mogli dello scià furono le prime a venire a conoscenza dell'accaduto.

Hekayat delle sei mogli dello scià nella Tverskaya, la via dei negozi

Le sei mogli dello scià erano al Cremlino, tristi e quasi morte di gelosia per il privilegio riservato a Banu, quando il barbiere entrò di corsa nella loro ala del palazzo gridando: «L'imam è stato ferito ed è all'ospedale!»

Le donne accolsero la notizia con gioia, come se fossero state di colpo liberate dalla prigione. Non avevano ancora visto niente di Mosca, ma non restava loro neanche molto tempo, perché entro due giorni al massimo sarebbero partite per San Pietroburgo.

Adesso che l'imam era in ospedale decisero di fare un rapido giro per la città prima che lo scià tornasse dal teatro. Indossarono i loro abiti migliori, lasciarono in camera il niqab e uscirono con i capelli sciolti, come le donne russe. Un vento fresco che spirava dal fiume le colpì in viso. Si tenevano per mano per esorcizzare la paura. Dovevano sbrigarsi se volevano vedere qualcosa. Sentirono voci di donne e bambini lungo il fiume e si diressero lì. Centinaia di lampioni a gas illuminavano la riva. I lampioni a gas non erano ancora arrivati a Teheran. La gente avanzava in quel misto di luce gialla e viola proiettando ombre lunghe. L'atmosfera era magica, come se si muovessero in un sogno.

Si fermarono accanto a un lampione a osservare la folla. Giovani donne camminavano fiere come pavoni mano nella mano con i loro innamorati. Una cosa così non l'avevano mai vista.

Ma dovevano affrettarsi, non potevano vedere tutte le meraviglie in una volta sola. Lasciarono quindi il fiume e si diressero verso il centro, dove passavano centinaia di carrozze. Tenendosi per mano attraversarono a fatica la strada. Senza saperlo erano finite nella Tverskaya, la celebre via commerciale di Mosca. Avevano la sensazione di essersi addormentate secoli prima e risvegliate ora, al frastuono di centinaia di zoccoli di cavalli e clacson di carrozze.

Le vetture si fermavano a bordo strada ed eleganti signore russe sporgevano le mani perché i mariti o il cocchiere le aiutassero a scendere. Arrivò una compagnia di soldati a passo di marcia. Una vecchia vendeva mele da un cesto. Giovani uomini e donne bevevano seduti sui bei divani dei caffè. Le sei mogli dello scià si fermarono un attimo a guardare dentro. Furono investite dall'odore di alcol, salame, cetriolini sott'aceto e pane fresco. C'erano così tante persone e così tanti negozi e la promenade era così ampia e affollata, ma loro non avevano soldi. Erano principesse risvegliate da un lungo sonno a mani vuote.

In un negozio dove erano esposti diversi quadri, un paio di ragazze disegnavano un piatto con mele e pere posato su un tavolo davanti a loro. Era vero quello che vedevano, donne russe intente a dipingere una natura morta con mele e pere?

Un cocchiere le chiamò: «Carrozza, signore?»

Forse sarebbe stato meglio visitare il centro in carrozza, ma non avevano soldi. Una di loro però aveva una moneta d'oro. La misero in mano all'anziano cocchiere dicendo: «Мы хотим, чтобы увидеть все.» Il loro russo non era perfetto, ma l'uomo conosceva le donne orientali che avevano una moneta d'oro. Volevano vedere tutto, tutto quanto, ma prima che i loro mariti tornassero a casa. Le sei mogli dello scià salirono in carrozza e il cocchiere le accompagnò come principesse nel magico centro di Mosca.

A suggello della loro felicità quella sera poterono fare il bagno con lo scià.

Hekayat della vasca da bagno del Cremlino

La sera dopo lo scià rientrò un po' prima al Cremlino. Il suo programma prevedeva un altro spettacolo teatrale, ma era stanco e annullò l'impegno.

Aveva trovato il balletto dei cigni terribilmente noioso e si era addormentato con la testa sul petto. Era stata una vera esperienza russa, ma più che sufficiente. Adesso avrebbe voluto andare a letto subito, ma il barbiere gli aveva fatto trovare la vasca da bagno pronta. E anche questa era un'esperienza: lo scià di Persia lì si doveva lavare in una vasca piccola. Un paese così grande e una vasca così piccola.

Entrò maldestramente nell'acqua, si sdraiò e ordinò: «Fa' venire le donne!»

Il barbiere corse a dire alle sue sei mogli che lo scià le desiderava nella vasca insieme a lui. Era l'ultima notte che trascorreva al Cremlino e voleva passarla con loro.

«Spogliatevi!» disse quando le sentì entrare nella stanza. Le donne, abituate ai grandi bagni del palazzo di Teheran, si spogliarono ridacchiando divertite ed entrarono nude nella vasca.

«Forza, entrate tutte!» disse ridendo lo scià.

Ma non c'era verso che ci riuscissero, non ci stavano tutte e sei nella vasca.

Era buffo quel contrasto tra Oriente e Occidente. A Teheran lo scià faceva il bagno ogni volta con venti concubine, mentre a Mosca non riusciva a farlo nemmeno con sei. Le sue mogli entrarono quindi nella vasca due per volta, mentre le altre quattro lo massaggiavano, gli versavano acqua sul capo, gli davano affettuosi pizzicotti nei punti dov'era più sensibile e lui si abbandonava a risate fragorose. Poi le prese una per una ruggendo di piacere in quello strano bagno imperiale.

Le donne erano felici dell'attenzione che dedicava a ciascuna di loro, e anche del bizzarro modo in cui le aveva prese in quel bagno russo. Ma allo stesso tempo avevano paura, non si fidavano di lui. Sapevano che aveva diversi volti, che il piacere esorbitante che provavano poteva avere da un momento all'altro un brutto epilogo. Sapevano che c'era un motivo se le trattava con tanto affetto. Ma non potevano farci niente, se non accettare il loro destino. Guardandosi, lessero nei rispettivi occhi: potrebbe finire male quando meno ce l'aspettiamo, ma adesso godiamoci questo momento. Avrebbero scoperto poi che cosa aveva in mente. Misero da parte le loro paure e lo scià le afferrò per i seni, le mordicchiò sul sedere, le pizzicò sulle cosce e ruggì più forte che mai in quel bagno russo.

Dopo aver goduto a piacimento delle sue sei mogli, lo scià si fece aiutare a uscire dalla vasca come un bambino. Loro lo asciugarono, gli avvolsero un telo attorno ai fianchi e un altro attorno alla testa.

«Preghiamo un po'», disse lui al barbiere, che aspettava dietro la porta con l'orecchio teso. Lo scià non pregava sempre, solo quando ne aveva bisogno. Come adesso che voleva esprimere la sua gratitudine. Chiese alle sue mogli di pregare con lui. Loro non avevano il chador, ma potevano rimediare con un lenzuolo.

Con il capo e le spalle avvolte in lenzuola bianche, le sei donne lo seguirono. Lui prese una candela ed entrò nella biblioteca dello zar. La luce della fiamma cadde sui libri allineati negli scaffali. Le donne lo seguivano come fantasmi coperti da teli bianchi. Il barbiere aveva già individuato la Mecca con una bussola. Lo scià posò la candela sulla scrivania e si rivolse verso la città santa. Le donne presero posto dietro di lui.

«*Allahu Akbar!*» proclamò e la sua voce risuonò nel buio del Cremlino.

Aveva i suoi motivi per voler pregare, ma le sue sei mogli lottavano con altri pensieri. Imploravano Dio che non le punisse per il piacere inaudito che avevano provato quel pomeriggio e quella sera a Mosca.

11

Mentre io ero intento a scrivere il racconto del soggiorno dello scià al Cremlino, la mia studentessa era occupata a raccogliere ulteriori informazioni sulla storia passata degli appartamenti degli ospiti dello zar.

Per la descrizione della camera da letto e del bagno mi sono basato sulle memorie francesi di Banu, ma per la ricostruzione degli avvenimenti ero incerto se usare le informazioni trovate dalla mia studentessa o quelle fornite dallo scià. Alla fine ho optato per il resoconto poco attendibile dello scià.

Nella stessa vasca in cui lui aveva goduto con le sue mogli, si era immerso un tempo, senza compagnia femminile, Napoleone Bonaparte. Aveva marciato sulla Russia con 700.000 soldati, 70.000 cavalli e un numero incalcolabile di cannoni per conquistare Mosca. I generali russi avevano però evitato lo scontro diretto, sapendo che avrebbe annientato il loro esercito.

Così Napoleone conquistò trionfalmente Mosca, invadendola con grande spiegamento di forze, ma i russi avevano già fatto evacuare la città, avvelenato i pozzi e si erano ritirati senza lasciare neanche un chicco di grano. Napoleone entrò dunque in una città deserta, ma era pur sempre arrivato nel cuore del paese: ora doveva vedere come conquistare San Pietroburgo, dove lo zar aveva la sua residenza.

Prima però voleva riposare un po': per 82 giorni e 82 notti non era neanche riuscito a lavarsi in modo decente. Salì quindi le scale del Cremlino diretto all'appartamento dello zar. L'esercito russo aveva portato via dagli edifici pubblici ogni oggetto di valore, tralasciando però il Cremlino. Come a voler fare un gesto di riguardo nei confronti dell'imperatore francese.

Napoleone attraversò le sale e i corridoi alla luce di una candela, calpestando tappeti, passando davanti a dipinti e ritratti, per salire infine al piano superiore. Entrò nella stessa camera da letto dove ora soggiornava lo scià. La stanza era pulita e, con sua grande sorpresa, la vasca era piena di acqua calda.

Si spogliò, il suo sguardo cadde sullo specchio e sul suo corpo nudo. Notò con stupore che alcuni peli del petto erano diventati bianchi. Era anche dimagrito, ma aveva il ventre grosso rispetto al resto del corpo. Probabilmente in conseguenza delle lunghe ore trascorse in sella. Si voltò ed entrò con cautela nella vasca: *béni*, che benedizione!

Si allungò finché l'acqua gli arrivò alle ascelle. Oh, oh *béni*.

Napoleone era ancora regalmente immerso nella vasca quando sentì odore di bruciato. Si alzò di scatto e guardò fuori dalla finestra. Il palazzo era circondato dalle fiamme e dalle fessure filtrava un fumo denso. L'esercito russo aveva messo a fuoco l'intera città. Tossendo, Napoleone si rivestì e, con una candela in mano, scese di corsa le scale e si precipitò fuori dal Cremlino.

Hekayat delle sei mogli piangenti alla stazione di Mosca

Il giorno dopo lo scià era diretto alla stazione, dove lo attendevano il sindaco e numerose personalità moscovite, venuti a salutarlo con altre migliaia di cittadini alla partenza per San Pietroburgo.

Erano andati via tutti, tranne le sei mogli dello scià, e Banu. Dovevano aspettare al Cremlino che qualcuno andasse a prenderle.

Attendevano nell'anticamera del palazzo con una certa diffidenza. Le campane delle chiese avevano battuto le dodici, ma non era comparso nessuno. Erano quasi le due del pomeriggio quando finalmente sette carrozze si fermarono davanti al Cremlino per portarle alla stazione con la loro servitù.

Arrivate alla stazione, scoprirono che il treno per San Pietroburgo con a bordo lo scià e il suo seguito era partito da tempo. Lo scià le aveva piantate in asso. Non potevano proseguire il viaggio con lui, dovevano tornare a Teheran. Conoscevano bene la sua spietatezza: nessuno poteva contraddire i suoi ordini.

Le sei mogli sedevano disperate su una lunga panchina al binario della stazione di San Nicola, con accanto le loro dodici domestiche, e piangevano tutte come un coro di dolenti in un antico racconto orientale. La gente che passava non capiva che cosa fosse successo.

Come se il loro dolore non bastasse, comparvero due soldati russi con una barella sulla quale, sotto le coperte, giaceva un uomo con le gambe fasciate. I soldati deposero il ferito vicino alla panchina. Con grande sgomento, le donne videro che si trattava dell'imam e capirono che sarebbe tornato a Teheran con loro.

Banu non piangeva, a Teheran aveva letto *Anna Karenina* tre volte, conosceva i treni. Sapeva perfino come funzionava una locomotiva. Così si allontanò zitta zitta, controllò l'orario ferroviario e poi si lanciò di corsa verso l'ultimo treno per San Pietroburgo, che stava per partire.

Il capotreno afferrò la sua valigia e l'aiutò a salire.

Destinazione San Pietroburgo.

Hekayat di Puškin e della famiglia dello zar a San Pietroburgo

Aleksandr Sergeevič Puškin, il più grande poeta russo, nonché uno dei più gloriosi nomi della letteratura mondiale, era nato a San Pietroburgo. Lo scià conosceva quasi a memoria uno dei suoi poemi, ma non sapeva che lo zar non volesse sentir nominare né lui né i suoi versi. Non sapeva nemmeno che Puškin si ribellava contro l'autocrazia e che quel poema, *Ode alla libertà* del 1818, fosse un celebre manifesto politico.

Il padre dell'attuale zar lo detestava proprio per quei versi e lo aveva bandito a lungo dalla città. Ma se l'avesse saputo, lo scià avrebbe declamato quella poesia con ancora più gusto, perché detestava a sua volta il vecchio imperatore.

Il treno si avvicinava a San Pietroburgo e, all'oscuro di quel precedente, lo scià proclamò ad alta voce le parole di Puškin:

Любви, надежды, тихой славы
Недолго нежил нас обман,
Исчезли юные забавы,
Как сон, как утренний туман…

D'amore, di speranza, di calma gloria
Non a lungo ci ha cullati l'inganno,
Scomparsi i giovani divertimenti
Come un sogno, come nebbia mattutina;
Ma in noi il desiderio sta ancora bruciando;
Sotto il giogo del potere fatale

Con animo impaziente
Della patria ascoltiamo l'invito.
Stiamo aspettando con nostalgia di speranza
Minuti di sacra libertà,
Come aspetta un giovane amante
I momenti di un appuntamento fedele
Mentre ardiamo di libertà,
Mentre i cuori per l'onore sono vivi,
O amico mio, alla patria dedichiamo
Dell'anima gl'impulsi meravigliosi!
Compagno, credi: lei sorgerà,
La stella dell'accattivante felicità,
La Russia si sveglierà dal sogno,
E sulle rovine dell'autocrazia
*I nostri nomi scriveranno!**

Indossando l'uniforme militare, si guardò un'ultima volta allo specchio e si aggiustò la spada ornata di pietre preziose.

Scortato da un solenne corteo di ufficiali, lo zar arrivò con la famiglia alla stazione per dargli il benvenuto.

Contento di quell'accoglienza regale, e libero dal fardello delle mogli e dell'imam, lo scià raddrizzò le spalle più che poté e si fermò sulla scaletta del treno. La folla gridò: «Добро пожаловатъ, царъ Персидский!»

Lui sorrise e salutò con un gesto misurato.

Circondato dai principi persiani, scese dal treno. Lo zar Alessandro II gli andò incontro, spalancò le braccia e afferrandolo per i gomiti disse: «Maestà! Vi dò il benvenuto in Russia!» Poi gli presentò la moglie, il figlio, il principe

* Aleksandr Sergeevič Puškin, *Per Čaadaev*, traduzione dal russo da Bruno Osimo. (N.d.T.)

ereditario, la figlia e la nuora. Lo scià baciò la mano della moglie dello zar, chinò il capo davanti a sua figlia e a sua nuora e strinse la mano al principe ereditario, prima di salire insieme a loro sulla carrozza imperiale. Si avviarono quindi verso il castello tra il giubilo della folla.

Con sua grande gioia, lo zar aveva disposto che soggiornasse nel suo palazzo di famiglia. Nella grande reggia c'erano gli appartamenti in cui alloggiavano i suoi genitori quando venivano a trovarlo. E furono quelli che lo zar aveva messo a disposizione del suo nobile ospite.

Quella sera, dopo cena, quando lo scià andò a fare una passeggiata per i viali illuminati, il suo sguardo cadde sulla finestra di una stanza, dove vide la moglie e la figlia dello zar. Con suo immenso stupore vide anche Banu intenta a parlare con loro. Era sicuro di non sbagliarsi? Era davvero Banu? O una che le somigliava? Si appostò dietro un albero e osservò con attenzione la finestra e le donne. No, era proprio Banu, stava raccontando qualcosa alla moglie e alla figlia dello zar, che la ascoltavano con interesse. Ma com'era arrivata, cosa ci faceva lì? E cosa stava raccontando alla zarina?

Banu si era dunque conquistata un posto all'interno del palazzo, era perfino riuscita a essere trattata come una principessa, esattamente come aveva sognato.

Con la fronte madida di sudore, lo scià proseguì la sua passeggiata, non poteva far altro che dominarsi. Sapeva che Banu era abbastanza intelligente da non metterlo in ridicolo. Doveva invece farle capire che nessuno aveva voluto rispedirla a Teheran, che era stato uno stupido errore di Einoldowle.

Quando rientrò dal suo giro, la incontrò in un corridoio del palazzo.

«Oh Banu, che gioia rivederti! Avevamo sentito dire che qualcuno per sbaglio voleva rimandarti a Teheran insieme alle altre mogli. Uno stupido errore.»

Banu era furiosa con lui, ma non lo lasciò trapelare. Sapeva che poteva diventare di colpo molto crudele. Ma sapeva anche che era spesso tormentato dai sensi di colpa per le decisioni spietate che, da re, era costretto a prendere. In qualche modo doveva cavarsela: «Voi siete il re», disse. «Sapete meglio di chiunque altro cosa è giusto e cosa non lo è. Se volete, potete rispedire a casa anche me.»

Quelle parole rassicurarono lo scià. «Tutto è bene quel che finisce bene», rispose. «Siamo contenti che tu sia ancora qui. Vieni, stanotte abbiamo bisogno di te.» E la condusse nella sua stanza.

Banu si spogliò e gli prese la mano, facendogli capire che era lui a decidere quello che doveva avvenire e che lei era sua.

Guardo di nuovo sul mio laptop delle foto terribili di profughi siriani. Per questo oggi non riesco a lavorare. Mi sento a disagio a essere qui a scrivere la storia del viaggio di un antico scià persiano mentre migliaia di miei compagni di sventura e i loro figli tentano di raggiungere l'Europa attraversando il mare su gommoni.

Centinaia sono affogati, centinaia dispersi, ma questo non ha ancora scosso l'Europa dal suo torpore. Da ieri è comparsa sui social di tutto il mondo la foto di un bambino di tre anni. Il mare l'ha restituito su una spiaggia turca dalle parti di Bodrum, mentre suo fratello e sua madre sono stati trovati morti altrove. Indossava una maglietta rosso scuro, un paio di pantaloncini e due scarpette di pelle nera. La foto è finita in prima pagina su tutti i quotidiani europei, ora tutti i programmi tv e i talkshow parlano delle ondate di migranti diretti a migliaia verso l'Europa. Sono questi i fatti che mi hanno impedito di concentrarmi sul lavoro. Che cosa può mai fare un docente universitario per aiutare queste persone che, pur consapevoli del rischio mortale che corrono, si ostinano ad attraversare il Mediterraneo? Non mi veniva in mente niente. Per fare comunque qualcosa, ho preso il cellulare dalla borsa e ho twittato:

Le persone che partono a migliaia in barca in treno o a piedi hanno molto coraggio e una forte immaginazione. Vanno verso il futuro.

Ma non bastava, volevo fare qualcosa di utile. Nel profondo del mio cuore volevo essere con loro, muovermi con quelle enormi masse di profughi dirette in Europa.

A un tratto mi è venuta un'idea. Potevo portarli con me in questo libro. Raccontare, registrare i loro tentativi di fuga, il loro storico viaggio, forse intrecciarlo con quello dello scià. Perché in fondo sono ondate che appartengono già all'Europa.

Ora sentivo forza nella mia penna e gioia nel mio cuore.

Penso spesso che non sono fuggito dalla mia patria per venire qui a insegnare avvolto in un bozzolo di tranquillità. È bello, ma non mi basta. Voglio aggiungere qualcosa alla mia fuga. Con questo libro penso di essere sulla strada giusta. E aggiungere questo nuovo evento storico darà più valore al mio racconto.

Ne ho parlato con la mia studentessa.

«Ci sarò anch'io», mi ha risposto.

Ora è in biblioteca a leggere il capitolo «A San Pietroburgo» delle memorie francesi di Banu.

Tra poco lo scià parlerà con la principessa Dagmar, per la quale ha in serbo una lieta novella.

Hekayat della principessa Dagmar, la nuora dello zar

Lo scià era stato invitato a casa del principe ereditario insieme alla principessa Banu. Con sua grande irritazione, Banu veniva invitata ufficialmente ovunque.

La dimora del principe era piuttosto lontana dal palazzo dello zar. La carrozza era pronta e il cocchiere fece salire per prima Banu.

Dopo aver viaggiato in silenzio per una mezz'ora videro un antico castello spuntare dietro la cima di alti alberi. Era la residenza di campagna del padre dell'attuale zar, l'imperatore che lo scià detestava. Era lo zar che aveva occupato il palazzo d'estate di suo nonno e si era portato in Russia i grandi tappeti che lo addobbavano.

Lo scià smontò di carrozza controvoglia e fu accolto da Alessandro III e dalla sua giovane, amata moglie, Marija Fëdorovna.

Alessandro era un bell'uomo, anche se un po' grasso. Sua moglie era la figlia del re di Danimarca. La principessa trattava lo scià con grande cordialità ed era contenta della sua visita, era come se, dopo tanti anni, suo padre fosse venuto a trovarla dalla Danimarca. Era incinta, la curva della pancia si vedeva chiaramente, aveva il volto pallido e gli occhi cerchiati di azzurro. I lunghi capelli le ricadevano sulle spalle in una coda, che ondeggiava a ogni suo gesto.

Lo scià aveva portato dei souvenir persiani per la famiglia imperiale, ma vedendo Marija Fëdorovna si dispiacque di non avere un dono personale per lei. Le permise di prenderlo a braccetto e condurlo in salotto, mentre il principe ereditario saliva le scale dietro di loro conversando con Banu. Nel salotto aleggiava il profumo di un dolce appena sfornato.

Marija Fëdorovna accompagnò lo scià a un tavolo apparecchiato con un servizio da tè in argento.

«Il dolce l'ho fatto con le mie mani: è un'antica ricetta danese che mi ha tramandato mia madre. Lei lo faceva per mio padre.»

Lo scià, che nutriva un odio storico nei confronti dello zar e di tutta la sua famiglia, fu preso in contropiede da una tale perfetta ospitalità.

Dopo aver gustato l'eccellente dolce e bevuto il tè caldo, le signore salirono al piano di sopra, dove Marija Fëdorovna mostrò a Banu la camera e i vestitini del bambino che stava per nascere. La disinvoltura della giovane moglie del principe aveva messo a suo agio lo scià, che aveva l'impressione di essere venuto a trovare una figlia.

La principessa era un'estranea nel palazzo dello zar di Russia. Lo scià era un poeta e lesse subito nei suoi occhi la nostalgia e il desiderio di casa.

Trascorso qualche giorno, mentre, dopo aver pranzato con la famiglia imperiale, passeggiava per i viali della reggia studiando gli alberi e i fiori, lo scià sentì dei passi leggeri alle sue spalle: si voltò e vide di nuovo la principessa, la moglie incinta di Alessandro III.

«Che cosa state facendo vostra Maestà?» gli chiese lei.

«Stiamo facendo una passeggiata», rispose il re, «la principessa desidera tenerci compagnia?»

Fecero un tratto di strada insieme.

«Quando nascerà il bambino?» le domandò a un tratto lo scià, come se parlasse a sua figlia.

La principessa arrossì, perché neanche lo zar glielo aveva mai chiesto in modo tanto esplicito. Solo un padre premuroso poteva fare una domanda così.

«Quest'inverno», rispose imbarazzata, restando sul vago.

«Che cosa desidererebbe avere, sua altezza, un maschio o una femmina?» riprese lo scià, ma si rese subito conto che era una domanda indiscreta, perché tutti si aspettavano che partorisse un figlio maschio, il successore di Alessandro III. Lei tacque.

«A quali nomi ha pensato la principessa per suo figlio?»

«Se sarà un maschio, il nome è già stato deciso da tempo dallo zar. Si chiamerà Nicola II, come suo bisnonno Nicola I. Se sarà una femmina, non abbiamo ancora pensato a nessun nome», rispose la giovane donna con un'ombra di timore negli occhi.

Lo scià infilò una mano in tasca e ne estrasse una collana di pietre preziose, che aveva confezionato in un bel sacchetto di seta, nel caso avesse incontrato di nuovo la nuora dello zar.

«Voi darete alla luce Nicola II. Io non sarò qui in quel momento, perciò vi do ora questo dono», disse posandole il sacchetto di seta tra le mani fredde.

«Ma, Maestà, come fate a sapere che sarà un maschio?» gli chiese lei felice.

«Abbiamo all'incirca trecento mogli, che hanno partorito per noi settecento figli. Chi meglio di noi può sapere che bambino darà alla luce una donna?» rispose lo scià con un sorriso paterno.

Seguì un momento di silenzio.

«Come avete detto di chiamarvi, principessa?»

«Qui a palazzo mi è stato dato un nome russo, Marija Fëdorovna, ma il mio nome da ragazza è Maria Sofia Federica Dagmar. Mio padre mi chiamava Dagmar.»

In quell'istante il fotografo di corte spuntò da dietro i cespugli. Chiese se poteva fare una fotografia allo scià insieme alla principessa.

Dagmar si mise accanto al re con le braccia incrociate sul ventre.

«Sorridete!» esclamò il fotografo.

Nessuno dei due sorrise, guardando la foto si legge nei loro occhi una paura fatale.

13

Personalmente trovo molto toccante l'incontro tra lo scià e la nuora dello zar. Soprattutto quando trascrivo i loro dialoghi, perché oggi so quasi tutto del loro destino, degli avvenimenti che mai avrebbero potuto immaginare, neanche nelle loro fantasie più sfrenate.

Sei, sette mesi dopo il loro incontro, lo scià fu ucciso a Teheran da tre colpi di pistola. E quasi nello stesso momento Dagmar diede alla luce un figlio maschio, chiamato Nicola II. Allora non poteva sapere che suo figlio sarebbe stato l'ultimo zar della Russia imperiale.

Molti anni più tardi, dopo la Rivoluzione russa del 1917, Nicola II fu fatto mettere contro un muro insieme alla moglie, ai figli, ai loro quattro domestici e al cane per una foto di gruppo. La foto non fu mai scattata, ma seguì una pioggia di proiettili che durò un minuto e pose fine alla vita dello zar, l'ultimo sovrano della dinastia Romanov.

Decenni dopo, mentre frequentavo l'università, entrai a far parte di un movimento di sinistra. Naturalmente parlavamo di Nicola II e giustificavamo il suo assassinio come un atto storicamente necessario compiuto dai bolscevichi. Non provavamo nessun sentimento, trattavamo la questione come la pagina di un vecchio libro di storia. Per noi Nicola II non era nient'altro che una foto in bianco e nero ingiallita dal tempo.

Ma quando, ad anni di distanza, lessi della principessa Dagmar nei diari dello scià e di Banu, mi commossi. Non le vedevo più come foto in bianco e nero ingiallite dal tempo, ma come persone con paure e sogni.

Riprendo il racconto dello scià.

Nelle sue memorie Banu scrive che durante il soggiorno a San Pietroburgo ha trascorso molto tempo con la principessa Dagmar.

Lo scià guardava con diffidenza al rapporto personale che aveva stretto con la famiglia dello zar. Aveva l'impressione che agisse fuori dal suo controllo e per la prima volta ebbe paura di lei. Pensava di essere caduto in una trappola e temeva che Banu avesse architettato tutto dall'inizio per vendicarsi di lui. Per quello si era nascosta nella cassapanca e lo aveva seguito.

Banu era furiosa con lo scià per un grave crimine che aveva commesso. Non molto tempo prima aveva dato ordine in segreto di uccidere il suo primo ministro, amato dal popolo. Anche Banu lo amava, lo ammirava per il coraggio con cui voleva riformare il paese, ma lo scià aveva paura delle sue riforme e della sua crescente popolarità.

Banu aveva sempre amato lo scià come una giovane madre ama suo figlio, ma da quando aveva fatto assassinare il primo ministro, provava per lui una sorta di amore-odio. Sapeva che un giorno avrebbe deciso di sbarazzarsi anche di lei. Sì, proprio di lei, perché lo conosceva così bene.

Lo scià cominciò a temere che Banu lo mettesse in imbarazzo durante quel viaggio. Sulle prime aveva creduto alla storia che si era nascosta nella cassapanca, ma ora si chiedeva se gli avesse davvero detto la verità, e se avesse agito da sola. Perché, come aveva fatto ad arrivare da Mosca a San Pietroburgo senza la complicità di qualcuno? E come aveva fatto a entrare subito in confidenza con la famiglia imperiale? C'era qualcosa che non quadrava. Non poteva che aver ricevuto aiuti dall'esterno.

Lo scià ne parlò con il fido Einoldowle.

«La storia della cassapanca non regge», disse. «E poi ho i miei dubbi che abbia compiuto il viaggio da Mosca a San Pietroburgo da sola. Tienila d'occhio.»

«Sarà fatto.»

«Ma evita di spaventarla, di farla sentire braccata. Deve credere che qualcuno ha cercato di rispedirla a Teheran per sbaglio.»

«Non preoccupatevi.»

Quando Einoldowle se ne andò, lo scià fece entrare il barbiere perché lo radesse prima della cena con lo zar.

Hekayat della cena nella reggia dello zar

Lo zar aveva invitato lo scià e Banu nella sua dimora a una cena cui sarebbero stati presenti anche alcuni suoi amici. Lo scià non voleva andare con lei, ma scoprì che non poteva fare altrimenti. Così andarono insieme e Banu si comportò con charme ed eleganza, proprio come aveva letto nei romanzi a proposito delle feste russe.

Sapeva da tempo di non potersi fidare dello scià. Quando viveva nell'harem si struggeva dal desiderio di vedere San Pietroburgo, un sogno che accarezzava da tanti anni. E ora si trovava nel mondo della sua fantasia. Ma se voleva davvero godere di quel mondo doveva stare all'erta, stabilire rapporti personali, altrimenti lo scià l'avrebbe fatta sparire di nascosto. Per questo aveva deciso di stringere subito amicizia con tutte le principesse, le zarine e le regine che incontrava in quel viaggio. Adesso era riuscita a conquistare il cuore della moglie dello zar. Le aveva parlato dello scià e del dolore delle concubine segregate nell'harem, delle sei mogli che aveva rispedito in modo infame a Teheran.

Dopo cena si aprirono le danze. Lo zar danzava con sua figlia. Lo scià aveva esagerato di nuovo con il cibo e aveva caldo. Avrebbe voluto sdraiarsi sul divano, ma erano tutti in piedi e ballavano. E con sua grande irritazione notò che Banu era in un angolo con la moglie dello zar e conversava con lei in modo sospetto. Subodorava che stesse parlando di lui. Fece qualche tentativo di uscire, ma all'improvviso Dagmar gli porse la mano invitandolo a ballare. Il sudore gli imperlò la fronte, non aveva mai ballato in vita sua. Ma non poteva rifiutare.

«Oh cara principessa, noi non sappiamo ballare», le sussurrò in un orecchio.

Dagmar lo prese per mano e lo condusse al centro del salone.

«Noi non sappiamo ballare», le ripeté a gesti con il volto sudato, ma tutti applaudirono invitandolo a unirsi alle danze.

La principessa posò la mano destra sul suo fianco, gli afferrò l'altra e lo costrinse a muoversi al ritmo della musica. Lui era lo scià di Persia, doveva sapersela cavare in ogni situazione, eseguire una movenza regale, qualcosa che gli altri non erano in grado di compiere. Lasciò andare la principessa e, seguendo il ritmo della musica, fece una serie di gesti come un padre preoccupato per sua figlia incinta. Mosse con cautela qualche passo verso di lei e, con un movimento regale della mano, le sfiorò le spalle, poi accennò un gesto paterno verso il suo ventre con l'intento di un indovino di corte che prevede il futuro: «Siate prudente, mia cara, perché portate in grembo Nicola II, l'ultimo zar di Russia, per il quale la storia sta meditando una rovina fatale.»

Alla fine della serata, la zarina propose a Banu di andare insieme l'indomani in città.

«Venite volentieri?» le chiese.

«Con piacere, zarina», rispose Banu felice.

Hekayat di Caterina la Grande e anche della giovane Sofia

Il giorno dopo la zarina portò Banu dalle sue amiche, a fare spese in città e a visitare i musei. Poi si fecero condurre al castello dove, nel Settecento, Caterina la Grande si ritirava quando voleva riposare.

Il castello non era molto grande, ma abbastanza da permettere a Caterina di svagarsi. Al primo piano c'era un letto attorniato da tredici ritratti di giovani uomini.

«Tutti uomini che avevano una relazione con lei», spiegò la zarina con un sospiro di invidia, «tutti giovani amanti della nostra Caterina la Grande.»

Banu studiò i ritratti sorridendo.

«Erano giovani ufficiali, artisti, attori, poeti. Caterina li riceveva qui, in questo letto e li ricompensava con regali costosi e cariche importanti. Aveva un amante in ogni luogo, ma questi erano i suoi prediletti.»

«Da noi sono gli uomini a fare cose del genere», disse Banu.

«Non credo: le donne lo fanno per potere, mentre gli uomini lo fanno come adolescenti che hanno ancora nostalgia della mamma. Si perdono sotto le sottane delle donne. Basta che ne vedano una giovane e cominciano a tremare per l'emozione. Lo zar e lo scià si comportano allo stesso modo, secondo me. Odio gli uomini, quindi sono contenta che la vecchia Caterina li abbia umiliati e messi in riga a letto. Gli uomini le leccavano le dita dei piedi e tra le gambe, ho sentito dire.»

Quella sera, mentre tornava a palazzo con Banu dalla casa di sua figlia, la zarina indicò un antico castello dietro gli alberi. «Qui abita l'ultima amichetta di mio marito, una ballerina. È giovanissima, ma lo zar si lascia cadere sul suo grembo come un bambino. Non è solo lo scià a far soffrire le sue mogli, anche lo zar fa soffrire me. Anche lui ha una specie di harem. Va a letto con così tante donne da farmi venire la nausea.»

Quando passarono davanti al castello, videro la carrozza dello zar nella corte interna. La zarina sospettò che il marito avesse portato lo scià a trovare Sofia, la sua giovane amante. Chiese al cocchiere di fermarsi.

«Vieni a vedere», disse poi rivolta a Banu. Il guardiano del castello, che la conosceva, le fece un inchino. La zarina salì le scale in punta di piedi, seguita da Banu, e insieme spiarono attraverso la finestra.

Lo zar sedeva accanto allo scià, bevevano e fumavano il sigaro, mentre, seduta a un grande pianoforte nero, Sofia suonava per loro.

Finito il pezzo, si alzò, afferrò ai due lati la bella gonna dell'abito, si inchinò in una piccola riverenza e fece per lasciare la stanza.

Lo zar applaudì entusiasta con il sigaro in bocca. Lo scià si alzò, prese la mano di Sofia e la baciò solennemente.

«Lo zar di Russia e lo scià di Persia. Guarda come vanno in sollucchero per quella ragazzetta. La povera fanciulla è sbalordita dal comportamento di quei due vecchi donnaioli», disse la zarina scendendo le scale.

Al contrario di quanto si aspettava, lo scià trascorse ore piacevolissime in compagnia dello zar. Il programma prevedeva diversi incontri con gli ambasciatori di altri paesi, visite a vari musei, cene di gala, appuntamenti con importanti personalità di San Pietroburgo, e, naturalmente, un altro balletto a teatro.

«Non vogliamo andarci», disse lo scià mentre rientravano a palazzo quella sera tardi.

Lungo il tragitto da Mosca a San Pietroburgo aveva visto le ciminiere di molte fabbriche che fumavano alte nel cielo. Gli sarebbe piaciuto visitarne qualcuna.

«Vostro padre e vostro nonno hanno conquistato l'Azerbaijan con potenti cannoni», disse. «Se possibile vorremmo vedere una delle fabbriche dove li costruite. Pensiamo a quei cannoni da quando eravamo un giovane erede al trono.»

Era ubriaco o quelle parole gli venivano dal cuore?

Lo zar sorrise: «Non abbiamo così tanto tempo. Ma farò in modo che lo scià realizzi il suo sogno.»

Hekayat delle ciminiere fumanti

Il giorno dopo lo zar portò lo scià nelle sue stanze, gli fece appendere all'attaccapanni il copricapo regale e il cappotto ornato di pietre preziose, gli porse uno dei suoi pastrani russi e un berretto e disse: «Perfetto. Andiamo.»

Salirono a bordo di una vettura anonima e uscirono dalla città.

La carrozza si avvicinava alle grandi ciminiere fumanti, lo scià le guardava a occhi sgranati, uno strano odore acre gli pungeva le narici e, se non avesse avuto accanto lo zar, si sarebbe coperto naso e bocca con un fazzoletto. Non era puzza, ma un misto di odori diversi che non riusciva a identificare. Adesso stavano costeggiando quegli alti camini, erano decine, centinaia, e gli odori erano ancora più acri. Lo scià sentiva bruciare gli occhi e le lacrime gli rotolavano sulle guance. Distolse il viso e le asciugò con il dorso della mano. La carrozza entrò in una fabbrica dove un migliaio di operai lavoravano in tre squadre.

I viali erano coperti di carbone pressato per permettere alle vetture di percorrerli facilmente. Nessuno sapeva che in quella carrozza c'erano lo zar e il re di Persia.

La carrozza si fermò davanti alla scrivania del capofabbrica, Michail Romanov, un nipote dello zar.

«Ho un ospite illustre con me», disse lo zar, «e voglio fargli visitare la fabbrica di persona.»

Scesero dalla carrozza. Lo scià seguì lentamente lo zar, osservando le officine dove gli operai erano al lavoro. Doveva fermarsi di continuo per abituarsi a quella nuova situazione, un luogo come non ne aveva mai visti, buio e immerso in un rumore infernale. Sentiva il costante impulso di portarsi le mani alle orecchie. C'erano centinaia di macchine enormi, tutte allineate. Erano presse a vapore. Dal loro corpo spuntava un martello gigantesco che si abbatteva con colpi fragorosi su lastre di ferro incandescenti per dar loro forma. Lo scià tossì e si asciugò il naso col fazzoletto.

Lo zar proseguì, lasciando che il suo ospite guardasse con calma ogni cosa. A un certo punto si ritrovarono in un ambiente torrido, in cui riverberava una luce giallo-rossastra incandescente. Era la zona dove il minerale di ferro veniva gettato in un grande forno ancora più caldo per farlo liquefare. Lo scià non si aspettava una temperatura tanto alta. Il sudore gli colava dal viso gocciolando sulla camicia e sul cappotto. Era paonazzo e respirava a fatica: quello era l'inferno, con un fuoco ardente, rosso, insopportabile, puzzolente. Per non svenire si tolse il cappotto, aveva la camicia fradicia. Ma non riusciva a smettere di guardare. In alto correva una pesante catena di ferro con appeso all'estremità un enorme recipiente di metallo liquido che sprigionava scintille da tutte le parti. Lo scià si riparò dietro un palo per evitare che lo colpissero sul viso e sugli abiti. Gli operai, forti e robusti, si schermavano gli occhi con le mani e tiravano il recipiente verso le macchine per poi rovesciare la ghisa rossastra e rovente in un canale di mattoni che correva verso la linea di produzione.

Lo scià si allontanò e uscì in preda alle vertigini.

Uno strato di polvere nera gli copriva il viso e aveva i mutandoni bagnati, per cui camminava in modo goffo, a gambe larghe, come un bambino che si è fatto la pipì addosso. Il suo sguardo cadde su centinaia, migliaia di cannoni allineati in lunghe file fuori dalla fabbrica. Non si era accorto che quegli operai stessero costruendo cannoni. Migliaia di cannoni, ma a quale scopo, per chi?

«Che produzione incredibile!» esclamò indicandoli.

«È vero, sono una potenza gigantesca. Una forza di massa che travolgerà anche noi come una valanga», sospirò lo zar.

«In che senso?»

«È una forza su cui non abbiamo nessun controllo.»

«Perché no?»

«Non so spiegarvelo. Ma vedo emergere dalla storia milioni di operai, un proletariato che ci annienterà. E hanno già cominciato con me.»

Lo scià lo fissò con aria interrogativa: «Cosa intendete?»

«I nichilisti.»

Né l'immaginazione dello scià né quella dello zar potevano prevedere le guerre mondiali che si stavano avvicinando. Tanto più che Lenin, il futuro leader comunista e fondatore dell'Unione Sovietica, era ancora un bambino e Hitler non era neppure nato.

Ma a quell'epoca un membro del movimento clandestino nichilista passava in sella al suo cavallo dietro gli alti alberi che circondavano il palazzo imperiale. Aveva una pistola alla cintura e aspettava il momento propizio per sparare.

Lo zar aveva intenzione di portare lo scià a trovare alla sprovvista un suo vecchio amico e confidente. Si trattava niente meno che del famoso scrittore russo Ivan Gončarov, l'autore del celebre romanzo *Oblomov*. Ivan Aleksandrovič era vecchio ormai e abitava da solo in un piccolo appartamento nel centro di San Pietroburgo. Lo zar sapeva che lo scià aveva letto il suo libro e per questo voleva fargli il piacere di presentarglielo.

Lo scià era felice di quell'incontro, perché spesso si considerava un po' lui stesso come Oblomov, il protagonista del romanzo, che non amava alzarsi dal letto e se ne stava volentieri sdraiato a poltrire tutto il giorno. Non che si sentisse altrettanto pigro, ma riconosceva molto di sé nell'uomo il cui nome era diventato sinonimo di ozio.

Lo zar e il suo ospite attraversarono il centro a bordo di una carrozza anonima e si fermarono lungo un canale bordato su entrambe le rive da alberi alti.

Lo zar bussò alla finestra e Ivan Aleksandrovič capì subito chi era. Prese il bastone da passeggio, andò all'ingresso e aprì la porta.

«Ivan, ti ho portato un poeta persiano.»

«Un poeta persiano», ripeté Gončarov sistemandosi il monocolo.

Lo zar presentò per primo lo scià, poi disse: «Ivan Aleksandrovič Gončarov, il creatore di Oblomov.»

Colto di sorpresa, lo scià abbracciò lo scrittore come un vecchio amico e gli disse di aver letto il suo romanzo e che gli era molto piaciuto.

Con grande stupore dello scià, Ivan Aleksandrovič, declamò subito in russo una poesia del poeta persiano Omar Khayyām:

Oh, cogli il giorno in questa vita così breve.
Prima che ci riduciamo in polvere
La polvere volge in polvere e giace sotto la polvere.
Senza canti, senza amore, senza vino, senza una fine!

E con grande gioia dello zar, lo scià recitò una poesia in russo:

Умом Россию не понять,
Аршином общим не измерить:
У ней особенная стать —
В Россию можно только верить.

Col senno non è dato capire la Russia,
metro non c'è per misurarla:

ha una sua stazza peculiare –
*nella Russia puoi solo avere fede.**

Erano tutti di buon umore. Presero posto su ampi divani e una domestica servì loro tè con biscotti.

Rimasero insieme per un paio d'ore e naturalmente parlarono di poesia, di donne, della vita, lasciando coscientemente fuori la politica. Lo scià confidò a Ivan Aleksandrovič che in realtà compiva quel lungo viaggio per scrivere, che il suo sogno era lasciare ai posteri un libro scritto di suo pugno.

Mentre scolavano i bicchieri e finivano i sigari, il nichilista attendeva paziente lo zar e lo scià dietro gli alberi sull'altra sponda del canale.

Lo zar si alzò, era tempo di tornare al palazzo.

«A tutto c'è una fine», disse Ivan Aleksandrovič, «soprattutto a questo nostro breve, piacevole incontro.»

Accompagnò i suoi ospiti alla porta e li salutò. I due sovrani si avviarono allegri e leggeri verso la carrozza, quando all'improvviso furono esplosi due colpi di pistola uno dietro l'altro. Il cavallo che trainava la carrozza si impennò e nitrì spaventato. Lo zar spinse a terra lo scià, estrasse la pistola e si appostò dietro la vettura. Il nichilista si spostò rapidamente e sparò altre due volte. Uno dei proiettili raggiunse il cavallo, il sangue si riversò sulla strada. Lo zar sparò tre volte di seguito in direzione dell'attentatore, che si nascose dietro gli alberi.

* Poesia di Fëdor Ivanovič Tjutčev, nella traduzione dal russo di Bruno Osimo. (N.d.T.)

Accorsero diversi poliziotti a cavallo, il nichilista fuggì al gran galoppo e svanì in lontananza.

La notizia dell'attentato allo zar si diffuse subito a San Pietroburgo e raggiunse in breve tempo il barbiere dello scià.

I poliziotti condussero subito lo zar e il suo ospite a palazzo.

Era stato il penultimo attentato allo zar, che non sarebbe sopravvissuto a quello successivo.

Un secolo dopo, quando furono resi pubblici i documenti del movimento nichilista clandestino, *Narodničestvo*, o Populismo, si scoprì che il capo dei nichilisti russi aveva ricevuto da parte del movimento nichilista di Teheran la richiesta di eliminare lo scià. Se non avesse mancato il bersaglio, il nichilista russo avrebbe avuto una doppia occasione di colpire.

A San Pietroburgo l'attentato fallì, ma a Teheran, dopo quel viaggio, il capo del movimento nichilista persiano riuscì a uccidere lo scià con tre colpi di pistola.

A palazzo erano tutti in preda all'agitazione, aspettavano con ansia l'arrivo dello zar e del suo ospite.

Il barbiere dello scià era l'unico che continuava in tutta calma il suo lavoro. Si preparava con cura a scacciare gli spiriti maligni che avevano accerchiato il palazzo imperiale. Preparò l'incensiere dorato, accendendo un fuoco incandescente, e prese dalla provvista un sacchetto di semi di ruta siriana, il loro fumo aromatico avrebbe allontanato gli spiriti maligni.

Il barbiere ne aveva portati alcuni sacchetti da Teheran. Ogni volta che il re usciva, ne gettava una manciata sul fuoco e così lo proteggeva dai pericoli del mondo esterno. Lui non era un barbiere qualsiasi, ma il barbiere dello scià, l'uomo che teneva a bada gli spiriti del male.

Lo aveva fatto ampiamente anche quella mattina, altrimenti a quell'ora il suo signore sarebbe morto.

Lo zar e lo scià entrarono nel palazzo e tutti, in particolare i famigliari dello zar, corsero loro incontro. Erano esultanti di gioia e in quel momento comparve il barbiere con il suo incensiere dorato, dal quale si levava una spirale di fumo denso e aromatico di ruta siriana. Nessuno capiva che cosa fosse. Il barbiere continuò a gettare i semi di ruta siriana sul fuoco, finché non si formò una nuvola di fumo. Tutti lo guardavano stupiti, ma lui proseguì come un mago alle prese con i suoi incantesimi. Quindi si avvicinò prima allo scià poi allo zar e, in men che non si dica, li fece sparire nel fumo, mentre gli spiriti maligni fuggivano impauriti dalle finestre del palazzo, saltavano oltre i muri e si dileguavano a rotta di collo.

Lo scià non tradiva alcuna emozione, ma era spaventato. Per addolcire il suo dolore gli fu impiantato un dente d'oro.

Hekayat di un dente d'oro

Il tempo stringeva e i giorni scorrevano più veloci che mai; dopo l'attentato alcune uscite pubbliche dello scià erano state annullate e lo zar cercava di ricevere più spesso l'ospite in ambito familiare. Cenavano insieme e poi uscivano a fare la loro passeggiata serale.

Per tacito accordo parlavano di tutto fuorché di politica. L'attentato e la minaccia di morte li avevano avvicinati. Avevano entrambi la forte sensazione della transitorietà del potere, della gloria e anche del piacere.

Una sera, dopo aver abbondantemente bevuto, lo zar accostò il capo all'orecchio dello scià e disse: «Quello che sto per dirvi è un segreto di stato. Ma ora che abbiamo visto entrambi la morte in faccia, ve lo voglio confidare. Dalle nostre ricerche risulta che nel sottosuolo del vostro paese c'è un enorme giacimento di petrolio, grande come un oceano. Un oceano di oro nero. Un giacimento sterminato di gas e petrolio che scatenerà molti eventi sulla Terra. E questa è una grande verità storica.»

Se era vero, si trattava di una verità letale, perché lo scià aveva venduto i diritti su tutte le materie prime del suo regno al britannico Reuter per una somma ridicola, destinata, tra l'altro, a coprire le spese del suo viaggio. Ma cosa intendeva esattamente lo zar con «un oceano di oro nero»?

Per poco lo scià non ebbe un infarto. Si era proprio lasciato ingannare e turlupinare da quell'affarista britannico.

Ma c'era in gioco anche dell'altro, di cui però non poteva parlare. Negli ultimi due anni faceva spesso un sogno ricorrente. Sognava che un tizio spuntava improvvisamente fuori dal nulla, gli sparava con una pistola e lui moriva. Avrebbe voluto raccontarlo ai suoi interpreti dei sogni, ma non osava. E comunque sapeva che non gli avrebbero detto la verità. E dal momento che il sogno continuava a ripetersi, aveva il presentimento che non gli restasse più molto da vivere e che lo avrebbero ucciso. Per questo si era un po' staccato da tutto ed era partito per quel viaggio quasi leggendario. Che poteva compiere grazie ai soldi di quel truffatore britannico.

Lo scià era ubriaco e sarebbero passati ancora molti anni prima che Reuter potesse mettere le mani su quell'oceano sotterraneo. E chissà, magari quella storia non era neanche vera.

«Применить сейчас! На нас! All'oggi! A noi!» Lo scià levò il bicchiere.

Mentre lui non aveva potuto ammirare granché di San Pietroburgo, i suoi compagni di viaggio avevano visto tutto della città. Entravano nei negozi e compravano valigie di prodotti che non si trovavano ancora nei bazar di Teheran.

Poiché l'augusto ospite non poteva andare in centro, lo zar fece in modo che i principali negozianti di San Pietroburgo portassero una selezione dei loro prodotti a palazzo. Così poté acquistare anche lui molte paia di scarpe, abiti, canottiere, mutande, calze e giocattoli sia per sé che per le sue trecento mogli e i suoi settecento figli.

Lo scià aveva ricevuto molto affetto dalla famiglia dello zar. Ma c'era una donna in particolare che aveva conquistato il suo cuore, perché lo trattava con una dolcezza speciale. Era Dagmar, naturalmente, la moglie del principe ereditario. La sua gravidanza faceva sì che lo scià avesse un debole per lei. Provava una grande simpatia nei suoi confronti e lei lo sapeva.

Lo scià sarebbe rimasto ancora un giorno a San Pietroburgo, l'indomani sarebbe partito. Quel pomeriggio, mentre passeggiava per i viali del palazzo, s'imbatté di nuovo nella principessa.

«Dagmar, siete voi», disse in tono allegro.

La principessa aveva qualcosa in bocca che le impediva di parlare bene. «Sì», rispose, ridendo e farfugliando un po', «e voi siete lo scià che desideravo tanto rivedere ancora una volta.»

«Che cos'avete in bocca, principessa?»

«Oh, niente di speciale», rispose lei con una risatina, «il dentista mi ha appena curato i denti: ho una fessura tra gli incisivi e lui sta cercando di chiuderla con un filo d'argento.»

«Con che cosa? Un filo d'argento? Non fa male?»

«Un po', ma quando mio figlio nascerà la fessura sarà chiusa e io sarò una bella mamma.»

Lo scià scoppiò in una fragorosa risata.

«Dite "a"», riprese poi, «posso vedere?»

La principessa protese il viso e aprì la bocca. Lo scià era rapito, incantato da quella bella bocca e da quelle labbra rosse. Chiuse gli occhi per non doverla guardare oltre.

«Ma voi avete un po' di denti guasti», notò d'un tratto la principessa. «Li ho visti prima, quando avete riso, e mi sono chiesta come mai non li abbiate fatti curare.»

Colto di sorpresa, lo scià si coprì la bocca con la mano e la fissò stupito. Avrebbe dovuto spiegarle che a Teheran quelle tecniche odontoiatriche non esistevano ancora.

«Noi, io, io ho paura del dentista», rispose, e la principessa non poté trattenere una sonora risata.

Non ci volle molto perché una carrozza venisse a prendere lo scià per portarlo allo studio del dentista della famiglia imperiale.

Quella sera, dopo le cure ricevute, lo scià sorrise allo specchio scoprendo i denti e facendo così baluginare in bocca un frammento d'oro. Quel brillio gli ricordò la principessa Dagmar, la giovane madre dell'ultimo zar.

Il giorno dopo indossò il copricapo e, consapevole di avere in bocca un frammento di oro russo, scese le scale per proseguire il suo viaggio: prossima tappa la Crimea.

La carovana dello scià si era ulteriormente allungata, a causa dei tanti doni imperiali ricevuti e dei tanti prodotti russi che ogni membro del seguito aveva acquistato.

Pensando alla Crimea, non posso non ricordare la grande poetessa russa Anna Achmatova e le poesie che ha scritto là:

Non scrivere lettere inquiete,
Non soffiarmi nel volto come il vento di marzo
Io sono entrata ieri in un verde paradiso,
Dov'è quiete per il corpo e per l'anima
*Sotto una tenda di ombrosi pioppi.**

In Crimea.

Lo scià avanza con una lunga carovana verso la Crimea e a poco a poco la mia studentessa Iris ha trovato il suo posto in questo viaggio. È l'unica ad aver letto tutto quello che ho scritto finora. Quindi anche lei viaggia insieme a noi. Riflette e mi dà consigli.

Mi piace, potrebbe essere la figlia che non ho mai avuto. Però mi fa uno strano effetto che venga a trovarmi così spesso nel mio ufficio, o che si sieda al mio tavolo nella biblioteca dell'università.

Ho insegnato per un periodo negli Stati Uniti, come *visiting professor* all'Università della California, a Berkeley. Lì era prassi che un docente tenesse la porta spalancata quando riceveva una studentessa per un colloquio.

* Anna Achmatova, *La corsa del tempo*, a cura di Michele Colucci, Einaudi, Torino 1992. (N.d.T.)

Quando Iris viene nel mio ufficio faccio la stessa cosa. Ma lei è olandese e non ama tutta questa prudenza.

Adesso ci incontriamo più spesso fuori dall'università, in un caffè che per me è come un secondo salotto di casa.

Si dà molto da fare per aiutarmi in questo viaggio. La volta scorsa si era documentata a fondo sulla Crimea prima che ci arrivasse lo scià.

Al momento sui giornali infuria una guerra a tutto campo contro la Russia. America ed Europa sostengono entrambe l'Ucraina. Da qualche anno è in corso un feroce conflitto tra Russia e Ucraina. L'Ucraina era finalmente riuscita a sottrarsi dall'ombra di Putin. Agenti della CIA, banchieri, imprenditori e rappresentanti dell'industria bellica americani circolano attualmente per tutto il paese. Putin non lo tollerava più e ha organizzato un referendum sulla Crimea in cui gli abitanti hanno scelto all'unanimità per l'ex madrepatria. Così la Crimea è tornata in grembo alla Russia.

Mentre scrivo sono in atto sanguinosi combattimenti tra l'esercito ucraino e i separatisti attorno alle città di Donetsk e Lugansk, nei pressi del confine russo.

La settimana scorsa è stato condotto un sondaggio in Russia, Putin gode di una popolarità più forte che mai, è quasi un idolo per le giovani donne del suo paese.

In Crimea è stato aperto in fretta e furia un enorme negozio che vendeva solo T-shirt e poster di Putin. Ragazzine urlanti cercavano di entrare per accaparrarsi una maglietta o un poster.

L'America è furibonda, l'Europa è una pentola a pressione, ma Putin è pronto a difendere la Crimea con le unghie e con i denti, esattamente come Stalin difendeva la Russia.

La mia studentessa era arrivata al caffè con un bel filmato su Putin e la Crimea, che abbiamo guardato insieme sul suo cellulare.

Era una breve registrazione che in Ucraina ha suscitato enorme scalpore. Putin era andato in Crimea con un vecchio amico, l'ex premier italiano Berlusconi, per godersi la vita insieme a lui in un antico palazzo degli zar.

Nel filmato si vede Putin che accompagna il suo ospite alla famosa cantina vinicola di Massandra, un luogo unico della penisola, dove sono conservate migliaia di bottiglie di vino secolare. Putin stappa con cautela una bottiglia del 1775 coperta di polvere. Con gesto cerimoniale versa il vino scuro in un calice principesco, appoggia delicatamente la bottiglia sul tavolo, fa ruotare piano il calice, annusa il vino e sorridendo lo porge al suo ospite italiano.

«Salute!» esclama Silvio Berlusconi.

L'intero popolo russo ha risposto in coro all'augurio. E l'intera popolazione ucraina ha distolto lo sguardo per non dover assistere a quella scena.

Nel frattempo lo scià è arrivato in Crimea e va direttamente al cantiere dove i russi stanno costruendo il primo e più grande rompighiaccio del mondo.

Hekayat del grande rompighiaccio russo *Ermak*

Nel porto di Sebastopoli l'ammiraglio Stepan Osipovič Makarov attendeva lo scià sul ponte più alto di un'enorme nave. Scrutava con il binocolo l'orizzonte quando, con suo grande stupore, vide una carovana infinita di carri e carrozze. Venivano così in tanti a vedere il suo rompighiaccio?

La carovana si fermò vicino alla riva, mentre una quindicina di carrozze proseguirono verso la nave.

L'ammiraglio Makarov aveva partecipato alla guerra russo-turca con il grado di capitano e in seguito aveva girato il mondo in barca a vela. Su un antico francobollo russo è riprodotto un suo bel ritratto. Si vede un uomo dal viso curiosamente grande e sano, una folta barba e un paio di enormi baffi che gli spiovono sulle labbra.

Makarov aveva progettato una nave rompighiaccio che, su richiesta dello zar, aveva chiamato Ermak, che significa «pietra molare».

Il programma ufficiale dello scià non prevedeva l'incontro con l'ammiraglio. Era stata Banu a organizzarlo. Aveva letto di lui e della sua nave sul quotidiano di San Pietroburgo.

«Vostra Maestà deve assolutamente vedere questo rompighiaccio. Sembra che sia un orgoglio nazionale. Non è ancora finito, ma, una volta pronto, neppure la natura potrà tenere le navi russe lontano dai mari del mondo.»

Lo scià non si fidava più di lei, ma era un re e sapeva convivere con i suoi dilemmi. Era anche possibile che si sbagliasse e che Banu fosse una donna leale e lo amasse davvero. Perciò non lasciò trapelare i suoi dubbi.

Le quindici carrozze si fermarono davanti all'enorme nave. Lo scià non aveva una Marina nel suo paese, nemmeno una singola imbarcazione, ma per compensare il peso di quel grande ammiraglio si era fatto accompagnare da trenta principi che lo scortavano in grande stile. Trenta principi in uniforme militare nuova, tutte espressamente confezionate per questo viaggio da sarti francesi.

Ciò nonostante lo scià e i suoi principi parevano minuscoli quando si schierarono sotto l'*Ermak*. Tenendo stretta la spada ornata di pietre preziose e fermo il berretto militare, lo scià piegò il capo all'indietro per osservare la nave.

Non poteva immaginarsi il futuro, ma doveva esserci un motivo se i russi avevano costruito quel gigantesco rompighiaccio. La nave invitava altri a combattere, incitava alla guerra.

Nonostante fosse un re, continuava a non capire come funzionassero i tempi. La Storia aveva portato i russi a costruire quell'enorme macchina galleggiante. Era stata la Storia a partorire l'*Ermak*. Perfino i russi erano stupiti dalla gigantesca nave che avevano costruito.

Dopo la sua prima visita, lo zar aveva dichiarato in un'intervista: «Questa nave è la prova che non abbiamo alcun controllo sugli avvenimenti. Quando l'ho vista, ho temuto che la Storia avesse in serbo grandi guerre.»

L'ammiraglio Stepan Osipovič Makarov accennò un saluto con la mano e scese la scala per dare il benvenuto allo scià.

Era un uomo alto e robusto e per l'occasione aveva indossato l'uniforme della Marina. I principi persiani fecero il saluto militare, che lui ricambiò. Lo scià era vestito come se dovesse visitare un'accademia di ufficiali, anziché una nave gigantesca e ancora in costruzione, con corde e pesanti catene di ferro sospese ovunque e operai che modellavano lastre di ferro armati di grandi martelli.

Doveva salire su quella grossa scala se voleva vedere la nave dall'interno, cosa praticamente impossibile con la spada al fianco, il berretto in testa e i guanti bianchi. Ma lui non si arrese, e si comportò come se così fosse giusto fare e così si sarebbe fatto.

Decine di saldatori erano alle prese con le grandi lastre di ferro della nave. Lo scià non sapeva come avvenisse la saldatura. Era un procedimento molto interessante: gli uomini indossavano una specie di maschera sul viso e univano le lastre fondendole tra loro. Si trattava di una nuova invenzione russa, che veniva usata per la prima volta su quella nave. Gli operai avevano costruito una serie di forni all'interno dello scafo, dove scaldavano il bordo di una lastra e lo fissavano con un martello al bordo incandescente di quella successiva.

L'ammiraglio disse allo scià di non guardare il fuoco o il metallo fuso durante la procedura, non faceva bene agli occhi, ma lui era così ipnotizzato da quell'operazione e dalle fiamme colorate che le osservò invece con piacere: era un nuovo tipo di luce, un nuovo tipo di fuoco.

L'aria era impregnata del fumo denso del ferro fuso e, mentre l'ammiraglio si teneva al riparo dai forni, lo scià vi rimase davanti qualche minuto a studiare le placche di ferro saldate.

L'alto ufficiale lo condusse poi al ponte più basso della nave per mostrargli la sua memorabile invenzione, il rompighiaccio.

Si piazzò su due enormi travi di ferro massiccio a livello della prua e tese la mano destra allo scià: «Maestà!»

Erano travi capaci di frantumare con la massima facilità le lastre di ghiaccio più spesse. Con una certa fatica lo scià salì su una delle due e si mise a saltare su e giù per testarla. Era uno strano test, cui la nave non rispose. Lo scià lo ripeté, quel gesto aveva un che di infantile, ma lui lo eseguì con stile regale. Poi guardò in alto, la nave era così grande e lui così piccolo che gli vennero le lacrime agli occhi.

Tornò alla scala e salì in coperta, i guanti bianchi tutti sporcati. Una volta sul ponte scrutò il mare con il cannocchiale, tanto per fare qualcosa. Studiò il cielo e la costa ucraina sull'altra sponda. Naturalmente non c'erano aerei in vista. La Storia non era ancora arrivata al punto in cui l'uomo era passato a costruire aerei. Quegli aerei che un giorno sarebbero stati mitragliati sia dai russi che dagli ucraini.

Lo scià si accontentò quindi degli uccelli, poi puntò il cannocchiale verso la spiaggia, dove Banu, tenendo leggermente sollevato l'orlo dell'abito, stava a piedi nudi nell'acqua.

Non l'aveva mai vista in quell'atteggiamento. Mise a fuoco le sue gambe nude. Era seducente, sapeva senza dubbio che lui la stava guardando, per questo sollevò ancora un poco il vestito.

Banu sentì una dolce ondata di felicità invaderle il cuore. In quello stesso istante, invece, lo scià si sentì profondamente infelice.

Hekayat della felicità di Banu e dell'infelicità dello scià

Quella sera lo scià si ritrovò con un grande dolore agli occhi, dovuto al fumo, al fuoco dei forni e alle operazioni di saldatura. Se li chiudeva, faceva fatica a riaprirli. Aveva male ai polmoni ed era cianotico per il gran tossire. Il suo medico personale, il dottor Toluzan, gli diede un unguento per gli occhi e uno sciroppo per la tosse.

Banu rimase a dormire con lui per poterlo curare e confortare. Era tormentato dai rimorsi per aver rispedito indietro le altre mogli. Aveva agito in modo così impulsivo e radicale che non aveva preso nemmeno commiato da loro. Soffrire di rimorsi era diventato parte del suo carattere. Era dolce di natura, mentre, come re, era spesso costretto a essere crudele suo malgrado.

Eppure, alla fine aveva preso la decisione giusta. Aveva fatto bene a rimandare per tempo le sue mogli a Teheran. Si sarebbe reso ridicolo girando per Londra e Parigi con sette mogli. Perciò si complimentò con se stesso per la sua determinazione, nonostante sentisse la loro mancanza a letto.

Era contento di quel viaggio e dell'attenzione imprevista che gli veniva riservata ovunque, ma più si addentrava nel cuore dell'Europa più rimuginava certi pensieri. Soprattutto la sera si sentiva depresso e infelice.

Posava il capo sul grembo di Banu ed esprimeva la sua delusione per il destino che gli era toccato.

«Non abbiamo quasi più voglia di proseguire questo viaggio. Più andiamo avanti, più scopriamo di essere un re da niente, un pezzo degli scacchi impotente», diceva con gli occhi chiusi.

«Vi capisco Maestà, ma non è colpa vostra. Un tempo eravamo grandi, ora è il turno di russi e inglesi. Me lo avete detto spesso anche voi. Così va la storia. Lo sapete meglio di chiunque altro.»

Banu sapeva che non la ascoltava, che in segreto diffidava di lei, ma sapeva anche di che cosa aveva bisogno in quel momento e che cosa lo rendeva felice. Accostando il volto al suo orecchio, disse: «State scrivendo un libro. Un re che scrive non l'abbiamo ancora conosciuto.»

Lo scià sorrise.

Banu si spogliò con calma, coprì entrambi con il lenzuolo e gli lasciò fare ciò che voleva.

Banu non aveva ancora avuto figli dallo scià. Per quanto lo desiderasse, non riusciva a restare incinta e aveva ormai perso la speranza, ma da quando erano in viaggio aveva la sensazione di portare in grembo un bambino. Era incinta, ma ne ebbe la certezza solo mentre passeggiava a piedi nudi sulla spiaggia. Sentì la felicità nel cuore. Quello era diventato un viaggio benedetto per lei. Volse lo sguardo verso l'enorme nave, il rompighiaccio russo, ed esclamò: «Sono incinta e tu ne sei testimone.»

Quando lo scià la trascinò sotto il suo corpo robusto, gli sussurrò all'orecchio: «Voi siete il mio re, il più potente del mondo.»

Come un rompighiaccio, lo scià penetrò nelle sue più intime profondità.

15

Oggi ha avuto luogo un atterraggio storico nello spazio. Philae, il *lander* dell'Agenzia spaziale europea, è atterrato senza nessun problema sulla superficie della cometa Čurjumov-Gerasimenko. Philae ha viaggiato per dieci anni nel cosmo in groppa alla sonda spaziale Rosetta. Rosetta doveva coprire una distanza di ben sei miliardi di chilometri per raggiungere la coda della cometa Čurjumov-Gerasimenko. Lì ha poi deposto delicatamente Philae sulla sua superficie. La sua missione è compiuta.

La cometa Čurjumov-Gerasimenko è una massa di ghiaccio e polvere che orbita attorno al sole.

Gli scienziati credono che sia stata una cometa a portare, in un passato remoto, la vita sulla terra. Il *lander* Philae è dunque alla ricerca di una risposta alle domande essenziali dell'umanità: chi siamo? E da dove veniamo?

È possibile che una cometa sia l'antenata dello scià, dello zar e di tutte le donne, di tutti i treni, delle navi, dei rompighiaccio, dei cannoni, e anche della Tour Eiffel e pure dei miliardi di batteri che lo scià avrebbe visto in seguito.

Lo scià era ipnotizzato dal suo viaggio in Europa, come poteva immaginare che un giorno l'uomo avrebbe messo piede sulla luna? Amava le stelle cadenti e una notte ne aveva visto un'intera schiera. E aveva dedicato loro una breve poesia:

Un bioccolo di stelle è caduto
Sulla terra su cui regniamo
Proprio davanti ai nostri piedi.
Ma quale grande Re le fa cadere,
e perché cadono in questa notte infinita?

C'erano quindi ancora moltissime domande interessanti all'epoca in cui lo scià compì il suo viaggio in Europa. Ma nello stesso tempo quella era anche un'epoca di invenzioni mozzafiato e di tante scoperte incredibili. L'uomo era talmente concentrato sul pianeta Terra da non avere avuto ancora il tempo di volgere lo sguardo alla cometa Čurjumov-Gerasimenko.

Adesso lo scià attraversava i campi, le colline e le valli della Lituania a bordo di un treno normale, diretto in Polonia.

La mia studentessa sta studiando la situazione della Russia di allora, e prende appunti per me. Ma è ancora troppo giovane per capire i tanti cambiamenti storici avvenuti dai tempi del viaggio dello scià in Europa. Lei vede nella Lituania una nazione indipendente, che è addirittura membro dell'Unione Europea e non più parte della Russia da anni.

Un tempo esisteva una grande Russia, che gettava la sua ombra fino a Varsavia, e uno Stato prussiano le cui leggi valevano nell'Europa centrale. Poi è arrivata una superpotenza comunista, di nome Unione Sovietica, che ha fatto sparire la Russia imperiale nel cestino della storia.

Colpita da tutti quegli avvenimenti, la mia studentessa ha detto: «Ma dov'ero io quando accadevano tutte queste cose?»

Dove fosse allora non lo so, ma so dov'è adesso e sono contento che mi faccia da assistente.

Iris ha un particolare interesse per Banu, quindi voleva finire di leggere rapidamente la sua autobiografia per vedere che cosa le sarebbe successo in questo viaggio.

«Buone notizie. Banu ha avuto una bambina», mi ha rivelato ieri, impaziente com'è.

Mi sono sentito mancare quando me l'ha detto, non per il fatto che Banu avesse avuto una figlia, ma per il modo in cui me l'ha detto. Mi ha fermato al banco di ingresso della biblioteca dell'università, ha accostato la bocca al mio orecchio e ha bisbigliato: «Buone notizie.»

«Non venirmi così vicino con la bocca quando ci sono tutti questi studenti che possono vederci», ho detto subito.

«Gli studenti non badano a noi, non badano a nessuno. A loro interessa solo il proprio cellulare. Siamo in Europa, nel Ventunesimo secolo», ha ribattuto lei leggermente irritata, e con l'autobiografia di Banu in mano è entrata in biblioteca.

In quel libro lo scià stava ora attraversando la Lituania.

Hekayat dello scià nella sala d'attesa di una stazione polacca

I campi erano verdi e le foreste infinite, c'erano fiumi ampi e ponti maestosi in Lituania.

Lungo il tragitto i viaggiatori compravano da bere e da mangiare alle stazioni intermedie. Scese la sera e lo scià trascorse la notte nella sua carrozza.

Il giorno dopo il treno attraversò due o tre lunghe gallerie buie e lui si spaventò, era come se quell'oscurità non finisse mai.

Finalmente il convoglio si fermò nella stazione di frontiera di Aidonge, lì lo scià e il suo seguito dovettero lasciare il treno russo per salire su uno polacco, che al confronto di quello imperiale aveva un aspetto misero. Era un segno che stavano per entrare in un paese povero, un paese privo di unità amministrativa.

Al confine lo scià attese in una sala d'aspetto piccola e sporca che i suoi compagni di viaggio venissero sistemati sul treno per Varsavia con la loro enorme quantità di bagagli.

Gli abitanti della cittadina erano al corrente dell'arrivo del re persiano. Centinaia di persone si accalcarono per vederlo dietro la grande vetrata della sala. Lo scià finì così per trovarsi in una sgradevole situazione, si sentiva come il gorilla che aveva visto in gabbia allo zoo di Mosca.

La sala d'aspetto non aveva una tenda da poter chiudere. E lui era lì già da mezz'ora a dare spettacolo, senza poter andare da nessuna parte, mentre uomini, donne e bambini lo fissavano a bocca aperta. E adesso aveva anche un impellente bisogno di fare pipì.

Ecco un altro momento destinato a diventare memorabile nella sua vita. Andò a sedersi sulla lunga panchina di legno marrone della sala, si alzò di nuovo e fece per due o tre volte avanti e indietro nel piccolo spazio tra la panchina e la finestra. Poi si chinò senza motivo ad annodare le scarpe, ma il copricapo reale rotolò a terra, mostrando la sua testa semicalva. Lui si affrettò a raccoglierlo e a calcarlo di nuovo in testa. La gente rise di gusto, come se il re stesse recitando un pezzo di teatro apposta per loro. Il suo sguardo cadde su una bella donna al di là del vetro. Raddrizzò le spalle e la osservò. La gente scoppiò in un'altra sonora risata.

«Fate passare, fate passare», ordinò il direttore della stazione e liberò lo scià tra l'enorme applauso della folla.

Scuro in volto, lo scia salì sul misero treno polacco che lo avrebbe condotto a Varsavia.

Hekayat di Varsavia

A quell'epoca la Polonia era divisa tra Russia, Impero austro-ungarico e Germania, che l'avevano spartita in tre paesi, con tre viceré o governatori. Lo scià sarebbe stato accolto dal governatore russo a Varsavia, dove doveva fermarsi otto giorni contro la sua volontà, perché il governo tedesco non aveva tempo di riceverlo fino alla settimana successiva. Il governatore russo era pronto ad accompagnarlo ogni giorno a teatro, allo zoo, a un museo, a visitare una caserma o in una riserva di caccia. Le sere le trascorreva tra feste e cene con i funzionari e i generali russi. Essendo libero da cerimonie ufficiali, il suo soggiorno nella città polacca fu comunque piacevole.

A quel tempo Varsavia contava 450.000 abitanti, un terzo dei quali erano ebrei. Questi avevano i loro mercati, i loro quartieri e i loro mestieri. Nelle tre parti della Polonia viveva complessivamente oltre un milione di ebrei: era la comunità ebraica più grande d'Europa. I polacchi autoctoni ce l'avevano in egual misura con loro e con i russi.

Agli ebrei era vietato esercitare professioni di un certo livello sociale, come il medico, il giudice o l'avvocato. Inoltre non trovavano impiego né nelle istituzioni pubbliche, né nelle aziende o nell'esercito, motivo per cui si erano creati attività proprie. A Varsavia erano sottoposti al rigido controllo e al potere del governo antisemita russo-polacco.

La chiesa polacca riteneva che prestare denaro non si addicesse ai cristiani, disapprovava che un fedele si guadagnasse da vivere con attività bancarie e riscuotendo interessi. Così per gli ebrei si era aperto un mercato da sfruttare a proprio vantaggio. Avevano acquisito tutte le imprese bancarie, le società finanziarie e le ditte di compravendita di oro della città. E proprio per queste loro occupazioni, i polacchi li disprezzavano ancora di più. Era soprattutto a Varsavia che la tensione tra polacchi ed ebrei era percepibile già per strada.

Mentre accompagnava lo scià a visitare la città in carrozza, il governatore russo gli indicò con il bastone le imprese bancarie, le borse dell'oro, i grandi magazzini di tessuti e i depositi di grano di proprietà degli ebrei. «Con i loro tassi usurari hanno svuotato le tasche dei polacchi», disse. «Bisogna fare qualcosa. Stiamo trattando con le nostre chiese per abolire la condanna dei prestiti a interesse e delle attività finanziarie, in modo da poterle legittimare. Altrimenti tutti i nostri soldi finiscono nelle banche ebraiche.»

«Allora andiamo a vedere il bazar ebraico», disse lo scià entusiasta.

«Non è opportuno che vostra Maestà si faccia vedere lì», gli fece notare il governatore.

Ma nel frattempo Banu c'era già stata.

Hekayat del bazar ebraico

Mentre lo scià era in giro con il governatore russo, Banu se ne andò in città vestita come una polacca. Non poteva essere più felice, stava visitando l'Europa ed era anche incinta.

Passeggiava tranquillamente nei parchi di Varsavia e rifletteva sulla sua vita. L'Europa aveva già risvegliato qualcosa in lei attraverso i libri, ma soprattutto ora che aspettava un bambino voleva far parte di quel continente. Un pensiero, una voce acquistavano sempre più forza nella sua mente. Non voleva più tornare in quell'harem dove centinaia di donne vivevano come bestie. Adesso che era a Varsavia era sicura di non voler far vivere suo figlio in mezzo agli altri settecentocinquanta rampolli dello scià. Bambini di fatto privi di un padre e di una casa, che crescevano con le concubine disperate dell'harem.

Passeggiava lungo il fiume e pensava a come liberarsi dello scià. Aveva tempo, abbastanza tempo per escogitare qualcosa. Poi si diresse a piedi verso il bazar ebraico per comprare qualche souvenir per il suo bambino.

Stando alle sue memorie, già a Varsavia aveva la sensazione che sarebbe stata una femmina. L'aveva sognato.

Il bazar ebraico era molto affollato, affollato e accogliente. Banu sentiva parlare russo, polacco e yiddish. Era contenta di poter parlare in russo. Nell'aria aleggiava odore di spezie, di carne fresca e di verdure. Vecchie ebree vendevano cetrioli in vasi di terracotta, ragazzini giravano con ceste piene di mele, uomini anziani con una pila di cappelli in testa ripetevano: «Cappello, cappello, cappelli!» Gli uccellatori gridavano: «Galletti giovani, polli giovani, anatre, piccioni!» Dalle fessure del tetto, raggi di sole filtravano nella semioscurità del mercato creando un'atmosfera orientale antica.

Banu passò davanti alle piccole botteghe e osservò gli impagliatori di sedie, i venditori di birra, i rilegatori, i mercanti di grano, i commercianti di spezie, i tagliatori di vetro, i venditori di ferro, i parrucchieri, i calderai, i sarti, i tipografi, i mercanti di tessuti e i filatori di tabacco. Seguendo un gruppetto di uomini ciechi che suonavano il violino, entrò nel vicolo dei gioiellieri. Si fermò davanti alle vetrine illuminate, era un'esperta d'oro, indossava gioielli preziosi, ma quei monili nuovi, lavorati con le perle, non li aveva mai visti. Tutti i gioielli creati dagli ebrei erano di una bellezza straordinaria. Si innamorò perdutamente di una collana di perle e di un paio di orecchini che brillavano come due gocce di pioggia. Le sarebbe piaciuto comprarli per la bambina che portava in grembo, per quando sarebbe stata grande. La figlia che aveva sognato.

Banu sapeva che voleva comprare quelle perle, ma non aveva abbastanza soldi con sé.

L'esperto gioielliere ebreo aveva subito notato i suoi bracciali d'oro principeschi, era chiaro che si trattava della moglie di un ricco signore orientale, una di quelle clienti speciali che la vita manda una volta sola alla porta del tuo negozio.

«Facciamo anche permute», disse, «i suoi bracciali in cambio delle nostre perle.»

Poco dopo, con una collana e un paio di orecchini di perle, Banu attraversò di nuovo il bazar affollato per fare ritorno alla sua residenza.

Nell'autobiografia francese di Banu c'è un passaggio che dice della sua visita al bazar:

> *Il était une fois un bazar juif de Varsovie où j'ai acheté ce collier et boucles d'oreilles pour ma fille, qui avait encore à naître. Je sens que je l'ai acheté pour les sauver de pillage et d'incendie au cours de la grande guerre qui est venue à Varsovie après moi.*
> C'era una volta un bazar ebraico a Varsavia, dove ho acquistato questa collana di perle e questi orecchini per mia figlia, che doveva ancora nascere. Ho l'impressione di averli acquistati per salvarli dai saccheggi e dagli incendi avvenuti durante la grande guerra arrivata a Varsavia dopo di me.

Banu non visse la Prima guerra mondiale a Varsavia, la poetessa russa Anna Achmatova sì.

Hekayat di Anna Achmatova

In uno dei suoi viaggi a Parigi, quando la Prima guerra mondiale aveva raggiunto la Polonia, Anna Achmatova rimase bloccata a Varsavia. E scrisse:

Non ho sentito il tuo gemito di dolore
Non ti lascerò mai
Portami un giovane ramo di acero
O una pianta verde
Come la primavera scorsa
E nei palmi delle mani
acqua fredda e pura
Perché io possa lavare
Le macchie di sangue dai tuoi capelli d'oro.

La Russia aveva invaso la Polonia con migliaia di soldati per fermare l'avanzata della Germania verso il suo territorio. Anna non poté quindi proseguire il viaggio per Parigi né far ritorno in Crimea. E fu costretta a soggiornare a lungo a Varsavia, in un piccolo appartamento vicino al bazar ebraico. Lì vide con i suoi occhi i banditi fare irruzione nelle gioiellerie. Razziarono tutto e le incendiarono.

Anna Achmatova vide con i suoi occhi gli ebrei fuggire dalla città. Vide anche migliaia di soldati andare al fronte. Poiché non esistevano ancora macchine da presa in grado di immortalarli in un filmato, li riprese nelle sue poesie:

I giovani uomini prendevano caloroso
commiato dalle loro amate
Stampavano un rapido bacio sulle guance delle
madri
Tutti in nuove uniformi militari
Come se andassero a giocare alla guerra
Non c'erano buoni, né cattivi, né malvagi
tra loro
Erano tutti nei propri ranghi
Dove non esistevano superiori o inferiori
Andavano incontro a una pace eterna.

Mentre lo scià visitava l'Europa, in Russia, Germania, Francia e Inghilterra si producevano alacremente fucili, cannoni, navi da guerra e milioni, miliardi di proiettili, ma in Polonia regnava una parvenza di pace eterna.

Il genere di pace di cui lo scià aveva bisogno per ripensare al suo viaggio fino a quel momento.

Hekayat dei cinque domestici dello scià

Con sua grande vergogna, lo scià aveva capito che non avrebbe dovuto portare così tante persone al suo seguito. La lunga carovana e il trasferimento di tutti quei passeggeri e relativi bagagli provocava un'infinità di problemi nelle stazioni.

Non solo lo scià aveva portato i suoi domestici personali e gli addetti alla sua cucina, ma anche i principi e i funzionari avevano ciascuno il proprio attendente. Come tutti, anche loro compravano souvenir e i nuovi prodotti in cui si imbattevano ovunque. E visto che non avevano abbastanza denaro, chiedevano un anticipo sul salario. Ma durante il viaggio non ricevevano nessun salario, perché lo scià provvedeva già alle loro spese di trasporto, vitto e abbigliamento.

Ora, non avendo denaro, i domestici si erano messi a rubare, rovistando nei portamonete dei loro signori. Con grande irritazione dello scià, cinque di loro avevano commesso furti nei negozi di Varsavia. Ma erano stati scoperti dai proprietari, presi a legnate e, in quanto stranieri, consegnati alla polizia.

Lo scià non aveva messo in conto che i compagni di viaggio potessero metterlo in imbarazzo in quel modo. E ora cercava il sistema di rispedirne alcuni a Teheran prima che la carovana proseguisse il viaggio verso il cuore dell'Europa. Ne parlò con Einoldowle. Quello che i cinque domestici avevano commesso era tradimento nei confronti del re.

I suoi istitutori gli avevano insegnato come agire fin dall'infanzia: «Mai dare una seconda possibilità ai traditori! Puniscili senza pietà!»

Prima che la carovana partisse per Berlino anche i cinque domestici andavano quindi puniti senza indulgenza. Gli restavano ancora due giorni di tempo.

Fu il governatore russo a offrirgliene per primo l'occasione, invitandolo a una partita di caccia nella riserva imperiale.

Einoldowle e sette principi accompagnarono lo scià e anche i cinque domestici dovettero seguirli per aiutarli.

Nella riserva un gruppo di cacciatori polacchi armati di fucile attendeva il governatore e i suoi ospiti per servirli. Ai cinque domestici persiani fu ordinato di unirsi a loro. Avevano il compito di gridare in persiano ogni volta che avvistavano un animale selvatico, in modo da indicare allo scià la direzione in cui sparare.

Quest'ultimo, abituato a cacciare tigri e leoni, capì subito che la riserva era finta e che non c'erano animali selvatici.

In effetti era un luogo dove il governatore andava a caccia di cinghiali nel tempo libero. Era tutto organizzato e a un certo punto i cacciatori liberarono un branco di cinghiali che prima avevano rinchiuso di nascosto in una gabbia. Con i fucili spinsero gli animali in direzione dello scià, urlando in russo: «Cinghiali, cinghiali, cinghiali!»

Ma lo scià non aveva voglia di dare la caccia ai cinghiali, pratica proibita dalla sua religione ed estranea alla sua cultura venatoria. Così si inoltrò nel bosco mirando a oche selvatiche e fagiani.

Mentre i cacciatori polacchi si affannavano a sparare per entusiasmare il re persiano, lui esplodeva qualche colpo basso in mezzo agli alberi.

«Morto, morto!» si sentiva ogni tanto gridare in persiano nel caos di urla in russo e polacco.

C'era una gran confusione e non era affatto chiaro chi sparasse a cosa. Nel tardo pomeriggio, quando la battuta di caccia finì, erano stati uccisi in totale sei cinghiali, diciassette oche selvatiche e nove fagiani, ma anche i cinque domestici persiani giacevano a terra feriti in una pozza di sangue. Non si capiva se fossero stati morsi alle gambe dai cinghiali o se fossero stati colpiti dai proiettili.

I domestici furono ricoverati nell'ospedale della città. E il governatore russo promise allo scià di rimandarli a Teheran via Mosca. A mani vuote, naturalmente, perché le loro valigie piene di souvenir erano già state caricate con il resto dei bagagli sul treno che avrebbe condotto lo scià a Berlino.

Le ondate di migranti che cercano di entrare in Europa hanno assunto proporzioni gigantesche. Non c'è paese europeo che non stia facendo i conti con questo fenomeno. In Siria regna il caos. È impossibile avere una visione d'insieme del conflitto con i tanti diversi jihadisti, islamici, terroristi, ex generali, turchi, curdi, iraniani, russi, americani, francesi e britannici che combattono in quel paese.

In questo momento l'Occidente sta bombardando la Siria per cacciare l'Isis, o Daesh, e anche il presidente Assad. Contemporaneamente Russia e Iran combattono apertamente in territorio siriano per tenere in piedi il suo regime.

Aerei russi bombardano regioni occupate dall'Isis e truppe iraniane combattono sul terreno a fianco dell'esercito siriano. Per vendetta e per ferire il mondo intero, l'Isis ha distrutto il tempio di Bel a Palmira.

I siriani fuggono a migliaia dalle loro case e, attraverso la Turchia, cercano di arrivare in Grecia su miseri gommoni per poter mettere piede sul suolo europeo. Sopraffatti dal mare grosso, annegano a frotte. Ma le migliaia che invece riescono a sbarcare in Europa, cercano di raggiungere la Germania passando dalla Macedonia, dall'Ungheria e dalla Svizzera.

La settimana scorsa la cancelliera tedesca Angela Merkel ha detto a chiare lettere: «Quest'anno ho posto per un milione di immigrati.» E ha sbloccato miliardi per costruire nuove case, per insegnare ai profughi la lingua tedesca e creare posti di lavoro. Ma Danimarca, Svizzera e alcuni paesi dell'Est europeo sono furiosi, caricano gli immigrati sugli autobus e li fanno scendere al confine tedesco: «E adesso vedetevela voi!»

Al momento regna un caos enorme nei centri di accoglienza tedeschi. Tutti si aspettano che una tale invasione di stranieri manderà in crisi il governo Merkel.

Un paese come l'Ungheria ha adottato un approccio diverso. Gli ungheresi picchiano gli immigrati, li bersagliano con proiettili di gomma e cannoni ad acqua.

In Olanda re Guglielmo Alessandro e il presidente del consiglio non si fanno né vedere né sentire. Il capogruppo alla Camera del Partito liberale ha dichiarato in un'intervista a un quotidiano del pomeriggio: «I richiedenti asilo vengono qui a farsi la chirurgia plastica, a farsi rimodellare le palpebre, ridurre o aumentare il seno e a rifarsi la dentatura completa.»

Quella stessa notte una ventina di persone con il volto coperto da passamontagna ha approfittato del buio per assaltare un centro d'emergenza per rifugiati. Hanno lanciato bombe fatte con fuochi d'artificio e pomodori, abbattuto cancelli e urlato slogan tipo: «Via di qui! L'Olanda è piena!»

Una donna si è messa a piangere in tv perché non osava portare il figlio a scuola per paura delle malattie che potevano trasmettere i bambini siriani. In un altro posto una donna si è fratturata la spalla sinistra mentre, in preda alla rabbia, cercava di fermare l'auto del sottosegretario davanti a un centro di accoglienza. La notizia ha conquistato la prima pagina di tutti i giornali: «Rivolta popolare contro i rifugiati!»

Ieri è successo un bell'episodio nella nostra università. Senza preavviso, dodici nuovi studenti, tra cui cinque ragazze, sono entrati in aula magna durante un'assemblea generale. Erano tutti studenti siriani fuggiti dal loro paese sei o sette mesi fa, quando la loro università era stata bombardata.

Sembrava più una scena da film che reale. Sette mesi fa le loro case e le strade della loro città erano state bombardate ed erano stati accettati dall'Università di Amsterdam. Parlavano bene l'inglese e potevano proseguire gli studi qui. Quando sono entrati, centinaia di studenti li hanno applauditi. I dodici siriani piangevano di gioia. Era come un sogno, non solo per loro, ma anche per i nostri studenti, un evento che andava al di là della realtà.

Avevo chiesto a Iris di portarli a vedere il dipartimento di Orientalistica, poi lei ha accompagnato le ragazze a mangiare in mensa. Quando è tornata era raggiante di gioia. «Simpatiche, le ragazze, giovani ma molto provate. Nonostante la guerra, però, sono rimaste ottimiste e motivate. Sono state tutto il tempo così allegre!» Poi mi ha parlato del loro aspetto con una punta di gelosia: «Hanno delle trecce foltissime, e vedessi che sopracciglia! Bellissime: un perfetto arco nero. Guarda le mie, le ho rovinate con la forbice. Secondo me le depilano all'orientale, con il filo arabo.»

È il tipico genere di discorso che solo la mia studentessa può fare. Ho guardato le sue sopraccigli a bionde, che in effetti ha depilato malamente e in modo irregolare. Non l'avevo mai notato prima e non volevo neanche immischiarmi in quel genere di argomenti.

«Ma come riescono a farlo con un filo?» mi chiese.

Feci finta di non aver sentito.

«E sono così belle con quell'arco. Vero che i poeti classici orientali paragonavano l'arco delle sopracciglia delle loro amate a quello della volta celeste?»

«Sì, è vero, lo paragonavano anche all'arco del miḥrāb, rivolto alla Mecca, dove recitavano le preghiere», aggiunsi io.

«Troppo complicato, non sono ancora così orientale», commentò lei. «Tu conosci per caso un posto dove qualcuno può trasformare le mie sopracciglia in due begli archi con un filo?»

Per un istante rimasi ammutolito di fronte al modo non velato, diretto, tipicamente olandese con cui me lo chiese. Ero un orientale, non ero abituato a quelle domande quasi nude. La fuga stava cambiando anche me. «No, no, non conosco nessuno», mi affrettai a rispondere, mentre frugavo nella mia mente alla ricerca di un salone di bellezza che avevo visto un giorno passando in bicicletta, un salone dove giovani immigrate depilavano con il filo il volto di donne di Amsterdam. Una nicchia di mercato.

«Davvero non conosci nessuno?»

«Chiederò in giro.»

«Però non ho il coraggio di andarci da sola...»

Non risposi, perché ero con la mente alla stazione di Varsavia, dove lo scià stava per imbattersi nel re di Grecia.

Hekayat del re di Grecia alla stazione di Varsavia

Mentre si accingeva a proseguire per la Germania, lo scià fu colpito da una scena dolorosa.

Il treno imperiale che avrebbe dovuto condurlo a Berlino aveva appena portato il re di Grecia a Varsavia. Il sovrano accompagnava la figlia a San Pietroburgo, perché uno dei principi russi aveva chiesto la sua mano. Era quindi in viaggio per la Russia con la famiglia al completo.

Siccome detestavano i russi, i polacchi neanche si occupavano degli ospiti dello zar. E così il re greco aspettava con la figlia al binario l'arrivo del treno per San Pietroburgo.

Fu in quel frangente che lo scià di Persia entrò in stazione in pompa magna, scortato da uno stuolo di ufficiali russi e da una banda di musicisti dell'esercito.

«Vostra Maestà desidera salutare il re di Grecia?» gli chiese il governatore russo.

«No, assolutamente no», rispose lo scià risoluto.

In realtà moriva dalla curiosità di vedere sia lui che sua figlia.

Circa cinquecento anni prima di Cristo, il re persiano Dario il Grande aveva deciso di conquistare l'Europa passando da Atene. Si era mosso alla testa del più grande esercito di tutti i tempi. Il trionfo era assicurato. Entrò nelle acque greche con grandi navi da guerra. Ma gli dèi greci decisero di annientare l'esercito del re persiano con nuove tattiche militari mai viste.

Se Dario avesse vinto quella guerra, lo scià non avrebbe dovuto viaggiare in Europa come un re di terzo rango. Cosa che lo addolorava. Era un dolore storico, di cui dopo venticinque secoli un popolo antico soffriva ancora. Per questo odiava i greci e non voleva vedere il loro re, nemmeno dopo duemilacinquecento anni da quella guerra umiliante.

Era però curioso e, in fin dei conti, dopo tutto quel tempo un re persiano poteva ben guardare un greco da vicino. Si nascose quindi dietro un pilastro e gettò un'occhiata. Il re greco era un vecchio trincerato dietro un'enorme massa di capelli, grandi sopracciglia, barba, peli del collo e lunghi peli delle narici. Si vedeva soltanto un grande naso. Non era un re, era un naso.

Soddisfatto da questa constatazione, lo scià studiò la figlia. Trovò anche lei di una bruttezza spaventosa. Una ragazza grassa, trasandata, chiaramente figlia di quel padre peloso. Perché un principe russo avrebbe voluto avere nel suo letto un così brutto anatroccolo?

Lo scià raddrizzò le spalle e, passando davanti al sovrano greco come un grande re persiano, si diresse verso il treno su cui l'aspettava una giovane fanciulla.

Hekayat della fanciulla sul treno

Non appena entrò nella carrozza nuova fiammante del treno imperiale tedesco, lo scià dimenticò il re di Grecia. Si vedeva subito che la Germania era un paese di primo piano in Europa. La carrozza era arredata alla moda e con gusto. Il letto era estremamente soffice e il piccolo lampadario molto moderno. I sedili erano puliti, il tessuto teso. C'era tutto quello che poteva servire per un lungo viaggio. Questo diede allo scià un senso di soddisfazione, era segno che era il benvenuto in Germania.

Quando il treno lasciò la città e iniziò a correre tra i campi, alla base di colline e montagne, una ragazza di diciassette, diciotto anni entrò con circospezione nello scompartimento.

Lo scià aveva detto espressamente al fido Einoldowle di non volere seccature durante il viaggio. Einoldowle gli aveva assicurato che non ci sarebbero stati problemi, la ragazza avrebbe trascorso la notte con lui e il mattino dopo sarebbe stata rispedita a Varsavia con un altro treno.

Era una giovane russo-polacca. Si fermò esitante sulla porta.

«Non avere paura di noi», le disse lo scià in russo. «Abbiamo donne in abbondanza, ma negli ultimi tempi non dormiamo bene, soprattutto su un treno notturno.»

Ma la ragazza era spaventata, guardava con stupore ogni arredo di quello scompartimento imperiale.

«Siediti dove vuoi. Diciamo così, noi non vogliamo niente da te. Veniamo salutati e osannati ovunque da migliaia di persone, le donne esultano quando ci vedono, ma per noi questo non significa niente, non sappiamo che farcene di tutte queste manifestazioni. Entra, siedi su quella seggiola. Non ti faremo niente. Volevamo solo vedere una di quelle migliaia di donne da vicino, toccarla, solo questo.»

La ragazza lasciò scivolare il velo sulle spalle.

«Oh, come sei bella. Dovevi vedere la figlia del re di Grecia poco fa, un brutto anatroccolo travestito da principessa. Vuoi bere o mangiare qualcosa? Vieni, vieni a sederti più vicino.»

Con il suo tono paterno, lo scià riuscì a conquistare la fiducia della giovane che gli si avvicinò.

«Siamo facendo un viaggio in Europa», riprese lui. «Vogliamo vedere tutto da vicino. Vogliamo toccare l'Europa, assaggiarla, annusarla, morderla e prenderne un boccone. È per questo che tu sei qui. Noi non vogliamo niente da te, sei al sicuro con noi, puoi andartene da questo scompartimento quando vuoi.» E circondandola con un braccio, la attirò dolcemente a sé.

La ragazza si abbandonò tra le sue braccia e lo scià frugò con la mano calda sotto il suo vestito, dicendo con tono pacato: «Puoi fermare la nostra mano quando non vuoi che vada oltre.»

Il sole era tramontato e le tende dello scompartimento erano chiuse, per cui l'interno era buio. Lo scià sollevò la ragazza da terra e la adagiò dolcemente sul letto, la spogliò con pazienza e la lasciò giacere nuda. Una candela illuminava il suo giovane corpo. Seduto vestito sul bordo del letto, lo scià si chinò a baciare i suoi giovani seni. Disegnò con l'indice il profilo del suo naso, le sue labbra e le fece un buffetto sul piccolo, tenero doppio mento. Le baciò il ventre, l'annusò sotto la piega dei seni, sotto le ascelle, le mordicchiò dolcemente il collo. La fanciulla se ne stava immobile, con gli occhi chiusi.

«Come ti chiami, ragazza?» le domandò all'improvviso lo scià, per cui la giovane sgranò gli occhi e si chiese se dovesse dire il suo vero nome.

«Jelena», rispose.

«Jelena, Jelena, Jelena», ripeté lo scià, «il tuo nome significa dolce splendore, lo sapevi? E infatti te ne stai coricata qui come un dolce splendore», disse mentre lei lo fissava stupita.

Lui passò la mano destra sui suoi seni, li pizzicò dolcemente e si chinò composto a baciarli, le baciò il mento, le labbra, il naso, gli occhi, le sopracciglia e la fronte. Poi la coprì e, con vestito e cappello ancora indosso, si coricò accanto a lei e chiuse gli occhi.

La fanciulla sentì che lo scià si era addormentato. Guardò verso la porta e si chiese se poteva andare. Ma perché avrebbe dovuto? Era al sicuro accanto a lui, era un uomo dolce. Così non se ne andò. Posò delicatamente il capo sulla sua spalla e si addormentò anche lei.

Mentre lo scià dormiva un sonno profondo, il treno nuovo fiammante sferragliava tra le foreste e le colline in direzione di Berlino, dove il re persiano avrebbe incontrato il primo imperatore della Germania.

Hekayat del primo imperatore di Germania

A Berlino c'erano gli uomini più importanti della Germania ad attendere lo scià, grandi nomi come l'imperatore Guglielmo Federico Ludovico, suo figlio e principe ereditario Federico, suo fratello Enrico, suo nipote Federico Carlo di Prussia, il conquistatore della città francese di Sedan durante la guerra contro Napoleone III, il feldmaresciallo Von Moltke e l'amato cancelliere Otto von Bismarck.

Lo scià conosceva la storia recente del paese e negli ultimi tempi aveva approfondito quella passata della Prussia, uno degli stati precursori della Germania attuale. Era parzialmente consapevole che quegli uomini erano gli artefici della storia mondiale di allora. Erano tutti uomini che avevano seminato il vento che di lì a poco li avrebbe portati a raccogliere la tempesta della Prima guerra mondiale.

L'imperatore Guglielmo I, del casato degli Hohenzollern, diventò prima re di Prussia, poi, contemporaneamente, imperatore del nuovo Impero tedesco. Fu pertanto il primo imperatore della Germania unita, destinata a scatenare la Prima e la Seconda guerra mondiale.

C'era una personalità interessante in quel gruppo di potenti che ispirava lo scià e con cui intendeva, se possibile, fare una lunga passeggiata. Perché vedeva in lui il politico che aveva gettato le nuove fondamenta dell'Europa. Si trattava niente meno che di Otto von Bismarck.

Il secondo uomo che lo incuriosiva era il principe di Hohenzollern. Lo scià, che aveva letto rapporti sul suo conto, lo riteneva un principe e un politico importante, anche se ancora giovane. E si chiamava Leopoldo. La Germania lo aveva proposto come candidato al trono di Spagna, ma la Francia non voleva saperne e i due paesi si dichiararono la guerra che avrebbe portato alla Comune di Parigi.

Ma ora non c'era tempo di approfondire questo argomento, perché i musicisti avevano già cominciato a suonare e in lontananza si sentivano le salve di cannone.

Guglielmo I re di Prussia e imperatore tedesco alzò le braccia, afferrò entrambe le mani dello scià e disse: «*Ihr seid wilkommen, König von Persien!*» A sua volta lo scià strinse le mani dell'anziano imperatore e chinò leggermente il capo.

Nel frastuono assordante della musica, lo scià prese poi Bismarck per un braccio e gli disse in francese: «*Nous pensons que vous êtes l'histoire elle même.* Pensiamo che voi siate la Storia in persona.»

Bismarck abbassò il capo con aria misurata e lo sorprese con una frase perfettamente ambigua: «*Nous avons pensé que vous étiez l'histoire.* Noi pensavamo che voi foste la Storia.»

Lo scià scoppiò in una sonora risata, una reazione fuori luogo, che però grazie alla musica non si sentì troppo. Ma che cosa intendeva Bismarck con «pensavamo che voi foste la storia?» Intendeva dire che il suo tempo era passato e che non contava più niente?

L'imperatore lo afferrò per il braccio e lo condusse alla sua carrozza dorata.

«Scià, scià, scià!» scandivano i tedeschi. Oltrepassarono la folla esultante e l'Università di Berlino, dove, spiegò l'imperatore, c'erano circa duemila studenti. Poi la carrozza sfilò davanti alla storica porta di Brandeburgo e a una piazza dove stavano costruendo un gigantesco monumento per commemorare la vittoria della Germania sulla Francia. C'erano ancora le impalcature, il monumento non si vedeva, spuntava solo la coda di un cavallo, verosimilmente il destriero dell'imperatore. Dopo aver superato altre due o tre piazze e ampi viali, la carrozza si fermò davanti a un antico palazzo, dove lo scià avrebbe dimorato durante il suo soggiorno. Su un tavolo c'erano una caffettiera calda, biscottini fragranti e altre prelibatezze.

L'imperatore versò il caffè in una tazzina dal bordo e dal manico dorati e lo scià, sorseggiando la sua bevanda zuccherata, si mise a studiare il suo anfitrione. Era un vecchio dai capelli fragili e radi. I pochi che gli erano rimasti li aveva fatti crescere da un lato e riportati sulla fronte con fili sottili. Lo scià stava per scoppiare a ridere alla vista di quei fili, ma si trattenne.

«Che razza di roba è? Sei l'imperatore della Germania unita, perché devi renderti così inutilmente ridicolo?» annotò più tardi sul suo diario.

Per il resto il kaiser era alto e aveva la fronte solcata da rughe molto profonde. In contrasto con la testa calva, sfoggiava un'enorme barba con la punta del mento rasata, altro particolare che lo scià trovava ridicolo.

«Vedo che vostra Maestà è stanco», disse l'imperatore dopo che ebbero parlato per un po' del viaggio. «Vi lascio riposare. Ci vedremo più tardi.» E se andò.

Solo dopo la sua partenza lo scià fu assalito dalla paura. Era dovuta alla stanchezza e alla lunga giornata appena trascorsa, ma proprio perché era stanco si rese conto di una cosa importante. Capì che se avesse scelto per il suo paese la via seguita dagli europei, per lui sarebbe stata la fine. L'aveva già visto in Russia con lo zar, ma qui era ancora più evidente: l'imperatore tedesco non era di fatto un imperatore, era un re impagliato che rischiava di cadere a pezzi da un momento all'altro. I re erano capi di stato di cui l'Europa non aveva più bisogno, non c'era futuro per loro.

Si infilò nel letto esausto e si coprì la testa con il lenzuolo. Sotto le coperte arrivò un treno in corsa e lo scià, tra i binari, cercava di fermarlo con una corda spessa, ma il treno lo trascinò via.

Nel mezzo della notte si svegliò di soprassalto da un altro brutto sogno, il cuore gli batteva forte ed era madido di sudore. Bevve un sorso d'acqua e cercò di riprendere sonno, ma non ci riuscì. Era sveglio come un grillo. Il giorno dopo lo attendeva un programma intenso, che comprendeva, tra l'altro, la visita a una scuola femminile. Chiuse gli occhi e vide centinaia di ragazze che lo applaudivano. Con quella visione si riaddormentò.

Hekayat delle ragazze a scuola

Era prevista una fitta serie di impegni per lo scià: un incontro all'università, visite a vari musei, l'inaugurazione di una scuola femminile e quella di una nuova sezione dello zoo dedicata a una scimmia antropoide che proveniva dall'Africa.

A quell'epoca venivano continuamente aperte a un ritmo forsennato in ogni città scuole femminili. Trecento ragazze applaudirono l'ospite gridando: «Lo scià! Lo scià! Lo scià!»

Al sovrano vennero le lacrime agli occhi. Una scuola femminile? Dov'erano le ragazze del suo regno? Ne aveva un centinaio nel suo harem, ma le altre?

Era colpito dalla gioia e dall'entusiasmo di quelle giovani che non la smettevano di gridare «lo scià, lo scià, lo scià!» E lui che cosa doveva fare adesso? Come re non poteva che rispondere con un gesto regale. Gli sarebbe piaciuto gettare loro una manciata di monete d'oro, ma qui un atto del genere non poteva farlo.

Ora trecento ragazze lo guardavano in silenzio, in attesa di una parola, di un gesto, di una reazione di quel re persiano. Se voleva che il suo ricordo rimanesse impresso in modo indelebile nella loro mente, doveva fare qualcosa di significativo. All'improvviso trovò la soluzione, si sfilò platealmente lo splendido anello che portava al dito, lo mostrò alle studentesse e con stile principesco lo lanciò in mezzo a loro, che lo lasciarono cadere rotolando sul pavimento.

Nessuno capì cosa volesse dire quel gesto, nessuno aveva mai assistito a una scena simile, né la direttrice, né le ragazze. Perciò nessuno sapeva cosa fare di quel prezioso monile che giaceva lì a terra con le sue gemme reali che brillavano al sole. Nessuno si mosse: tutti fissavano stupiti quell'anello magico. Nell'aula regnava il silenzio, si sentivano chiaramente le carrozze passare sulla strada. E ora che cosa sarebbe successo? A un certo punto una delle ragazze lasciò il suo posto nella fila, si avvicinò all'anello, si chinò, lo raccolse e si diresse verso lo scià. Glielo consegnò, fece una riverenza e tornò al suo posto. Lo scià rimase a fissare la classe impotente. Scese di nuovo il silenzio. Una delle studentesse batté le mani e le altre duecentonovantanove compagne si unirono a lei, ripetendo con entusiasmo: «Lo scià, lo scià, lo scià!» Avevano assistito a qualcosa di regale, ma non capivano a cosa.

Il re era molto soddisfatto della sua visita alla scuola femminile. E ora era curioso di vedere l'uomo scimmia e la luna.

Hekayat di un gorilla e della luna

Dopo la scuola femminile, lo scià fu condotto al grande giardino zoologico della città per inaugurare ufficialmente la sezione del gorilla.

C'erano centinaia di persone con i figli e anche diversi funzionari di Berlino che volevano essere testimoni di quell'evento straordinario: potevano vedere allo zoo contemporaneamente un re d'altri tempi e un primate in carne e ossa.

Lo scià non aveva mai visto una scimmia da vicino, non avevano scimmie in patria. Però le conosceva dalle fotografie. Ora doveva tagliare ufficialmente un nastro e aprire la tenda che copriva la gabbia del gorilla.

Tra il grande entusiasmo dei presenti, afferrò un paio di forbici e tagliò il nastro. Poi, senza pensare neanche per un istante a ciò che lo aspettava, aprì la tenda. Di colpo si trovò faccia a faccia con un grande uomo selvaggio e peloso, che batteva la testa e i pugni contro le sbarre di ferro, gridando di rabbia.

Spaventato, lo scià fece un balzo indietro. Era sconvolto, non dal comportamento minaccioso dell'animale, ma dalla sua stupefacente somiglianza con l'uomo. Rimase a fissarlo ammutolito. Era l'essere umano in persona.

«Assomiglia all'imperatore tedesco», disse a Einoldowle, che come lui guardava il gorilla sbalordito.

Poi proseguì il giro dello zoo, andando a visitare le giraffe, animali che ancora non aveva mai visto dal vivo.

Per far sì che lo scià conservasse un ricordo indimenticabile di quell'esperienza, il direttore dello zoo aveva pensato a un dono speciale. Gli porse un grosso cespo di insalata con cui attirare le giraffe. Due giovani esemplari allungarono il collo oltre il cancello, puntando alla verdura. Lo scià era impaurito e al tempo stesso felice come un bambino. In quel momento il suo sguardo cadde su due pezzi di cartone con sopra una scritta in persiano: «Vorremmo tanto che lo scià ci portasse a Teheran.»

Lo scià scoppiò in una fragorosa risata, così fragorosa che le giovani giraffe, spaventate, corsero via lasciando cadere il cespo di insalata. Il tedesco non avrebbe potuto pensare a un regalo più bello, rifletté lo scià: apprezzava molto che avessero pensato a un omaggio così particolare per lui.

Colpito dalla cortesia germanica, adesso era curioso di vedere che cosa lo aspettasse all'università. La visita era stata programmata in modo da cadere a fine serata, così da permettergli di osservare la volta celeste attraverso il potente telescopio da poco acquisito.

Nel locale della mensa era stata allestita una cena in suo onore. Lo scià sedeva a un tavolo rotondo insieme ad alcuni professori. Il magnifico rettore dell'ateneo aveva intenzione di stupirlo facendogli dare un'occhiata alla luna. Gli illustrò con dovizia di particolari i progressi fatti dai telescopi e in particolare dal più potente di tutti, ora in possesso dell'università.

Quella sera la luna splendeva grande e luminosa nel cielo blu notte di Berlino, una luna piena, più vicina che mai alla terra. Il professore barbuto del dipartimento di Astronomia aveva già puntato il telescopio verso quella luna tedesca. Lo scià la osservò attraverso la lente, ma vedeva immagini confuse, o meglio, le immagini erano chiare, ma cosa c'entravano con la luna? Il professore accostò il capo al suo orecchio e gli spiegò quello che stava vedendo: una valle, montagne, grandi rocce, un cratere meteoritico, una superficie formata da un'attività vulcanica.

Che cosa? Valli e montagne sulla luna? Aveva letto qualcosa sull'argomento in passato, ma senza prenderlo sul serio.

«Quella è la luna?» domandò.

«*Ja, Ihire Majestät, der Mond*»,* rispose il professore.

Quella notte lo scià si svegliò un paio di volte di soprassalto, si era smarrito tra le montagne e le valli della luna. Madido di sudore, si sedette sul bordo del letto e guardò fuori dalla finestra. Andava tutto bene, la luna era sempre lì e splendeva nel cielo.

* «Sì, vostra Maestà, la luna», in tedesco nel testo. (N.d.T.)

17

Le due giovani giraffe che lo scià aveva ricevuto in dono dalla Germania furono spedite a Teheran via mare. Lo scià voleva tenerle nel suo palazzo, quindi diede ordine di costruire una grande stalla accanto all'harem. Ma già dopo qualche mese i poveri animali si ammalarono, perché le centinaia di figli viziati dello scià, che non avevano niente da fare, si appendevano al loro collo giorno e notte.

Stremate, le giraffe furono trasferite in uno dei parchi della città, dove a poco a poco furono raggiunte da altri animali, e in seguito quel luogo divenne il giardino zoologico di Teheran.

Il viaggio dello scià nell'Ottocento continua a essere un argomento controverso in patria. I suoi scritti vengono letti con occhi sempre diversi. Nel suo diario lo scià ha registrato tutto come un cameraman; allora non era in grado di capire molte cose e, com'è naturale, è passato accanto a tanti fatti importanti senza prestarvi attenzione.

Ma rileggendo oggi le sue annotazioni troviamo ogni volta elementi nuovi e molto interessanti. Le origini di fatti che all'epoca nessuno poteva neanche lontanamente concepire. Come le conversazioni che ebbe sulle valli e le montagne della luna con il professore tedesco. Si legge e si percepisce la curiosità dell'uomo per la luna. E si sente che già allora l'essere umano sognava di camminare per le sue valli, per quanto nessuno potesse neanche lontanamente immaginare che un giorno sarebbe stato davvero possibile. La luna aveva ancora l'aura di un luogo misterioso, che apparteneva a Dio. L'uomo poteva guardarla, ma non metterci piede.

Sono in contatto con i miei colleghi dell'Università di Teheran, parecchi di loro sanno che sto scrivendo questo libro. Quindi ogni tanto ricevo inaspettatamente volumi o articoli interessanti apparsi di recente in Iran.

La settimana scorsa, quando ho iniziato questo capitolo, ho scritto un'email a uno di loro: «Domani lo scià andrà a visitare una scuola femminile a Berlino.»

Oggi, quando ho aperto la posta elettronica, ho trovato la sorpresa di una copia scansita di una vecchia intervista in persiano al premio Nobel tedesco Günter Grass (1927-2015). Parlava della visita dello scià a quella scuola femminile tedesca, e anche della ragazza che gli aveva restituito l'anello.

In seguito quella ragazza si sposò, diventando la signora Grass. Nell'intervista, pubblicata su un vecchio numero della rivista *Sokhan*, Günter Grass parla specificamente di un anello reale. Dice che da piccolo sua madre gli raccontava spesso la storia dell'anello magico di un re persiano che brillava al sole. Basandosi sulle annotazioni dello scià, la rivista sostiene che la ragazza che raccolse l'anello da terra porgendolo al sovrano, divenne anni dopo la madre di Günter Grass. Ma io non sono riuscito a trovare nessun riscontro.

Günter Grass era di origine tedesco-kashubiana ed era nato in Polonia. All'epoca della visita dello scià, sua madre non poteva essere a Berlino e men che meno frequentare quella scuola femminile riservata alle figlie delle famiglie più in vista. Resta quindi una congettura.

Lascio pertanto la questione in sospeso e vado insieme allo scià ad ammirare la prima versione di un biciclo che col tempo, con il nome di bicicletta, avrebbe conquistato il mondo.

Hekayat del biciclo

Il quinto giorno il sindaco accompagnò il suo nobile ospite a fare un giro nel centro di Berlino, dove lo scià visitò i grandi magazzini. In uno moderno, aperto da poco, indicò una rastrelliera con un centinaio di scarpe da donna e disse: «Le prendiamo tutte.»

Poi indicò una cinquantina di specchietti da borsetta e disse: «Li portiamo via tutti.» Indicò i vestiti del reparto bambini e disse: «Compriamo anche quelli.» Indicò decine di nuovi modelli di pendole color oro di diverse misure, e disse: «Prendiamo l'intera serie.»

Il proprietario del grande magazzino, entusiasta e così teso da non sapere cosa fare, si inchinò e mormorò: «Vostra Maestà può scegliere un oggetto per sé come omaggio della casa.» Al che lo scià rispose in un tedesco zoppicante: «*Wir brauchen nicht Ihren Konto*. Non abbiamo bisogno di omaggi della casa.» In quel momento il suo sguardo cadde su un alto biciclo, un veicolo a due ruote, una bicicletta con una grande ruota anteriore e una piccola posteriore. Quindi cambiò subito idea e indicandolo disse: «*Dies kann auf Ihrem Konto!* Questo può andare bene come omaggio della casa.»

Il giorno prima aveva assistito a una dimostrazione con bicicli. Decine di giovanotti sedevano su quei pericolosi veicoli con una grande ruota davanti e una piccola dietro e pedalavano con grande scioltezza davanti a migliaia di spettatori. Non appena uno cadeva, dal pubblico si levavano grida di compassione.

Naturalmente lo scià non sarebbe mai salito su una di quelle biciclette, ma voleva metterla nel suo palazzo come un'opera d'arte.

Trovava Berlino molto interessante, era una città vivace, che scoppiava di energia. Passeggiando per il centro osservava le donne berlinesi. Non erano donne comuni, erano diverse, di un'altra classe. Vestivano con eleganza, portavano il cappello e camminavano in modo particolare, ancheggiando meravigliosamente. Ma tutt'a un tratto si rese conto che, pur avendo visto molte donne, non aveva ancora incontrato una sola dama o principessa della casa imperiale. Come se, proprio come lui, l'imperatore le tenesse chiuse in un harem ben custodito.

«La famiglia imperiale è in lutto», gli spiegò il sindaco in tono confidenziale. «Un principino della casa reale è morto in un incidente, aveva tre anni ed era il nipote del vecchio re britannico. In questi giorni le donne vestono di nero e non sono nello stato d'animo di festeggiare.»

«In che genere di incidente?»

Hekayat del piccolo principe coraggioso

Le donne non parteciparono neanche a una cena privata nel palazzo imperiale. Il giovane padre del principino defunto sedeva in silenzio in fondo al tavolo. Non voleva venire, ma l'imperatore gli aveva chiesto espressamente di essere presente e di non restare a casa solo.

Dopo cena uscirono tutti a fare una passeggiata nella corte interna, per poi ritrovarsi di nuovo a bere qualcosa insieme. L'imperatore offrì un sigaro allo scià. Con il sigaro in mano, lo scià si avvicinò al principe che aveva perso il figlio e disse: «L'abbiamo appena saputo e ne siamo addolorati.»

Il principe tacque, era profondamente afflitto per la perdita del figlio. Disse che sua moglie era distrutta dal dolore.

Lo scià continuò a camminare al suo fianco, mentre si dirigevano verso il lato in ombra del palazzo, e gli parlò dell'ineluttabilità di certi eventi.

«È la mia punizione», disse il principe.

«Perché la vostra punizione? È stato un incidente», replicò lo scià.

Il principe si guardò intorno per vedere se arrivava qualcuno, poi disse sottovoce in francese: «Posso confidarvi una cosa? Ne ho bisogno.»

Alla luce di un lampione a gas, lo scià lo guardò negli occhi e percepì la gravità della situazione. Lo prese per un braccio e disse: «Raccontateci che cosa vi opprime.»

«Voglio dirvi una cosa che non oso rivelare a nessun altro. E devo farlo, altrimenti impazzisco», rispose il giovane padre con un groppo in gola, mentre controllava di nuovo se arrivava qualcuno.

«Parlate, noi siamo il re di Persia. Custodiamo molti segreti nel nostro cuore. C'è posto anche per il vostro.»

«È stata colpa mia», disse il principe con voce bassa e tremante.

«È quello che pensano tutti i genitori quando succede qualcosa a un loro figlio.»

«No, no, in questo caso è diverso. Mio figlio era un bambino eccezionale. Così intelligente, così dolce e io gli volevo un bene incredibile. Negli ultimi tempi gli piaceva molto saltare, lo aveva visto fare dai soldati durante l'addestramento, saltare da una certa altezza. Ma era ancora così piccolo e vulnerabile. Saltava tra le mie braccia dalla sella del mio cavallo e si divertiva, e io lo prendevo e lo stringevo forte per la felicità. Aveva totale fiducia in me. Saliva con il mio aiuto su un albero e saltava tra le mie braccia.

Quel giorno, quel giorno terribile, era in piedi sul davanzale di una finestra, non una finestra alta, ma in ogni caso troppo alta per lui. "Salto, papà?" mi chiese. Gli brillavano gli occhi per la gioia e l'emozione, voleva saltare come un soldato e d'un tratto sentii la grande voglia di afferrarlo. Mi misi sotto la finestra e sorridendo allungai le braccia. Lui tremava dalla tensione. "Allora, salto, papà?" e io risposi "Salta, figliolo!", convinto che l'avrei afferrato. Lui saltò, ma mancò le mie braccia e cadde a terra. Il mio cavallo nitrì e corse via, mio figlio di tre anni giaceva a terra senza vita. Mi inginocchiai accanto a lui, non osavo toccarlo, in quel momento volevo solo urlare come un pazzo, piangere, prendere mio figlio e correre da qualche parte, ma ero morto anch'io. Nessuno lo sa, non l'ho detto a nessuno. Forse dovrei dirlo all'imperatore.»

Il principe piangeva sommessamente.

«Sopporta questo dolore in cuor tuo», gli rispose lo scià in tono pacato e deciso, «non dire niente all'imperatore. O a tua moglie. L'hai confidato a noi e tanto basta. Devi trovare il coraggio di sopportarlo da solo. È tuo figlio e tu sei suo padre. Porta tuo figlio morto sulle tue spalle.»

«Ma come? Io non ce la faccio», rispose lui asciugandosi le lacrime con la mano.

«Nella letteratura persiana abbiamo eroi storici che hanno ucciso i propri figli per sbaglio. E li portano sulle spalle per l'eternità. Si può.»

«Dubito di farcela. Mi sento impazzire.»

«Parlaci ancora del tuo dolore più tardi. Lo custodiremo insieme ai nostri segreti reali», disse lo scià e si diresse verso Bismarck, che se ne stava da solo accanto alla fontana.

Hekayat della visita dello scià al cancelliere federale Otto von Bismarck

Nel corso degli incontri ufficiali lo scià aveva parlato due o tre volte con il cancelliere federale Otto von Bismarck. C'era sintonia tra loro. Durante uno di quegli incontri Bismarck lo aveva invitato a casa sua, in una tenuta fuori Berlino.

Verso le undici del mattino una carrozza entrò nel palazzo dove era ospitato lo scià per accompagnarlo in incognito alla dimora del cancelliere. La moglie di Bismarck aveva espressamente invitato anche Banu. Lo scià non aveva quindi altra scelta che portarla con sé.

Era una tranquilla villa di campagna, dove di fatto abitava soltanto la moglie di Bismarck. Soffriva di asma e di insonnia. Per questo si era ritirata dalla frenetica vita politica di Berlino e aveva trasformato la tenuta in un'oasi di pace, in modo che suo marito potesse riposare quando tornava a casa esausto.

La signora si chiamava ufficialmente Johanna Frederica Dorothea Charlotte Eleonora e discendeva dalla ricca famiglia patrizia Von Puttkamer. Bismarck la chiamava affettuosamente Charlotte.

All'inizio la famiglia Von Puttkamer non voleva che la ragazza sposasse un giovanotto con un nome così breve e insignificante come Otto.

Da allora era trascorso quasi mezzo secolo. Ora Charlotte e Otto erano entrambi anziani e attendevano, col vestito della festa, l'arrivo dello scià e della principessa Banu.

La carrozza entrò nella tenuta e si fermò davanti alla scalinata dove Bismarck e consorte li aspettavano.

L'affascinante e pia signora Von Bismarck scese la scalinata, salutò lo scià, gli porse la mano, gli diede il benvenuto, e poi si rivolse a Banu, dicendo in francese: «Quale onore ricevere una principessa dell'antica Persia nella nostra tenuta.»

Era anziana, piccola e gentile e trattava Banu come una figlia. Era vestita semplicemente e non si comportava per nulla come un'imperatrice o come la moglie dell'uomo più potente d'Europa.

Secondo l'usanza persiana, Banu le aveva portato in dono una bella sciarpa tradizionale, una sciarpa di seta ricamata con un filo d'oro.

Dopo aver bevuto il caffè, la signora Bismarck la portò in camera sua, mentre il cancelliere invitò lo scià a fare una passeggiata nella tenuta in attesa del pranzo.

Charlotte von Bismarck era magra e di costituzione fragile. Trascorreva le sue giornate nella villa, cuciva vestiti per i suoi nipoti, pregava e leggeva la Bibbia. Avrebbe potuto vivere nel lusso e invece aveva scelto uno stile di vita molto sobrio.

Da quando i suoi figli erano usciti di casa, viveva lì da sola con una domestica.

Si era rallegrata di quella visita, ma di che cosa poteva parlare con Banu?

«Che bello poter fare un viaggio così lungo in Europa. Come sta andando? A essere sincera, vi invidio, giovane signora», disse sorridendo in un francese fluente. L'aveva studiato a Parigi, quando suo marito era distaccato là come ambasciatore.

«Questo viaggio mi fa bene. Per me è un privilegio poter incontrare sul percorso persone speciali come voi», rispose Banu. «L'anno scorso ho letto molti libri sulla Germania, sul signor Bismarck. E pur senza conoscervi, pensavo a voi.»

«In che senso, pensavate a me?»

«Ho letto un rapporto su vostro marito scritto dal nostro ambasciatore: a un certo punto citava una sua frase su di voi che mi ha fatto riflettere.»

«Su di me? Interessante», disse Charlotte. «E a quale proposito?»

«Il cancelliere diceva: "Amo mia moglie. Nessuno può immaginare quello che ha fatto per me." Posso chiedervi che cosa avete fatto per lui da spingerlo a parlare così di voi?»

Charlotte sorrise: «Cara principessa, Otto è un politico, fa politica anche quando dice frasi del genere.»

«No, non credo: questa è un'affermazione forte alla fine del Diciannovesimo secolo. L'uomo più potente del mondo dice ad alta voce di amare sua moglie. Che cosa fate per lui da portarlo a dichiarare questo pubblicamente?»

Charlotte si alzò, era colpita dal candore e dalla perspicacia di quella principessa orientale.

«Cara principessa, non ho fatto niente di speciale per mio marito, ma ho mantenuto fede a quello che gli ho giurato quando ci siamo sposati. Otto è circondato da molti nemici, vive in un mondo dominato dalle menzogne e dalla politica sporca, dove tutti lottano per il potere. Come politico resti così invischiato in quel mondo da rischiare di perdere d'un tratto il contatto con la vita vera e, soprattutto, con te stesso. E di diventare una bestia. Il tempo, la società, la politica l'hanno indurito, ma io ho mantenuto questa casa e me stessa sane per lui. Lui lo sa. Con me ritrova se stesso, ritrova il contatto con la vita. Qui gli preparo la minestra e altri piatti semplici. Qui prego per lui. In questa casa è presente Dio, ci sono pane e amore. Otto ha unificato la Germania, e io gli chiedo di pregare insieme a me per la Germania. Lui non prega, ma con me lo fa. Ha conquistato la Francia, stretto d'assedio Parigi. Io lo riporto a casa, faccio in modo che lasci le cose al futuro. Lui si è sacrificato per costruire una nazione potente, io mi sono sacrificata per lui.»

Banu la ascoltava e rifletteva. Charlotte sentì che aveva bisogno delle sue parole e che doveva essere sincera con lei. Timorata di Dio com'era, proseguì: «Al di fuori di queste mura, mio marito è conosciuto come un cancelliere di ferro, ma lui non è forte: soffre di nevralgie, di reumatismi, di dolori articolari, di emicrania, passa notti insonni. Piange per il dolore con la testa sul mio grembo. Io lo tranquillizzo come un bambino finché non si addormenta.»

«Vi ascolto con invidia», disse Banu, «ma adesso ho un'altra domanda, che non so se posso farvi.»

«Puoi chiedermi quello che vuoi, per me sei come una figlia», rispose Charlotte.

«La mia è una domanda molto personale, non dovete rispondermi se non volete. Vostro marito ha una moglie, voi siete sua moglie e lui vi appartiene. Lo scià, invece, è mio marito, ma non mi appartiene. Che cosa si prova ad avere un marito tutto per sé? E quanto deve essere potente una donna per avere un uomo come Bismarck solo per se stessa?»

«Oh, povera bambina mia», sospirò Charlotte, sorpresa dalle sue parole. «La tua domanda mi fa soffrire. Tutti gli uomini hanno un'altra donna, è sempre stato così, è nella loro natura.»

«Anche vostro marito?»

«Non lo so e non lo voglio sapere. Io so di essere la donna tra le cui braccia riesce a dormire. Se un cancelliere di ferro sceglie il tuo letto come un bambino, significa che è tuo. Tu riesci a far addormentare lo scià sul tuo grembo?»

Banu sorrise: «Sì.»

Charlotte le carezzò la guancia, poi versò il tè. Vide dalla finestra Bismarck e lo scià intenti a parlare mentre passeggiavano insieme: «Guardali! Sono due ragazzini. E hanno bisogno di noi!»

Dopo il fitto calendario di incontri della sua prima settimana a Berlino, la domenica lo scià non aveva impegni. Quindi era libero, ma l'imperatore si presentò senza preavviso al palazzo dove soggiornava. Voleva andare a cavallo con lui in un paese fuori città, per mangiare e bere qualcosa insieme.

Visto che lo scià si prendeva un giorno di vacanza, presi anch'io un giorno di ferie dall'università per riposare un po'. Lo scià andava a cavallo con l'imperatore tedesco, io sul mio destriero d'acciaio con la mia studentessa alla ricerca di un salone di bellezza aperto recentemente da alcune donne immigrate.

Non ci volle molto per trovarlo su Google Maps.

Attraverso la vetrina vidi una fila di donne in attesa. Erano tutte giovani amsterdammesi bianche. Nel giro di poco tempo il salone si era fatto un nome. Le parrucchiere si occupavano soprattutto di depilazione del viso, eliminavano i peli superflui delle signore di Amsterdam.

Lo facevano velocemente e anche a poco prezzo grazie a un'antica tecnica siriana. Sui social media erano comparsi commenti positivi e il quotidiano cittadino *Het Parool* aveva dedicato un ampio articolo al locale, con foto delle cinque parrucchiere: «Fatevi belle con un filo di seta.»

Due delle parrucchiere si occupavano principalmente di sopracciglia. Mi sedetti imbarazzato accanto a Iris, in fondo alla fila di donne venute a farsi depilare solo l'arco sopraccigliare. Non avevo mai riflettuto sull'argomento prima, la depilazione delle sopracciglia. Nella mia cultura non si addice a un uomo occuparsi di cose simili. Ma eravamo ad Amsterdam e in questa città tutto è possibile.

Siccome c'erano diverse clienti in attesa prima di Iris, pensavo che la cosa sarebbe andata per le lunghe, invece non fu così. Le parrucchiere erano veloci, con pochi movimenti del filo creavano per le ridenti signore di Amsterdam archi sopraccigliari est-ovest. Le clienti ne erano entusiaste, soprattutto perché era un metodo rapido ed economico. Per soli cinque euro si ritrovavano con sopracciglia che facevano concorrenza alla volta celeste. Quando fu il turno di Iris, tic tuc tac ed era già tutto finito.

«Vuoi togliere anche i baffetti?» le chiese la parrucchiera siriana, con sua grande sorpresa. Aveva capito bene o quella donna intendeva dire un'altra cosa? Mi guardò sgranando gli occhi.

«Ti tolgo anche i baffetti?» ripeté la parrucchiera siriana.

Baffetti? Aveva i baffetti la mia studentessa? Evidentemente sì. Con due movimenti la parrucchiera eliminò alcuni invisibili peli superflui dal labbro superiore di Iris, fatto.

Con le lacrime agli occhi per il dolore, Iris pagò cinque euro per le sopracciglia, un euro per i baffetti e uscimmo.

«A quanto pare avevo bisogno di incontrare delle rifugiate siriane per scoprire che avevo i baffi», disse Iris osservando la sua immagine riflessa nello schermo del cellulare.

Risi.

«Tu puoi anche ridere, ma fa male, sai!»

Solo una volta fuori vidi che accanto alla porta del salone c'erano diversi sacchi dell'immondizia pieni di vestiti.

«E questi cosa sono?» chiesi alla parrucchiera che aveva trattato la mia studentessa.

«Una raccolta di beneficenza che ci è sfuggita di mano», mi rispose lei in un olandese stentato. «Abbiamo chiesto alle nostre clienti di portare dei vestiti per i profughi, volevamo farli avere ai centri di accoglienza per rifugiati siriani. Ma ne hanno portati così tanti che non sappiamo più che cosa farne. Abbiamo telefonato a qualche centro, ma nessuno li vuole perché sono sommersi di vestiti.»

«Possiamo portarli a Berlino», disse improvvisamente Iris.

«A Berlino? No, io non vado fino a Berlino», risposi perentorio.

Berlino era affollata, superaffollata in quei giorni. Arrivavano quotidianamente migliaia di immigrati siriani, treno dopo treno, autobus dopo autobus. Venivano accolti da volontari. Erano tutti sfiniti, gli immigrati che erano in viaggio da settimane, e i volontari che avevano passato molte notti in bianco.

Iris era giovane, ma riuscì ugualmente a trascinarmi nel suo mondo. Ero tentato di carezzare le sue sopracciglia depilate, ma distoglievo il viso per non guardarla.

«Fammi una foto con le mie nuove sopracciglia», disse mentre poteva benissimo farsi un selfie.

Le feci una foto, così la immortalai con le sue sopracciglia orientali, mentre pensavo a un viaggio a Berlino insieme a lei con l'auto carica di vestiti.

A Berlino, dove lo scià pronunciò con diffidenza: «*Allo, allo, guten Abend.*»

Hekayat del signor Siemens e del suo *Allo, allo, guten Abend*

Erano circa le otto di sera quando la carrozza si fermò davanti alla scala del palazzo e lo scià smontò senza fretta. Il signore che lo attendeva accanto alla vettura era niente meno che Ernst Werner von Siemens, co-fondatore e direttore dell'azienda Siemens & Halske di Berlino. Era sulla sessantina, aveva folti baffi neri e un paio di occhiali rotondi che gli stavano bene. Portava la cravatta e teneva in mano un bastone da passeggio decorativo. Visto così, accanto alla carrozza, nella luce della lanterna a gas del palazzo, ricordava il personaggio di un dramma di Goethe che lo scià aveva letto.

Herr Siemens si avvicinò piano alla scala, evidentemente il bastone non era solo decorativo: soffriva di dolori alla gamba sinistra. Tese la mano, strinse quella dello scià e si presentò.

«Scusate se desideriamo portare vostra Maestà nella nostra azienda a quest'ora. Ciò che vogliamo mostrarvi si vede meglio al buio.»

Lo scià, che non sapeva un'acca di tecnica, di luce e di telegrafia, cercò di far colpo su Siemens in un altro modo. Senza una parola di spiegazione, declamò dei versi del *Divano occidentale-orientale* di Goethe:

Hans Adam war ein Erdenkloß,
Den Gott zum Menschen machte,

Doch bracht' er aus der Mutter Schoß
*Noch vieles Ungeschlachte.**

Siemens, che non capiva perché lo scià avesse recitato una poesia, pensò che fosse una forma di saluto orientale.

La carrozza attraversò le strade di Berlino diretta al sobborgo di Siemensstadt. Ci volle un po' prima che in lontananza si delineassero i contorni dell'azienda, decine di grandi ciminiere fumanti e il vento che portava via il fumo o il vapore disperdendoli in tante nuvolette nel cielo blu notte della sera berlinese.

«Vi porterò nel dipartimento di ricerca, dove stiamo sperimentando un paio di prodotti interessanti», disse Herr Siemens.

Lo scià lo seguì attraverso officine piene di macchinari che producevano cavi telegrafici. Nutriva un'enorme ammirazione per la telegrafia, senza sapere che agli occhi di Siemens era un'invenzione ormai superata. In quel momento il tedesco era affascinato da un'altra forma di comunicazione, da un sistema che in seguito avrebbe preso il nome di telefono. Non era l'unico a condurre esperimenti di telefonia: a Londra, in Francia, in America, avevano già fatto ulteriori passi avanti in questo campo.

«Vi porto nel reparto elettricità», disse Siemens.

Lo scià conosceva la parola «elettricità», ma

* «Adamo era una zolla di terra / che Dio trasformò in un uomo / ma dal grembo di sua madre ereditò / più di un tratto imperfetto.» Traduzione di Ferdinando Albeggiani, da «Erschaffen und Beleben», nel *Divano occidentale-orientale*, raccolta di poesie di Goethe, ispirata ai versi del poeta iraniano Hafez. (N.d.T.)

non aveva ancora capito che cosa fosse e che aspetto avesse.

Siemens gli mostrò una grande boccia di vetro vuota e spiegò: «Stiamo cercando di portare la luce elettrica all'interno di sfere come questa, di piccole sfere di vetro. Ho l'ambizione di far brillare una lampadina come questa in tutti i salotti del mondo. E mi vedo già mettere sul mercato milioni, che dico, miliardi di lampadine.»

«Lampadine?» ripeté lo scià, che non riusciva neanche a immaginarne una.

«Così, premendo un piccolo pulsante, si accende e si spegne la luce», proseguì l'inventore tedesco, indicando un pulsante immaginario sulla parete.

«Si accende e si spegne la luce», ripeté lo scià.

«Esattamente, si accende e si spegne, ma siamo ancora a livello di sogno.»

Siemens fece accomodare il suo ospite in una stanzetta, dove gli mostrò due fili appesi a due supporti sistemati uno di fronte all'altro.

«Questi sono elettrodi: quando si avvicinano producono luce. Vi faccio vedere.»

Chiuse le tende e nella stanzetta si fece buio pesto.

Lo scià rimase a fissare il buio incuriosito. Sentì Siemens armeggiare. A un tratto, come se fosse stata colpita da un fulmine, la stanza si riempì di una luce folgorante giallo-viola-verde. Lo scià si spaventò, fece un balzo indietro e contemporaneamente vide Siemens che si proteggeva gli occhi con la mano. Era esattamente la stessa luce folgorante e dannosa che aveva visto sul rompighiaccio *Ermak*, in Russia, durante la saldatura.

Quando la luce si spense, Siemens riaprì le tende.

Lo scià la trovò una cosa stupida e pericolosa. Gli bruciavano e lacrimavano gli occhi. Se la prese con il tedesco che non l'aveva avvertito di proteggersi da quella luce violenta. Uscì dalla stanza contrariato, quella dimostrazione gli aveva fatto male agli occhi. Non era un'esperienza naturale per chi per più di metà della sua vita aveva letto libri a lume di candela.

Seguì controvoglia Siemens in un'altra stanza. L'inventore prese posto dietro un apparecchio dal quale pendevano una serie di cavi sottili. Premette un pulsante e, parlando nell'apparecchio, disse in tedesco: «*Allo, allo, guten Abend. Können Sie mich hören?*»* Poi portò lo scià in un altro locale sul retro dell'edificio, che aveva porta e pareti ben isolate. E lo fece accomodare davanti a un apparecchio simile.

«Adesso torno nell'altra stanza dove dirò ancora "*Allo, allo, guten Abend*". Appena mi sentite potrete ripetere in persiano "Pronto, pronto, buona sera".»

Lo scià attese con impazienza di sentire «*Allo, allo*», ma dall'apparecchio non uscì niente, solo un rumore sgradevole, una specie di fruscio o di parassita che gli irritava le orecchie. Qualcosa in realtà forse sentì, ma per capirlo doveva essere innanzitutto abituato a cogliere quei suoni e anche credere che attraverso quei cavi fosse possibile comunicare con Siemens.

Spinse indietro la sedia e si alzò. L'inventore entrò nella stanza e chiese incuriosito: «Mi avete sentito?»

«No, non ho sentito niente», rispose lo scià perentorio.

* «Pronto, pronto, buona sera, mi sentite?» (N.d.T.)

«Ve l'ho detto, stiamo facendo degli esperimenti, e dobbiamo ancora studiare molto il problema, forse io non vedrò la nascita di questa nuova forma di comunicazione. Ma speravo che mi aveste sentito quando ho detto "*Allo, allo*".»

«No, nessun "*Allo, allo*"», ribadì lo scià.

«Ma io non smetto di sognare. E so che arriverà il giorno in cui, per esempio, da qui a Berlino riuscirò a parlare con voi via cavo nel vostro palazzo di Teheran.»

«A quell'epoca sarò presso Dio, dovrete portare quel cavo fino in cielo», replicò lo scià irritato, perché gli facevano ancora male gli occhi. Trovava anche offensivo che avessero voluto mostrargli un apparecchio che nemmeno loro sapevano ancora che cosa fosse.

«Vostra Maestà desidera bere qualcosa con noi?» gli domandò Herr Siemens.

«Abbiamo molti impegni domani», rispose lo scià. «Se potete farci riaccompagnare a palazzo...»

Che spreco del suo tempo prezioso, avrebbe voluto che fosse già la sera successiva, quando aveva appuntamento con l'imperatore per uscire di nuovo con lui.

Salì in carrozza.

Hekayat di un'uscita in incognito dello scià con l'imperatore

La sera dopo lo scià aveva di nuovo appuntamento con l'imperatore per uscire insieme, ma fu solo in carrozza che il sovrano tedesco gli rivelò le sue intenzioni.

«Ogni tanto ricevo un certo numero di cittadini che vogliono parlarmi di una questione personale, di un segreto, o riferirmi una notizia importante. Li ricevo in un caffè di un paese alle porte della città. Loro non sanno di incontrare l'imperatore. È un buon modo per venire in contatto con i nostri sudditi. Tra poco avrò uno di questi incontri e vorrei che lo scià mi accompagnasse, se vuole.»

«Con piacere», rispose lo scià.

Poco dopo si ritrovò seduto in abiti informali da mercante d'Oriente accanto all'imperatore al bancone di un caffè di paese. Nessuno riconobbe Guglielmo I, che poté bersi una birra in santa pace.

Con sorpresa dello scià, l'imperatore scolò il boccale in un paio di sorsi e ne ordinò un altro. Lo scià non era un bevitore di birra, ma gli tenne compagnia.

La birra tedesca gli piacque molto. Si sentiva bene, e perfino felice.

L'imperatore prese posto a un tavolo al quale il suo intermediario accompagnava a turno gli invitati: «Ecco l'imperatore. Siediti e raccontagli la tua storia.» Ma loro si guardavano intorno con tanto d'occhi. Quel tizio con quelle cordicelle in testa non poteva certo essere l'imperatore tedesco. Forse li avevano presi in giro.

Lo scià osservava la scena seduto al bancone. Quegli uomini avevano ragione: senza l'abito regale l'imperatore sembrava un galletto spennato. Per questo si rifiutavano di raccontargli i loro segreti.

L'imperatore tornò deluso al bancone e ordinò un'altra birra.

Lo scià, che era un po' brillo, pensò tra sé: «È un imperatore senza poteri. Ed è tutta colpa di quei treni, dell'elettricità e di *allo, allo*. E, naturalmente, di un politico potente come Bismarck.»

Gli fece pena. Si alzò e lo abbracciò, stringendolo al petto.

Ma l'imperatore della Germania unificata gli faceva anche paura, lo costringeva a pensare al suo futuro: un re senza poteri. L'imperatore tedesco non aveva niente da offrirgli, la sua storia era giunta al capolinea, era a Bismarck che doveva rivolgersi, perché aveva molte domande.

Hekayat delle domande dello scià a Bismarck

Bismarck e sua moglie avevano trovato molto piacevole la visita dello scià e di Banu alla loro tenuta, perciò li invitarono una seconda volta.

Quel giorno lo scià aveva portato una valigetta con i suoi effetti personali. Quando il cancelliere gli chiese cosa fosse, rispose: «Voi avete un medico personale che si prende cura di voi, e ospedali imponenti, ma nessuno è riuscito a trovare un rimedio contro i vostri dolori e la vostra insonnia. Mi avete detto di soffrire di mal di testa cronico. Io vengo da un antico paese che ha conosciuto molti re. Anche loro hanno avuto notti insonni, ma sapevano combattere i dolori con farmaci magici. Porto questa valigetta ovunque vada per le emergenze. Qui ho degli antichi antidolorifici persiani. Posso avere un fornelletto con il fuoco ardente, del tè fresco e dello zucchero?»

Bismarck, all'oscuro delle intenzioni del suo ospite, fece portare un fornelletto scaldato da un fuoco a legna e una teiera di tè appena fatto.

Lo scià estrasse dalla valigia una pipa speciale, decorata d'oro, una piccola pipa reale da oppio.

Bismarck conosceva gli effetti del fumo d'oppio, ma non l'aveva mai provato. Lo scià posò la pipa nella cenere del fornelletto per scaldarla. Poi prese una scatolina rotonda incastonata di pietre preziose e gli mostrò dei rotolini d'oppio color oro bruno.

«Raccolto esclusivamente per noi nell'est del paese. È il rimedio giusto per il vostro mal di testa cronico. Ma dovete farne un uso parco, solo quando avete dolore, non dormite bene o volete andare a letto con una donna.»

Bismarck scoppiò in una sonora risata: «No, no, non ho bisogno dell'oppio.»

Lo scià incollò un frammento d'oppio sulla pipa accanto a un minuscolo forellino, prese un tizzone ardente con una pinzetta d'argento e, tenendolo vicino all'oppio, iniziò a fumare. Aspirava il fumo e lo soffiava verso il cielo. Poi porse la pipa a Bismarck dicendo: «Provatelo! Stasera a letto vi sentirete prima come un galletto e poi dormirete come un vecchio elefante.»

«No, davvero», rispose Bismarck.

Lo scià di Persia e il primo cancelliere della Germania unita restarono in quella stanza per un'oretta e dalla finestra aperta il fumo saliva verso il profondo blu del cielo estivo. Il profumo delizioso dell'oppio riempiva l'intera tenuta.

Sotto l'effetto dell'oppio ti rilassi molto e le angosce svaniscono. Ti piace chiunque e perdoni perfino i tuoi nemici. Fu in quell'atmosfera che lo scià rivolse a Bismarck una domanda: «Un tempo vincevamo quasi tutte le guerre, ma adesso non ci riusciamo più, adesso non ci riesce quasi più niente. La domanda che voglio farvi è: perché non riusciamo più a vincere, e come si vince oggigiorno una guerra?»

Bismarck la considerò una domanda innocente, fatta in amicizia da un re d'altri tempi. Perciò gli diede una risposta sincera come l'oppio: «In realtà non è cambiato niente dalle prime guerre combattute dall'umanità. Per vincere servono tre requisiti: andare veloce a cavallo, essere veloce nel comunicare e veloce a sparare.»

«E come si ottengono questi tre requisiti?»

«Anche in questo non è cambiato niente dalle prime guerre. Provvedono per noi gli inventori, i tecnici e i pensatori. Avete visitato l'azienda di Herr Siemens. Lì stanno facendo esperimenti con la luce e il suono. Non li avete visti?»

Solo ora lo scià capì quali progetti avesse Siemens con quella luce folgorante e il suo «*Allo, allo*». E si rese conto di aver davvero sentito la sua voce attraverso quell'apparecchio. Gli era arrivata come una serie di suoni confusi e spezzati, ma l'aveva sentita: «*Allo, allo, guten Abend*.»

La sua fronte ampia si imperlò di sudore. Era un despota e, come tale, non nella condizione di potere e volere capire certi suoni.

Si trovava davanti a un dilemma. Per vincere aveva bisogno di un primo ministro potente come Bismarck. Ma un cancelliere o un premier potente sarebbero sempre stati una minaccia per un re. Minano il potere. Per questo suo padre aveva fatto eliminare il suo primo ministro più autorevole, e anche lui poco tempo prima aveva fatto assassinare il suo premier. Ma adesso, davanti a Bismarck, tra i fumi dell'oppio, capì che c'erano molti Bismarck in marcia. Nessuno poteva fermarli, neanche uccidendoli. Per lui quindi era finita.

Estrasse di tasca il taccuino e alla presenza del cancelliere annotò un paio di frasi: «Dopo una conversazione con Bismarck abbiamo capito ancora meglio il nostro destino. Di noi, a parte questo diario di viaggio, non resterà niente.»

Riprese la pipa, vi incollò un altro frammento d'oppio e fumò. Aspirava il fumo e lo soffiava fuori dalla finestra, verso le stelle, che brillavano indifferenti sopra la Germania. Poi all'improvviso posò la pipa, si alzò e disse: «Non abbiamo più molto tempo. Dobbiamo andare.»

Ma prima che se ne andasse Bismarck doveva dirgli una cosa.

Hekayat dei tre principi che si erano comportati male

Bismarck aveva comunicato allo scià i nomi di tre principi che si erano comportati male. Avevano bevuto molto in un caffè e importunato delle donne. Ma la realtà era diversa da quella che gli aveva riferito la polizia.

Due sere prima che la carovana lasciasse Berlino, tre principi erano entrati in un caffè a bere qualcosa in compagnia di tre donne di facili costumi. Il caffè era affollato e c'erano molte giovani donne. Tutti avevano subito notato l'insolita presenza dei tre nobiluomini.

I principi erano in effetti tre orientali di bell'aspetto e dai loro modi si capiva che provenivano da famiglie altolocate, ma quelle che li accompagnavano erano chiaramente donne di strada. Con grande irritazione degli uomini tedeschi, i principi si sedettero con loro al bancone, cercando di farsi capire in un misto stentato di russo e tedesco. Non amavano la birra, perciò ordinarono le bevande più costose del locale. Così finirono per essere sempre più soggiogati dalla malia delle donne.

Dopo aver bevuto qualche bicchiere, le aiutarono a infilare il cappotto per andare a cenare insieme in un ristorante. Fino ad allora i principi si erano comportati bene. Avevano capito che le donne berlinesi godevano di molta libertà, ma non il fatto che gli uomini berlinesi non l'avevano ancora accettato. In quel momento un tedesco ubriaco si alzò e indicando la porta gridò: «*Abhauen! Schmutzige Türken!*»*

I principi si dominarono e scortarono le donne verso l'uscita, ma il tedesco ne afferrò una per il cappotto e la trascinò indietro. L'alcol che i principi avevano bevuto fece il suo effetto, e uno di loro lo allontanò con uno spintone, per cui l'uomo inciampò in una sedia e cadendo si tirò dietro un paio di bottiglie e qualche bicchiere di birra. A quel punto intervennero altri due o tre tedeschi e fu così che i principi vennero alle mani con loro. Erano ufficiali della Guardia Reale Persiana e riuscirono ad atterrarli senza difficoltà. Benché il telefono non fosse ancora stato inventato e non fosse quindi possibile chiamare così la polizia, sopraggiunse ben presto una carrozza carica di agenti. Poco meno di mezz'ora dopo i tre principi erano rinchiusi in una cella della centrale della polizia di Berlino.

La sera successiva i tre nobiluomini furono liberati grazie a un ordine telegrafico di Bismarck, perché potessero dormire l'ultima notte nel loro letto prima di lasciare Berlino la mattina seguente con la carovana dello scià.

Ma il giorno dopo di buon'ora due uomini mascherati li prelevarono dal letto, li bendarono e li caricarono su una carrozza. La carrozza partì a gran velocità e proseguì al buio verso una destinazione sconosciuta. Dopo un'oretta si fermò in un luogo abbandonato in mezzo ai campi. Gli uomini mascherati privarono i principi delle scarpe, li legarono con una corda a un grosso albero e fecero ritorno in città.

* «Fuori di qui! Sporchi turchi!» (N.d.T.)

Fu solo nel tardo pomeriggio che i nobiluomini raggiunsero con i piedi a pezzi la stazione di Berlino. Ma il treno per Colonia era già partito da ore.

Rimasero in stazione scalzi, impotenti, senza bagagli e senza documenti di viaggio.

Una carrozza della polizia li accompagnò all'ambasciata persiana, dove ricevettero ognuno un documento di viaggio, un paio di scarpe nuove e un po' di denaro con cui far ritorno a Teheran.

Nel momento in cui i tre principi con le scarpe nuove salivano delusi sul treno per tornarsene a casa via Mosca, la carovana dello scià entrava nella città di Colonia.

19

Ieri sera ho visto alla televisione un'intervista a Thilo Sarrazin,* l'autore del celebre saggio *Deutschland schafft sich ab*, in cui dichiarava: «Essendo un paese forte, è ovvio che riusciremo a dare un tetto a un milione di profughi. E se diventassero dieci milioni? La domanda però è se anch'io lo voglio. E io non lo voglio, perché se continuiamo a eludere le domande più scomode sui richiedenti asilo, la Germania si troverà di fronte a un processo di smantellamento. E a quel punto per noi sarà la fine.»

Il labbro inferiore gli tremava come quello di una lepre che si vede davanti un cacciatore armato di fucile.

In Europa domina la paura. Gli estremisti e gli oppositori della cancelliera Angela Merkel cercano di mobilitare la popolazione contro di lei. Non passa quasi notte senza che in Germania venga dato fuoco a un centro di accoglienza.

In Olanda, stando agli ultimi sondaggi, il partito anti-islamista di Geert Wilders ha raggiunto un nuovo record. Se le elezioni si svolgessero oggi, Wilders diventerebbe primo ministro. È improbabile, ma i sondaggi mostrano chiaramente la grande paura che pervade il paese.

Preso dal panico, il leader del principale par-

* Thilo Sarrazin, economista e politico tedesco contemporaneo, autore di vari saggi, tra cui *L'Europa non ha bisogno dell'Euro* (Castelvecchi 2013) e quello qui citato, non tradotto in Italia. (N.d.T.)

tito cristiano ha impresso una svolta significativa alle sue posizioni. «Dobbiamo aumentare le spese per l'esercito per sorvegliare i confini», ha dichiarato. Ribadendo così quanto già affermato in precedenza da Wilders: «Chiudiamo i confini.»

L'Europa sta cambiando a una velocità impressionante. Gli occhi di tutti sono puntati sull'enorme afflusso di immigrati. Nel frattempo i politici britannici anti-europeisti stanno allontanando con tutte le loro forze il Regno Unito dall'Unione Europea. Spaventano la gente evocando soprattutto il pericolo che le ondate di profughi invadano presto anche l'Inghilterra. Ma ora che scrivo un libro sull'argomento non posso raccogliere i dati attraverso i media. È una fase storica per l'Europa e in questo momento la storia passa dalla Germania. È lì quindi che devo andare per viverla da vicino.

La mia studentessa Iris mi aveva proposto due o tre volte di andare in Germania, ma io non volevo, per paura di invischiarmi ancora di più in una situazione impossibile. Eppure non potevo impedirlo né a lei né a me. E se così era, dovevo dare tempo al tempo e vedere quale piega avrebbero preso le cose.

Decisi dunque di andare con lei in Germania a portare i vestiti in un centro di accoglienza, quei famosi sacchi raccolti dal salone di bellezza siriano di Amsterdam. Ma siccome Berlino era lontana, forse era meglio andare a Colonia, dove era diretta anche la carovana dello scià.

Prima di proseguire devo però fare una rettifica che riguarda le annotazioni del sovrano.

Tra poco farà una breve sosta a Essen per visitare l'acciaieria Krupp e la sua produzione di armamenti. In realtà io ho dei dubbi sull'esattezza delle notizie fornite dallo scià, perché il reparto locomotive di cui parla non poteva essere della Krupp. Ma giuste o non giuste che siano, per me non ha più importanza, quindi vado con lui a conoscere Alfred Krupp.

Hekayat del sogno di Alfred Krupp

Lungo il tragitto per Colonia il treno si fermò a Essen, dove Herr Krupp attendeva lo scià. I Krupp erano una famiglia di grande prestigio, che da trecento anni aveva un ruolo di primo piano nell'industria tedesca.

In quel momento Alfred Krupp, un signore anziano, alto, con la barba bianca, aveva ventimila dipendenti. Sotto la sua direzione l'acciaieria ereditata dal padre aveva conosciuto un'enorme espansione. Fabbricava cannoni e componenti di acciaio per i treni. Senza quei cannoni, la Germania non avrebbe mai potuto sconfiggere i francesi e non ci sarebbe stata la Comune di Parigi.

In quei giorni Alfred Krupp aveva un sogno. Voleva far viaggiare i treni tedeschi alla velocità di novanta chilometri all'ora. Lavorava senza sosta per realizzare il suo sogno e aveva bisogno di parlarne con qualcuno estraneo al suo mondo.

«Lo scià di Persia è venuto a farci visita, incredibile: benvenuto», disse stringendogli la mano tra le sue.

Herr Krupp si comportava come un imperatore. Prese amichevolmente per mano lo scià e lo accompagnò alla sua carrozza. Uscirono dalla città, in lontananza spuntavano centinaia di grandi ciminiere fumanti. Si trattava di un'enorme zona industriale, piena di fabbriche dove si realizzavano diversi prodotti.

Lo scopo di quella visita era permettere allo scià di vedere i nuovi cannoni, ma, poiché non avevano molto tempo, Krupp lo portò nel reparto collaudi, dove venivano testati i binari e le nuove ruote dei treni.

C'era una piccola locomotiva su binari nuovi fiammanti che si perdevano all'orizzonte. Alfred Krupp mostrò allo scià le nuove ruote, fatte di un pezzo unico, montate sulla piccola locomotiva per un giro di prova.

Incuriosito, lo scià si arrampicò nell'angusta cabina del macchinista e Alfred Krupp prese posto dietro di lui, spiegandogli ogni cosa. Il macchinista mise in moto la locomotiva e piano piano aumentò la velocità.

«In questo momento viaggiamo a settantaquattro chilometri all'ora, il massimo raggiunto fino a oggi», disse Alfred Krupp, «ma ho chiesto al macchinista di accelerare ancora di qualche chilometro.»

La locomotiva filava attraverso i campi silenziosi a una velocità di settantasei chilometri all'ora. Alberi e mucche sfrecciavano come saette. La locomotiva non correva, volava.

Addio Germania, addio presente, lo scià di Persia viaggiava verso un tempo ignoto nel futuro.

Quella velocità gli procurava la stessa estasi del connubio tra l'oppio e una giovane donna. L'oppio, però, aveva un effetto benefico, mentre la tensione della corsa su quel trenino era dannosa per lui, che aveva uno spesso strato di grasso attorno al cuore.

«Più forte, più forte!» gridò entusiasta.

Alfred Krupp fece cenno al macchinista di accelerare ancora un po', un rischio che valeva la pena correre. Tra poco, magari, sarebbe morto, e senza aver provato di persona la velocità dei suoi sogni. Con un misto di titubanza e paura, il macchinista spinse il treno un po' più forte. La locomotiva sferragliava tra i campi, gridando di dolore e felicità, mentre l'ago del tachimetro si piegava faticosamente verso l'80, il numero più alto del contachilometri. Le mucche fuggivano da tutte le parti, i cavalli anche.

«*Schneller, schneller, schneller!*»* gridava lo scià come un bambino.

A un certo punto una delle ruote schizzò in direzione delle mucche e la cabina fu invasa dal fumo. Dopo qualche sobbalzo la locomotiva si fermò sui binari arroventati.

Lo scià e Albert Krupp scesero tossendo. Lo scià rise di gusto, era l'unico re al mondo ad aver viaggiato a quella velocità inaudita.

«*Wir haben 90 erreicht, nach meiner Meinung!* Secondo me abbiamo raggiunto i novanta all'ora!» disse protendendo le braccia verso Alfred Krupp.

Adesso doveva tornare di corsa alla stazione, se voleva visitare anche la ditta Bayer.

* «Più veloce, più veloce, più veloce!» (N.d.T.)

Hekayat dell'aspirina impura della Bayer

Il dottor Toluzan, il medico personale dello scià, abitava con la moglie e le due figlie a Teheran. Pur essendo francese, parlava correntemente il persiano e aveva saputo costruire con lo scià un rapporto di fiducia. Lo scià gli chiedeva perfino consiglio su importanti questioni riguardanti il paese. Fu soprattutto durante il viaggio in Europa che Toluzan trovò ascolto presso di lui. Gli dava utili suggerimenti, ad esempio sui temi da affrontare con lo zar o con Bismarck.

Dopo la morte dello scià, Toluzan fece ritorno con la famiglia a Parigi. Lì pubblicò le sue memorie sui quindici anni di permanenza a Teheran. Nel libro ha dedicato un ampio capitolo al viaggio in Europa. Scrive di fatti che lo scià non nomina neppure, come la visita all'azienda farmaceutica Bayer.

Toluzan sapeva di avere avuto, grazie allo scià, un'opportunità unica di viaggiare in Europa, e per giunta alla vigilia di un'enorme Rivoluzione industriale. Approfittò di quell'occasione per incontrare diversi colleghi e seguire così l'evoluzione della medicina nel continente.

Durante gli studi a Parigi era stato allievo del chimico francese Charles Frédéric Gerhardt. A quell'epoca Gerhardt cercava di sviluppare una specie di antidolorifico, ma tutto quello che otteneva aveva effetti collaterali nocivi. Continuò a lavorare a quel sogno fino alla fine dei suoi giorni, ma morì senza raggiungere nessun risultato. Tuttavia divenne famoso per la sintesi della versione impura di un farmaco che in seguito fu immesso sul mercato con il nome di aspirina.

Toluzan aveva letto in una rivista medica francese che l'azienda tedesca Bayer aveva proseguito la ricerca di Gerhardt. Arrivato a Berlino, scrisse un telegramma ai titolari della ditta, informandoli che avrebbe visitato volentieri il loro laboratorio insieme allo scià di Persia.

Il direttore della Bayer non capiva che cosa potesse importare allo scià di Persia di un piccolo laboratorio come il loro, in un posto sconosciuto come Elberfeld, ma rispose che naturalmente era il benvenuto. Lo scià e Toluzan scesero dal treno a una stazione intermedia e raggiunsero Elberfeld con una carrozza dell'azienda.

Toluzan soffriva di un dolore cronico alla gamba destra, per il quale non esistevano cure. E pur non essendo vecchio, camminava già da anni con il bastone. Per questo seguiva da vicino ogni nuovo progresso nel campo degli antidolorifici.

Dopo aver viaggiato per un quarto d'ora su tortuose stradine di campagna, si ritrovarono in una misera zona industriale. La carrozza si fermò davanti alla porta del laboratorio della Bayer, proprio dove un cane randagio stava facendo pipì contro il muro. Lo scià smontò di malavoglia. Non capiva perché Toluzan lo avesse portato a visitare quel laboratorio insignificante, dove migliaia di mosche ronzavano attorno a un cestino della carta.

Il direttore del laboratorio scese entusiasta le scale per dargli il benvenuto e accompagnarlo all'interno, ma lo scià si rifiutò di entrare.

«A noi questo posto non interessa», disse rivolto al medico, «vada pure lei, noi faremo due passi nei campi in attesa che abbiate finito.»

Il direttore dell'azienda aveva chiesto a un fotografo di fare qualche foto di gruppo. Il fotografo aveva organizzato la scena in modo che lo scià venisse a trovarsi accanto al marchio Bayer, circondato dagli scienziati in camice bianco. Alla fine Toluzan era riuscito a convincerlo a posare vicino al nome della ditta.

Fatte le foto, lo scià andò a passeggiare nei campi. Dieci minuti dopo, il dottor Toluzan uscì dal laboratorio con in mano un sacchetto con circa un chilo di polvere bianca.

«È una specie di antidolorifico», disse quando lo scià lo guardò con aria interrogativa.

Era la polvere che, sotto forma di milioni di compresse di aspirina, più tardi avrebbe conquistato il mondo.

In carrozza, mentre tornavano al treno, il dottor Toluzan sciolse un cucchiaino di polvere in un bicchiere d'acqua che bevve incuriosito.

«Vi fidate?» gli chiese lo scià.

«Certo», rispose Toluzan. «Anni fa, quando ancora frequentavo l'università, ero assistente del professore di chimica, Charles Frédéric Gerhardt. Prendevo spesso un po' di quella polvere insieme a lui. Aveva sempre qualche effetto collaterale, ma sopportabile. E lo facevo volentieri.»

«Abbiamo un leggero mal di testa», osservò lo scià. «Forse farà bene anche a noi.»

Toluzan sciolse un po' di polvere nell'acqua e gli porse il bicchiere. Lo scià chiuse gli occhi e ingollò la medicina amara tutta d'un sorso.

Non avevano fatto in tempo a raggiungere il

treno per Colonia che entrambi furono assaliti da una forte diarrea, per cui fecero tutto il viaggio fino alla città tedesca seduti sul water.

Anni dopo, quando la piccola azienda era ormai diventata una grande casa farmaceutica internazionale, quella foto di gruppo con lo scià finì appesa in una cornice a una parete dell'ufficio della sede centrale di Berlino. Un secolo più tardi ricomparve ingiallita sul libro pubblicato nel centenario della nascita della Bayer. Ma da nessuna parte si faceva menzione degli effetti collaterali che l'aspirina impura aveva provocato allo scià.

Un sabato mattina ero in viaggio per Colonia con la mia studentessa e l'auto piena di sacchi di vestiti che avevamo ritirato al salone di bellezza. Di solito Iris legge ogni giorno in biblioteca quotidiani tedeschi, francesi e belgi, e così tiene d'occhio per me i fatti che accadono. Stavolta aveva portato una serie di ritagli di giornale tedeschi per leggermeli in macchina.

Una settimana prima un tedesco di quarantaquattro anni aveva ferito gravemente con un pugnale la cinquantottenne Henriette Reker, candidata sindaco di Colonia. L'attentatore era stato subito arrestato. Dopo l'aggressione, aveva continuato a ripetere tranquillamente: «Dovevo farlo. Proteggo la Germania.» L'uomo era contrario alle posizioni della cancelliera Merkel e di Henriette Reker sull'accoglienza dei profughi. Era convinto che quella gigantesca ondata di stranieri avrebbe portato alla disgregazione della Germania.

Iris aveva anche una copia della *Bild-Zeitung*, che riportava testi razzisti e pieni di odio postati negli ultimi tempi da cittadini tedeschi su Twitter o Facebook:

«I musulmani sono peggio degli scarafaggi.»

«Non siamo tutti un po' nazisti?»

«Non meritate nessun asilo. Via di qui, tornatevene a casa vostra.»

«Che i siriani proseguano per Auschwitz, lì c'è tutto il posto che vogliono.»
«Lasciateci in pace, popolo di merda.»

Iris aveva cercato testi analoghi sulle pagine di Twitter e Facebook in Olanda e ne aveva trascritti alcuni:

«Andate affanculo, avventurieri.»
«Faranno a pezzi la civiltà europea.»
«Fuori dai coglioni, stronzi.»
«I profughi portano strane malattie. Non lasciate che i loro figli vadano a scuola con i nostri. Metteteli in quarantena.»
«Chiudete i confini, proteggete il vostro popolo!»

A un certo punto Iris disse: «Abbiamo fatto una stupidaggine.»
«Quale stupidaggine?»
«Non abbiamo controllato i vestiti. Magari arriviamo lì e ci troviamo con una macchina piena di panni sporchi.»
Mi fermai alla prima stazione di servizio tedesca e li controllammo uno per uno.
«Sono tutti puliti e quasi nuovi», osservò. «A essere sincera non me l'aspettavo.»
Non c'era molto traffico in autostrada. Iris aveva preso la patente qualche settimana prima, ma non osava ancora guidare.
«Da qui in poi guidi tu», le dissi. No, no, non se la sentiva proprio, ma alla fine si sedette al volante e ci rimettemmo tranquillamente in viaggio sull'ampia autostrada tedesca.

In una piazzola dell'autostrada vedemmo circa duecento siriani tra uomini, donne e bambini. Dio solo sa com'erano finiti lì. E siccome nessuno era disposto a dar loro un passaggio, diversi di loro si erano avviati a piedi in fila indiana verso Colonia.

«Prendiamone su qualcuno», propose Iris.

«Ma non abbiamo posto», le feci notare.

Iris costeggiò ugualmente.

Un profugo siriano, sua moglie e le loro due figlie corsero verso di noi. La giovane madre afferrò le mani di Iris e le baciò.

«L'auto è piena, purtroppo non abbiamo posto», dissi in arabo.

Il profugo siriano trovò subito una soluzione orientale.

Accatastò i sacchi di vestiti sul tetto dell'auto, li annodò tra loro e li assicurò con la sua cintura.

Presto ci avrebbe di certo fermato la polizia. Poco prima che ripartissimo, qualcuno aprì di nuovo il portellone posteriore e un'altra famiglia siriana con un figlio di dieci anni e una figlia di dodici salì a bordo. Anch'io sono stato profugo un tempo, per cui capivo benissimo la situazione, ma Iris si guardava intorno con gli occhi sgranati, non immaginava che in un'auto così piccola potessero entrare così tante persone. Come se non bastasse, qualcuno aprì anche la mia portiera e tre siriani ficcarono dentro un uomo anziano e malato, prima di richiuderla a fatica.

Iris ripartì sorridendo a trenta all'ora sulla corsia d'emergenza in direzione Colonia.

Arrivati in città trovammo lungo le vie dei tedeschi con panini e bibite pronti ad accogliere gli immigrati. La nostra macchina con Iris al volante attirava grande attenzione, tutti la applaudivano, pensavano che fosse una volontaria andata a prendere i profughi al confine. Con tutti quei sacchi neri della spazzatura sul tetto e dieci persone, tra uomini, donne e bambini ammassati all'interno, non potevamo certo passare inosservati. Centinaia di persone ci fotografarono, spuntò anche una troupe televisiva e la scena andò in onda *live* sulla tv tedesca.

Arrivammo al centro di accoglienza tra applausi scroscianti. I volontari tedeschi abbracciarono Iris. Lei era raggiante di gioia, mentre io fui scambiato per un richiedente asilo. Venni quindi portato, insieme all'anziano profugo malato seduto sul mio grembo, in una sala a parte, dove belle e giovani tedeschine si prendevano cura dei migranti esausti. Avendo tenuto in braccio l'anziano profugo siriano per parecchio tempo facevo un po' fatica a camminare. Due giovani donne si precipitarono subito in mio aiuto, mi portarono in una stanza e mi sistemarono su una sedia. Una mi infilò i piedi in una bacinella d'acqua tiepida. L'altra iniziò a massaggiarmi le spalle. Oh Germania, Germania. Quei ragazzi mostravano al mondo un nuovo volto dei tedeschi. Mi guardai intorno alla ricerca di Iris. Ma non potevo andarmene, dovevo sottopormi a quei massaggi a spalle e piedi finché qualcuno non veniva a registrare il mio nome, come accadeva per gli altri profughi.

Iris venne a salvarmi appena in tempo e ci aprimmo un varco in mezzo a quella massa di richiedenti asilo appena arrivati. Come se non bastasse, comparvero altri dieci autobus, con grosso modo altri quattrocento stranieri sfiniti, in viaggio da diverse settimane.

I volontari erano distrutti, avevano lavorato giorno e notte per mesi e praticamente dormivano in piedi. Non riuscivano più a tenere insieme quella bolgia, si limitavano a trascrivere i nomi delle persone e a offrire loro un piatto di minestra e un caffè. Per fortuna era una notte tiepida, ognuno ricevette un materasso e una coperta. I componenti delle varie famiglie si sistemarono sul prato e si coricarono con sollievo l'uno accanto all'altro. In quel caos anche a me furono messi in mano un materasso e una coperta. Misi il materasso sull'erba vicino a quello di migliaia di altri stranieri, mi coricai e mi nascosi tutto sotto la coperta. Poi la sollevai da un lato e Iris si infilò accanto a me nell'oscurità. Eravamo stanchi come tutti gli altri stranieri, quasi stremati. Lei posò il capo sul mio braccio e ci addormentammo subito.

Poco dopo il treno dello scià entrò nei miei sogni.

Hekayat dei seni di Annabella a Colonia

Lo scià scese dal treno pallido e spossato dalla diarrea. Il vecchio sindaco di Colonia lo attendeva insieme alla moglie, ma lui non voleva saperne di cerimonie ufficiali. Einoldowle informò il sindaco che il sovrano non si sentiva bene e doveva coricarsi subito.

Lo scià prese posto a fatica sulla carrozza municipale per essere accompagnato direttamente all'albergo dove alloggiava. Per evitare che la gente accalcata lungo le vie vedesse il suo volto affaticato, chiuse la tenda del finestrino. Gli abitanti della città non riuscirono nemmeno a scorgerlo e rimasero a guardare stupiti l'infinito corteo di carri e carrozze.

Lo scià si vergognava di quella lunga carovana, ma non poteva farci niente. Com'era possibile vedere tanti prodotti nuovi e interessanti e non comprarli? In più era un re e i mercanti si aspettavano che facesse acquisti. Aveva così tante mogli, così tanti figli, così tanti parenti, così tanti domestici e tutti si aspettavano che portasse loro un souvenir di quel suo viaggio storico.

Era stanco. Dal suo sedile sentiva le grida delle donne e scostò la tenda per ammirarle. Lo sguardo gli cadde su una biondina con un cappello, che a differenza delle altre taceva e sembrava in attesa di qualcosa o di qualcuno. Sospirò: che bella donna, ma non poteva averla. Per la delusione picchiò la mano sul sedile.

Pensando che il re persiano gli avesse chiesto di fermarsi, il cocchiere tirò subito le redini e la carrozza si arrestò davanti alla donna. Lo scià aprì il finestrino e la studiò attentamente. Era un'autentica bellezza. Non era solo bella, indossava anche un abito elegante con un cappello nero a tesa larga, ed era truccata come se dovesse andare a una festa. Conosceva le donne, sapeva che quella signora non si era vestita in modo così accurato per caso.

C'era anche dell'altro. Le mogli dello scià portavano una specie di busto che schiacciava il petto contro la cassa toracica, mentre i seni di quella signora tedesca sporgevano in modo provocante. Era un altro tipo di donna, il tipo che all'epoca in Germania era conosciuto come *Neue Frau*.

Lo scià accennò un leggero inchino con il capo: «Come vi chiamate?» chiese.

«Annabella.»

Il giorno dopo, verso sera, lo scià ricevette dalla portineria dell'hotel un pacchetto con una camicia cucita appositamente per lui e un biglietto: «*Für den persischen Köning. Von Annabella.*»*

Non gli ci volle molto per ottenere informazioni sul suo conto. Annabella Fuhlrott era una sarta proprietaria di un negozio di moda. Apparteneva alla prima ondata di donne tedesche che in quegli anni avevano avviato una propria attività.

Quella sera Annabella varcò la soglia della sua camera d'albergo con una borsa da lavoro. Due domestici la seguivano reggendo un appa-

* «Per il re persiano. Da Annabella.» (N.d.T.)

recchio. Era una macchina da cucire a pedali nuova fiammante, di fabbricazione tedesca, un marchingegno che lo scià non aveva mai visto e di cui non aveva mai neanche sentito parlare.

Annabella era venuta a fare alcune riparazioni ai suoi vestiti. Nel corso del viaggio lo scià aveva perso diversi bottoni di giacche e pantaloni, e uno dei pantaloni si era consumato sul sedere. Si erano anche scucite due o tre gemme dal suo abito regale, che aveva quindi bisogno di essere aggiustato.

Annabella tagliò parti di tessuto dal cavallo dei pantaloni, le infilò sotto l'ago e le cucì con pochi, rapidi movimenti dei piedi.

Lo scià era affascinato dal ticchettio della macchina e anche dai movimenti inusuali ed eccitanti delle gambe di Annabella.

A tarda sera il cocchiere dell'hotel riaccompagnò a casa Annabella, che stringeva delle monete d'oro nelle mani infilate tra le cosce piene e calde.

Hekayat di una scatola ottica*

Il sindaco di Colonia aveva previsto una serie di attività da svolgere durante la visita dello scià. Ma lo scià non voleva né visitare musei, né ammirare chiese, assistere a concerti e soprattutto cenare con gli amministratori della città. Aveva incontrato quasi tutte le personalità più importanti della Germania, quindi trovava una perdita di tempo seguire il sindaco come un cagnolino.

A quell'epoca la psichiatria non era ancora molto evoluta e non aveva una visione chiara di come funzionasse il cervello umano. Lo scià non poteva quindi sapere che un viaggio così lungo avrebbe avuto forti ripercussioni psichiche su di lui. Se adesso, ad esempio, pensava a un museo, gli girava la testa; se sentiva parlare di un pranzo di gala, gli veniva la nausea. Aveva visto e mangiato fin troppo. Era arrivato il momento di riposare, il suo cervello aveva bisogno di tempo per elaborare tutte le impressioni accumulate finora. Così annullò istintivamente tutti gli impegni ufficiali e andò a fare un giro in centro come un qualsiasi viaggiatore, per vedere la gente da vicino.

In città aveva osservato anche molti uomini di un nuovo tipo, uomini che passeggiavano nei viali mano nella mano con le loro mogli. Era la

* Per ragioni di semplicità, si è reso con il termine «scatola ottica» il nome di un apparecchio che, con ogni probabilità, si chiama propriamente «visore per stereoscopie». (N.d.T.)

prima volta che questo fenomeno si manifestava nella storia: ma perché quegli uomini stringevano così saldamente la mano delle loro spose? Per paura che scappassero? O erano orgogliosi come pavoni di avere ogni notte nel loro letto una donna così?

Lo scià una volta portò con sé Banu per non essere solo come un triste uomo orientale in mezzo a tutta quella gente che guardava le vetrine. Era abituato a camminare davanti a tutti, con i sudditi che lo seguivano a una certa distanza, ma in quel viale affollato non poteva, altrimenti avrebbe perso Banu. Fu tentato un paio di volte di prenderle la mano, per provare come ci si sentiva ad apparire così in pubblico. Ma non lo fece. In una zona molto affollata fu lei a prendere timidamente la sua. Lui non la rifiutò, ma evitò di guardarla e di parlarle. Passeggiando così, arrivarono davanti al negozio di un fotografo, dove c'era una lunga fila di persone.

Il fotografo aveva installato davanti alla vetrina una grande scatola di legno con due piccoli fori. Pagando una moneta, si poteva guardare dentro. Banu trascinò lo scià nella fila. Lui non aveva la più pallida idea del perché fossero lì, ma gli piaceva il fatto di trovarsi in coda con la gente comune per la prima volta nella sua vita.

Banu pagò una moneta e lo scià si chinò a guardare. La mano destra, che aveva appoggiato sulla scatola, gli tremava visibilmente. Quando finì il tempo, si raddrizzò e fissò Banu con gli occhi sgranati.

«Qui dentro c'è l'imperatore tedesco che va a cavallo!»

Anche Banu si chinò a guardare, lo scià aveva

ragione, in quella scatola c'era l'imperatore che andava a cavallo.

Lo scià voleva fare una domanda al fotografo, ma non poté, doveva lasciare il posto alla persona dietro di lui.

«Ma, l'imperatore...» riuscì a dire.

Il fotografo lo spinse via in modo da far avanzare il cliente successivo.

«Vogliamo entrare anche noi nella scatola!» disse eccitato lo scià a Banu.

Banu tirò il fotografo per la manica della giacca e discusse la questione con lui.

Qualche ora dopo, con la luce giusta, il fotografo arrivò con il suo carro nel parco dietro l'albergo dello scià per scattargli alcune foto, in modo che anche lui potesse andare a cavallo dentro la scatola.

Seduto alto in sella, lo scià entrò nel parco con l'abito regale ornato di pietre preziose.

Fu una sessione faticosa, ma si comportò molto bene, dimostrando di essere un ottimo attore. Dopo aver posato per tre ore, smontò da cavallo stanco ma soddisfatto, tra gli applausi degli spettatori.

Il giorno dopo la carovana ripartì in direzione del Belgio. Lo scià volle tenere la scatola di legno con sé, prima sulla carrozza, poi sul treno e in camera da letto, per non rischiare di perderla.

Era il ricordo più affascinante che portava a casa dall'Europa. Mesi dopo, al suo ritorno a Teheran, tutte le concubine dell'harem si misero in fila per poterlo ammirare dentro la scatola.

Per il resto non è chiaro che cosa ne sia stato di quella scatola dopo la sua morte, ma a distanza di settant'anni un fotografo americano trovò per caso in un mercato delle pulci di Berlino una raccolta di negativi su vetro. Scoprì che tra quelle lastre ce n'erano alcune che ritraevano un re persiano a cavallo. Le sviluppò e costruì una scatola ottica delle stesse dimensioni di quelle in uso nell'Ottocento, che anni dopo finì al Museum of the Moving Image di New York.

Lo scià è morto da oltre un secolo, ma a New York continua ad andare a cavallo in quella scatola. Forse diretto in Belgio.

21

Erano le 11.30 del 7 gennaio 2015 quando due fratelli algerini, Chérif e Saïd Kouachi, di 32 e 34 anni, nati entrambi a Parigi, compirono un attentato nella redazione della rivista satirica *Charlie Hebdo*. I due fratelli, muniti di giubbotto antiproiettile e di kalashnikov, aprirono il fuoco durante una riunione di redazione. Nell'attentato morirono dodici persone e cinque rimasero ferite.

Questo dunque accadeva a gennaio e sembrava che a Parigi fosse tutto di nuovo sotto controllo, ma la sera del 13 novembre, dieci mesi dopo, la città fu sconvolta da sei attentati terroristici. Cinque ebbero luogo nel X e XI Arrondissement e il sesto nel sobborgo di Saint-Denis. I morti furono 130, i feriti 400. L'Isis dichiarò guerra alla Francia e minacciò di colpirla con altri attentati simili. Nel paese furono proclamati lo stato di emergenza e tre giorni di lutto nazionale.

Questa volta gli attentatori erano otto: sei morti in attacchi suicidi, un settimo ucciso da un proiettile della polizia e un ottavo, Salah Abdeslam, che era riuscito a fuggire. Secondo informazioni in possesso della polizia francese, era con tutta probabilità lui la mente degli attentati. Il piano originale prevedeva che anche Abdeslam si facesse saltare in aria come gli altri terroristi, ma in un cassonetto dell'immondizia era stata trovata una cintura esplosiva presumibilmente sua. Lui quindi non si era suicidato, si era dato alla fuga. La polizia aveva fatto chiudere tutti i confini del paese per impedirgli di scappare.

Salah Abdeslam, nato a Bruxelles e residente nel municipio di Molenbeek-Saint-Jean, sarebbe stato sicuramente portato in Belgio dai suoi compari al termine della missione. C'erano centinaia di agenti schierati alla frontiera francese, ma Abdeslam poteva benissimo essere entrato in Belgio con il favore delle tenebre attraverso i boschi. Qualche anno prima l'avevo fatto anch'io.

Chiesi alla mia studentessa Iris di continuare a tenerlo d'occhio attraverso i media francesi, perché tra poco lo scià sarebbe arrivato in Belgio e avevamo bisogno di quelle informazioni. È probabile quindi che la storia di Abdeslam abbia un seguito. Ma prima l'*hekayat* del cavallo dello scià in Belgio.

Hekayat del cavallo dello scià che annunciò la fine di un'epoca

Dopo una breve cerimonia ufficiale di commiato, la carovana dello scià partì da Colonia diretta a Spa, sulle Ardenne, dove lo scià sarebbe rimasto una settimana. La carovana era partita di primo mattino in modo che i bagagli potessero essere caricati e scaricati per tempo. I costi del viaggio in treno e del soggiorno a Spa sarebbero stati a carico dello scià, perché gli accordi prevedevano che sarebbe stato ufficialmente ricevuto dai belgi solo la settimana successiva.

Il treno stava per partire, ma mancavano ancora quasi una decina di membri del seguito. La sera prima erano stati ricoverati in ospedale a causa di una diarrea che non c'era verso di fermare. Si trattava di sette viceministri, la cui presenza, a ben vedere, lo scià riteneva superflua. Era singolare che si fossero ammalati tutti e sette in modo così grave da non riuscire a reggersi in piedi.

Einoldowle andò a trovarli in ospedale al mattino presto, lasciò a ciascuno la propria valigia accanto al letto, mise loro in mano un sacchetto di soldi e augurò a tutti un buon viaggio di ritorno a Teheran. Con le lacrime agli occhi e il volto contratto dal dolore, i sette viceministri non poterono far altro che obbedire agli ordini.

Non appena Einoldowle tornò dall'ospedale e salì sul treno, il convoglio lasciò con un lungo fischio la stazione.

Quando il treno passò il confine ed entrò nel regno belga, lo scià era in piedi al finestrino per ammirare i primi cittadini belgi.

«È stupefacente come Dio abbia ordinato tutto in modo così bello», scrisse più tardi nel diario. «Con la Sua potente immaginazione ha separato per bene ogni cosa. Da questa parte del fiume c'era la Germania, dall'altra il Belgio. E ogni cosa da questa parte è diversa rispetto alla parte opposta. La terra ha un altro colore, gli alberi sono diversi, le case e la religione sono diverse, il modo in cui i cocchieri siedono a cassetta e le persone salgono in carrozza è diverso, il loro abbigliamento, le scarpe, le donne, tutto è diverso. I belgi sono chiaramente più poveri dei tedeschi e hanno un aspetto molto semplice. I tedeschi camminano con la schiena dritta, i belgi sono un po' curvi. Quando camminano i tedeschi guardano lontano, i belgi per terra come se avessero perso una moneta.»

Nonostante lo scià dovesse soggiornare a Spa a proprie spese e non fosse ancora in visita ufficiale, fu accolto in modo molto solenne dal governatore Henri Peltzer, il rappresentante del re belga, che lo avrebbe accompagnato all'hotel Orange, dove sarebbe rimasto una settimana.

C'era una carrozza pronta per lui, il governatore preferiva precederlo a cavallo. Lo scià gli fece sapere che anche lui, in una giornata così bella, desiderava attraversare quella città turistica sul suo cavallo reale. Era un bel morello purosangue, ornato di paramenti persiani, un cavallo particolare, che lo scià montava solo nelle cerimonie.

Nell'ultimo periodo, però, nessuno si era preoccupato di come stesse l'animale in quel viaggio inconsueto. A Teheran tre stallieri si prendevano costantemente cura di lui nella stalla più bella della scuderia. Adesso era sfiancato, perché non riusciva a reggere così tanti stimoli nuovi, così tante cose moderne, così tanti rumori indecifrabili e spostamenti inusuali, in treno o in nave, tutti frutto della Rivoluzione industriale. E il povero cavallo aveva dovuto viaggiare per giorni e notti in vagoni ferroviari e dormire ogni volta in una stalla diversa. Era mentalmente esaurito. Per questo aveva perso peso e *allure* regale, ma nessuno se ne era accorto.

Adesso lo scià voleva sfilare per le vie di Spa alto in sella sul suo morello davanti ai cittadini belgi. Era così preso da tante cose che non notò nemmeno che il suo cavallo prediletto era molto dimagrito e lo guardava con occhi spenti. Montò in sella e gli diede un colpetto sul posteriore con la punta del bastone per farlo muovere.

Le vie di Spa erano lastricate di ciottoli, ma in occasione dell'arrivo dello scià il Comune aveva voluto fare un esperimento. Per livellare l'acciottolato davanti alla stazione, l'aveva fatto ricoprire di un miscuglio di sabbia e bitume, poi pressati, una tecnica che in seguito sarebbe stata applicata in tutta Europa.

La via, dunque, aveva l'aspetto di una strada moderna ed emanava un fascino di regalità belga. Lo scià aveva l'onore di percorrerla per primo e quello era di per sé un segno che a Bruxelles erano pronti ad accoglierlo con ancora maggiore entusiasmo. Purtroppo quel giorno splendeva un sole più caldo del previsto, per cui l'odore pungente e sgradevole del bitume faceva bruciare gli occhi e le narici a tutti.

Ciò nonostante lo scià avanzò orgoglioso e felice tra due ali di belgi esultanti, fino a quando il suo cavallo si rifiutò di andare avanti: aveva la schiuma alla bocca e gli lacrimavano gli occhi. Lo scià lo spronò, ma l'animale si impennò debolmente un paio di volte sulle zampe posteriori: si rifiutava di proseguire lungo quella strana via calda e puzzolente, che tingeva i suoi zoccoli di nero. Lo scià lo colpì con forza sul ventre, l'animale balzò in avanti di qualche metro, ma inciampò e cadde battendo la testa. Lo scià perse l'equilibrio e atterrò sulla schiena due o tre metri più in là. Si rialzò immediatamente e sorrise, ma aveva la parte posteriore del capo e dell'abito regale sporchi di bitume. Una carrozza si fermò subito al suo fianco e lui salì a bordo. Chiuse le tendine e si lasciò condurre all'hotel Orange.

Il cavallo reale fu portato via e ricoverato nella stalla di una caserma fuori città. Lo scià era arrabbiato con lui e non andò mai a trovarlo durante il soggiorno a Spa.

Una settimana dopo, quando lasciò la città, lo abbandonò nella stalla dell'esercito. Il cavallo, debole e malato, visse ancora per qualche settimana e morì in solitudine.

Tutti lo considerarono un incidente, ma la morte di quel cavallo segnò l'inizio del tramonto di tutti i cavalli d'Europa. Lui fu il primo, ma non ci volle molto perché biciclette e automobili cominciassero a rotolare fuori dalle fabbriche scacciando per sempre i cavalli dalle strade.

Poco dopo la morte del cavallo lo scià avrebbe imparato a conoscere due nuovi concetti: «psiche» ed «elaborazione».

Hekayat di un articolo di Sigmund Freud e del suo maestro

Lo scià era stanco ed esaurito esattamente come il suo cavallo. Dormiva male e aveva ancora più incubi di prima. La sua mente rimuginava in continuazione e lui non riusciva a controllarla.

«Dovete concedervi tempo, Maestà, la psiche umana non può elaborare così tante informazioni tutte in una volta», gli disse il dottor Toluzan.

Lo scià si raddrizzò sulla poltrona. Queste erano parole nuove per lui.

Finora il dottor Toluzan gli aveva parlato solo del corpo, ma nel corso del viaggio aveva fatto più spesso accenno alla mente. A Berlino un collega gli aveva dato l'ultima rivista francese di medicina, ma non aveva avuto il tempo di sfogliarla. Adesso aveva approfittato della quiete di Spa per leggerla tutta d'un fiato. Con sua grande sorpresa, la maggior parte degli articoli riguardava il funzionamento del cervello umano. Un celebre medico di nome Joseph Breuer* aveva scritto, insieme al suo giovane assistente Sigmund Freud un interessante articolo sulle condizioni psichiche dell'essere umano. Non erano ancora in grado di dimostrare niente, ma ciò che sostenevano era nuo-

* Joseph Breuer (1842-1925), medico e psichiatra austriaco, fu precursore di Freud, che a lungo ne condivise l'esperienza, nel gettare le basi teoriche della psicanalisi. (N.d.T.)

vo e moderno come i trucchi dei prestigiatori europei dell'epoca.

Toluzan sistemò una sedia accanto alla poltrona dello scià nel giardino soleggiato per leggergli l'articolo, ma lo scià non aveva la pazienza di ascoltarlo. Toluzan cercò di riassumerglielo: «Ogni nevrosi è la conseguenza di vissuti non elaborati e repressi nell'inconscio.»

Lo scià non capiva.

«Diciamo così. Secondo quest'articolo, il cavallo di vostra Maestà è crollato a causa di un'esperienza non elaborata, repressa nell'inconscio.»

Neanche Toluzan aveva capito bene che cosa volesse dire.

«Cavalli e inconscio?» chiese lo scià.

«No, non lo so, volevo solo fare un esempio.»

Per rendere comprensibili le sue parole, Toluzan aggiunse: «Vostra Maestà deve riposare il più possibile. Altrimenti vi capiterà lo stesso tragico incidente successo al vostro cavallo.»

Era un consiglio grossolano e fuori luogo, e dimostrava chiaramente che nessuno dei due aveva capito un'acca dell'articolo.

«Offensivo», replicò lo scià irritato, alzandosi. «Questo viaggio ci ha fatto impazzire tutti quanti.» E fece un brusco segno a Toluzan di andarsene.

Quando il medico sparì, il suo sguardo cadde su Banu, che passeggiava sola nei giardini dell'albergo. Si spaventò vedendo quanto fosse dimagrita. Pensò al suo cavallo. Che Banu soffrisse della stessa malattia di cui Toluzan gli aveva appena parlato?

In ogni caso decise di riposare di più nel resto del viaggio.

Da quando era cominciata la sistematica sparizione di membri del seguito reale, tutti gli altri erano in preda al panico. Com'era possibile che cinque domestici fossero rimasti feriti sul terreno di caccia e sette vice ministri fossero finiti in ospedale per una grave forma di diarrea? Ciascuno pensava che presto sarebbe arrivato il suo turno. Che all'improvviso sarebbe finito sotto una carrozza, o che qualcuno lo avrebbe buttato giù dal treno.

Non erano fantasie prive di fondamento, conoscevano lo scià e sapevano di quali crudeltà fosse capace. Quindi cercavano di restare nelle vicinanze delle rispettive residenze e facevano di tutto per mostrargli la loro obbedienza. Appena lo incontravano da qualche parte, si inginocchiavano e gli baciavano le mani in modo esagerato, e gli esprimevano la loro gratitudine per aver permesso loro di partecipare a quel viaggio.

Lo scià volle rassicurarli e invitò un celebre prestigiatore e sua moglie a esibirsi per loro.

Hekayat dei prestigiatori belgi

A quell'epoca c'erano prestigiatori ovunque in Europa, era un fenomeno nuovo. Grazie alla Rivoluzione industriale, avevano a disposizione nuovi mezzi per incantare il pubblico. Nelle grandi città erano spuntati come funghi negozi che vendevano ogni genere di strumenti per giochi di prestigio, come anelli, corde, palline, carte da gioco, cilindri, colombe, conigli e attrezzi per mangiatori di fuoco.

Ovunque si vedevano persone disposte in cerchio attorno a un prestigiatore per ammirarne i trucchi.

Lo scià ne aveva visti parecchi per le strade e voleva godersi una volta un loro spettacolo da vicino in tutta comodità. Tramite il proprietario dell'hotel Orange riuscì ad accalappiarsi un famoso illusionista belga e sua moglie, perché si esibissero per lui e il suo seguito nella grande sala dell'albergo.

Quando il proprietario dell'hotel gli presentò lui e la moglie, la donna attirò subito la sua attenzione. Era un tipo sfrontato e la cosa gli piacque, perché non aveva mai avuto a che fare con donne sfrontate.

Lo scià prese posto in una poltrona speciale in prima fila. Era curioso di vedere che razza di trucchi avrebbe messo in scena. Tra rulli di tamburo, la donna eseguì alcuni passi di danza protendendo le mani verso di lui. Lo scià le mostrò il suo apprezzamento con un gesto calmo della mano.

Insieme al marito, la donna si esibì in dei trucchi con gli anelli e sputò fuoco dalla bocca, cosa che nessuno aveva mai visto prima. Tutti si divertivano e si vedeva che anche lo scià era contento. Ma a un certo punto la donna gli si avvicinò mostrandogli le mani vuote, poi le batté e come per magia fece apparire dal nulla una colombella bianca. Lo scià rise di gusto e fece un gesto di approvazione. A quel punto, la donna infilò la colomba sotto il suo copricapo regale. Tutti sussultarono e temettero che per punizione lo scià l'avrebbe cacciata via. Ma lei era una donna esperta e riuscì a imporgli il silenzio.

Lo scià non osava muovere la testa per paura che l'uccello si agitasse e facesse cadere a terra il copricapo. Era chiaramente furibondo, ma temeva che qualunque suo gesto avrebbe solo peggiorato la situazione. Il pubblico guardava con il fiato sospeso. Ma la donna era una maga e costrinse lo scià a ubbidirle. Arrivò addirittura a porgergli la guancia mormorando in francese: «*Embrassez ma joue, Votre Majesté.* Datemi un bacio, Maestà.»

Goffo e impotente, lo scià le stampò un bacio sulla guancia. Con un brusco gesto della mano lei afferrò il copricapo e iniziò a scuoterlo. Dal cappello volò fuori una colomba, poi un'altra, poi altre tre o quattro e poi molte altre ancora. Le colombe volarono sopra la testa degli spettatori.

Lo scià scoppiò in una fragorosa risata e applaudì.

La tensione si sciolse, i membri del seguito trovarono il coraggio di ridere fragorosamente come il loro re.

Quel pomeriggio di svago funzionò, lo scià mangiò con più appetito e dormì bene. Ora era pronto a incontrare il re del Belgio.

Hekayat di Leopoldo II, re del Belgio

La carrozza privata del re del Belgio Leopoldo II era pronta ad accogliere lo scià sul treno che lo avrebbe condotto a Bruxelles.

Appena lasciata la città, la porta del vagone si aprì ed entrò Banu.

In quei giorni la principessa preferiva non farsi vedere spesso dallo scià. Era dimagrita e il suo volto mostrava chiaramente i segni della gravidanza. Lo scià, che aveva assistito alla gravidanza di centinaia di donne, doveva aver capito subito che era incinta, ma era preso dall'Europa, per cui non si rendeva conto di quanto fosse cambiata. Inoltre adesso pensava più spesso a quell'articolo di Sigmund Freud e cercava di imparare a memoria quella citazione che non capiva: «Ogni nevrosi è la conseguenza di esperienze non elaborate e represse nell'inconscio.»

Ora vedeva tutto alla luce di quell'articolo. Quindi, se Banu era dimagrita, era possibile che dipendesse da esperienze non elaborate durante il viaggio.

Quel giorno Banu indossava un ampio vestito sotto un lungo soprabito estivo. Era venuta a informare lo scià della sua prossima visita, un compito che si era voluta assumere: studiava i rapporti scritti dagli ambasciatori persiani sul paese ospite per poi metterne al corrente il sovrano. Poiché lui non aveva né la pazienza né la voglia di leggerli, era lei a esaminarli e a discuterne poi con lo scià i punti principali.

«Il Belgio è un bel paese, abitato da bella gente. Re Leopoldo II non ha quasi nessun potere in patria, ma in Congo ha fondato un suo impero personale. Lì governa con il pugno di ferro: sono morti in milioni per le violenze compiute dai suoi soldati. E lì i belgi hanno tagliato le mani a migliaia di giovani uomini.»

«Milioni di persone uccise, migliaia di mani tagliate, non è possibile, queste sono tutte storie», esclamò lo scià.

«Sono dati che vengono da fonti belghe e soprattutto da recenti articoli di quotidiani di questo paese», replicò Banu.

«Tutte chiacchiere di giornalisti», insistette lo scià. «Scrivono tante baggianate anche su di noi. Anche di noi dicono che siamo un paese tirannico. Continua.»

«L'unico figlio di Leopoldo è morto in giovane età», proseguì Banu.

«Oh poveretto.»

«Perciò sarà suo fratello a succedergli sul trono, ma è sordo come una campana.»

«Che sfortuna. C'è altro?» chiese lo scià.

«Il re ha molte amanti. Fino all'anno scorso aveva una relazione con un'attrice francese, e adesso corre voce che trascorra i fine settimana in uno dei suoi castelli con una ragazza di sedici anni.»

«E che cosa c'è di male?»

«Invece è proprio questo a danneggiarlo molto. I quotidiani belgi lo mettono alla berlina, circolano vignette offensive su di lui, e ogni volta che appare in pubblico quella ragazza, la sua giovane amante, viene presa di mira.»

«Che gente barbara», commentò lo scià. Fece segno di non voler più sapere niente e congedò Banu.

Dopo una breve sosta a Liegi avrebbero proseguito alla volta di Bruxelles. Ma furono sorpresi dall'accoglienza entusiasta degli abitanti della città. Segno che lo scià era più che benvenuto nel paese.

Liegi era famosa per le sue armi decorate. I fucili, le pistole e le sciabole intagliate e cesellate di quella città si trovavano nei più sontuosi palazzi di tutto il mondo.

Re Leopoldo spediva in patria via mare tutte le zanne di elefante del Congo, che finivano in gran parte a Liegi per essere usate come oro a buon mercato nell'industria militare.

Il re belga aveva dato personalmente istruzione di accogliere ovunque lo scià con grande fasto. Vedeva in lui uno spirito affine e voleva riceverlo come un vecchio amico. Ma il tempo era poco, quindi lo scià non poté visitare la città.

Una donna giovane e bella si fece avanti reggendo tra le mani un fucile decorato d'oro, all'interno di una custodia ancora più elegante di avorio lavorato. Con un leggero inchino gli porse il dono a nome della città di Liegi. Era uno dei fucili più belli mai realizzati dalle armerie locali.

«È carico?», domandò lo scià eccitato, estraendolo dalla custodia.

«C'è dentro un proiettile», osservò il sindaco.

Lo scià appoggiò il fucile alla spalla, puntò la canna verso il cielo, mirò a un'oca e sparò. La folla applaudì, mentre l'oca precipitava a testa in giù dietro il treno.

Alzando in aria il fucile, lo scià gridò: «*Vive la Belgique!*» E salì sul treno, destinazione Bruxelles.

Iris è contenta di assistermi nella ricerca. È diventata un'avventura per lei salire di punto in bianco sulla carovana dello scià e quindi anche su quella della Storia. E non solo sulla carovana della storia dell'Ottocento, ma anche di quella attuale, dei fatti che accadono sotto i suoi occhi. Come la volta scorsa in Germania, quando ha vissuto in prima persona la fuga degli immigrati siriani, e questa volta in Belgio, quando forse si è trovata nella stessa stanza di Salah Abdeslam.

Quindi avevo ragione quando pensavo che la storia del terrorista marocchino-franco-belga Salah Abdeslam avrebbe avuto un seguito in questo libro.

Una settimana e mezzo dopo gli attentati terroristici di Parigi, andai in Belgio. La Libera Università di Bruxelles aveva organizzato una serie di conferenze in cui diversi oratori avrebbero parlato di immigrazione e rifugiati, e delle conseguenze del fenomeno per l'Europa. Io partecipavo a nome dell'Università di Amsterdam e mi ero fatto accompagnare dalla mia studentessa. Siccome tra il pubblico c'erano molti studenti di diverse nazionalità, la lingua veicolare era l'inglese. In auto Iris rivide il mio intervento e corresse alcune frasi che non avevo formulato bene.

Con grande sorpresa dei docenti dell'università, alle conferenze si erano iscritti moltissimi studenti. Era un argomento di cui parlavano tutti. I giornali erano pieni di articoli sulle pericolose traversate in barca dei profughi e ogni sera alla televisione si vedevano immagini scioccanti di profughi siriani annegati.

C'erano circa cinquecento studenti in sala quando iniziai il mio intervento.

«*I was not familiar with flight. Now I am, and I'll share a secret with you. When I was still in the fatherland, I was afraid to leave my country. But one thought ruled: "You have to go."*

Apparently something overwhelming was happening, but it took time before I understood. Then I realized that I was part of the first wave of people who had left their homes and went. But where to go to? To look for uncertain gold. Looking for a new identity. Looking for a new Me.

Refugees are not adventurers. They are well aware of the exhausting journey during which they'll face the threat of death and the power of hope. These are people who hunger to meet new people. They thirst for the new sounds of a new language. No, these are not adventurers, but vital people looking for a new beginning. They are mankind, they are Man himself.

I, who once thought myself incapable of learning a new language, now I teach literature in Dutch. And I give comments about politics on Dutch television. I write articles in Dutch newspapers and at this moment I am writing a book about Europe in Dutch. How can this be? I know how. It is because of the magic of the immigration.»

Stavo ancora parlando quando all'improvviso si aprirono le porte ed entrarono agenti in assetto da combattimento. Chiesero a tutti di lasciare l'aula. A Bruxelles l'allerta era stata improvvisamente innalzata al livello 4, che significava pericolo grave e imminente. La polizia belga aveva ricevuto informazioni secondo cui Salah Abdeslam, la mente degli attentati di Parigi, si trovava in città. Era stato segnalato e ripreso da videocamere di sorveglianza in luoghi pubblici.

Dovevo quindi tornare anticipatamente in Olanda con la mia studentessa, ma non volevo andarmene, anzi: in un giorno come quello volevo essere lì e assistere agli avvenimenti da vicino.

Bruxelles si era trasformata d'un tratto in una città in guerra, una città fantasma. I trasporti pubblici erano stati fermati, la metro non funzionava. Bar e ristoranti avevano ricevuto l'ordine di abbassare le serrande e le scuole erano state chiuse per paura che Salah Abdeslam si facesse saltare in aria con una cintura esplosiva in un luogo pubblico.

Controllai sul cellulare se c'erano ancora treni per l'Olanda. C'era un Thalys proveniente da Parigi che partiva da lì a mezz'ora.

«Io voglio restare, ma preferisco che tu torni a casa», dissi a Iris, «fai ancora in tempo a prendere questo Thalys per Amsterdam.»

Ma lei non voleva.

«Non intendo scendere dalla carovana a metà strada», disse. «Preferisco restare e tornare a casa con te.»

In quel momento l'attenzione di tutto il mondo era rivolta al municipio di Molenbeek, il quartiere più povero di Bruxelles, abitato in prevalenza da immigrati. Era il quartiere in cui era nato Abdeslam. Per catturarlo la polizia stava passando al setaccio casa per casa.

«Andiamo a Molenbeek?» chiesi a Iris.

«Il quartiere è completamente isolato, che cosa ci andiamo a fare?» mi rispose. Era preoccupata, ma anche curiosa.

«C'è una mia vecchia conoscente che abita lì, una signora anziana, mia connazionale. Possiamo passare da lei a bere un caffè», dissi per tranquillizzarla.

La mia connazionale sessantasettenne Akram Khanom era la sorella maggiore di Javad, un vecchio compagno di lotta, giustiziato dal regime degli ayatollah. Ogni volta che andavo a Bruxelles passavo a farle visita, un po' come si va a trovare un parente.

Akram Khanom era fuggita in Belgio più o meno venticinque anni prima, insieme a marito e figlio. Nel frattempo il marito era morto e suo figlio adesso abitava in Inghilterra. Nonostante vivesse a Bruxelles da così tanto tempo, non riusciva ancora a mettere insieme due frasi in francese o in olandese senza fare errori. Abitava a Molenbeek da dieci anni. Lì aveva imparato l'arabo. Non era mai riuscita a prendere un diploma, ma si era fatta una cultura come psicologa musulmana e aiutava le donne marocchine analfabete del quartiere.

Le donne marocchine di Molenbeek avevano piena fiducia in lei e le confidavano le loro pene. Akram Khanom le ascoltava con pazienza, poi apriva a caso una pagina del Corano e leggeva una sura. Così infondeva loro speranza e le rimandava a casa serene e sollevate.

Akram Khanom aveva sempre l'agenda piena e guadagnava il doppio di quello che guadagnavo io come docente universitario.

Adesso ero diretto da lei con Iris a Molenbeek. Centinaia di agenti avevano preso il controllo del quartiere e la mia auto veniva perquisita a ogni incrocio. Finalmente arrivammo a casa di Akram Khanom, un piccolo appartamento al terzo piano di una fila di palazzine con le parabole televisive sulle facciate, tutte abitate da marocchini. Suonai e lei aprì subito la porta. Era alla finestra e ci aveva visto arrivare.

L'appartamento era composto da un soggiorno con un minuscolo cucinotto e un piccolo bagno con il water. Anziana ed esperta com'era, Akram Khanom vide subito che Iris era spaventata e non si sentiva a suo agio.

«Bienvenuda, figlia mia», disse. «Tu no paura qui. Qui poliscia giorni e giorni, molta poliscia qui, normale. Tu bienvenuda.» Andai alla finestra e da dietro la tenda tenni d'occhio la strada. Passarono due carri armati. Gli agenti dell'unità speciale antiterrorismo belga, in assetto da combattimento, saltarono giù dai blindati e circondarono una serie di edifici.

Akram Khanom versò il tè per Iris, posò sul tavolino una scatola di biscotti marocchini, prese il Corano e cercò di distrarla. Ma lei mi si avvicinò e mi fece leggere un avviso della polizia sul suo telefonino. Veniva chiesto espressamente a tutti gli abitanti di non comunicare tramite i social media mentre erano in corso azioni di polizia.

Gli agenti dell'unità speciale sfondarono la porta di alcune abitazioni e fecero irruzione all'interno. Trascinarono fuori due o tre giovani che gridarono «*Allahu Akbar!*» Il fatto che gridassero *Allahu Akbar!* non significava di per sé che fossero terroristi, perché è il grido che qualunque credente lancia quando si sente in pericolo. Gli agenti, invece, pensarono proprio di avere a che fare con dei terroristi e li presero a manganellate sulla bocca e a calci sulla schiena e sulle gambe con gli stivali.

Tutti guardavano da dietro le finestre. Il Belgio stava mostrando il suo volto più spietato. Era il Belgio dell'epoca dell'Africa coloniale, del Congo belga. Iris era diventata pallida e tremava. Le strinsi la mano per tranquillizzarla.

A un tratto, nel corridoio su cui dava l'appartamento di Akram Khanom risuonarono i passi pesanti degli agenti. Una porta fu sfondata tra le urla di donne e bambini. Adesso Akram Khanom era visibilmente agitata, afferrò di nuovo il Corano e lesse una sura rivolta a Iris, poi un'altra fissando il letto nell'angolo del soggiorno. Iris tremava, temeva di essere caduta nella trappola di una cellula terroristica. Pensava che la polizia avesse scovato Salah Abdeslam nell'appartamento accanto e che da un momento all'altro il terrorista in fuga si sarebbe fatto esplodere, colpendo anche noi due. Akram Khanom salmodiava preghiere e ripeteva a Iris: «Tu no paura. Qui molto molto buone pipel.* Salah Abdeslam no terrorista. Salah Abdeslam no uccidere nessuno. Io conoscere Salah Abdeslam. No, no, no terrorista.»

Non mi aspettavo che ci saremmo trovati in quella situazione. Non avevo mai visto da vici-

* Versione storpiata dell'inglese *people*. (N.d.T.)

no le forze di polizia belga o di altri paesi europei usare tanta violenza. Erano di una brutalità incredibile. Anch'io avevo paura, perfino più di Iris. Temevo che gli agenti avrebbero fatto irruzione anche nell'appartamento di Akram Khanom. E allora sarebbero stati guai grossi anche per noi. Che cosa avrei potuto dire, come avrei potuto spiegare che cosa ci facevo lì e perché ci ero andato? E come potevo giustificare la presenza della mia studentessa? Come ci era finita quella biondina olandese a Molenbeek? Che cosa ci faceva a casa di Akram Khanom e che relazione c'era tra noi? Ma per fortuna tutt'a un tratto sentimmo i poliziotti correre in corridoio e precipitarsi fuori dal palazzo.

Akram Khanom aveva il viso madido di sudore. Si sedette sul bordo del letto stringendo il Corano al seno. Probabilmente Salah Abdeslam, il terrorista più ricercato d'Europa, era nascosto in uno di quegli appartamenti. Non era magari sotto il letto su cui Akram Khanom si era seduta con aria tanto perentoria?

Dove poteva essere altrimenti?

Scese la sera e sul quartiere calò un silenzio carico di tensione, non c'era mai stato tanto silenzio prima. Presi Iris per mano e la condussi al buio giù per le strette scale del palazzo. Ci dirigemmo verso la macchina. Sopraggiunse un'auto della polizia che si fermò accanto al marciapiede. All'improvviso qualcuno sparò dal tetto di una casa. Gli agenti si precipitarono fuori dall'auto, presero posizione e risposero al fuoco. L'illuminazione stradale si spense di colpo e altre due o tre auto entrarono nella via con le sirene e i lampeggianti accesi. Presa dal panico, la gente fuggì in tutte le direzioni. Io infilai rapidamente un vicolo buio, la porta di una casa si aprì e mi fiondai dentro insieme ad altre persone. Mi voltai a cercare Iris, ma non la vidi. Pensavo che mi avesse seguito. Volevo uscire per andare a cercarla, ma fuori continuavano a sparare. Fui assalito dall'angoscia. Avevo la sensazione di averla piantata in asso. E adesso? In quel momento non potevo fare nulla. Ero lì con quella gente in quell'androne buio e non era saggio aprire la porta. Dopo una mezz'oretta tornò la calma per strada. Sgattaiolai fuori dalla porta. Le auto della polizia se ne erano andate e la strada era deserta. «Iris! Iris!» chiamai.

Ma nessuno rispose. La cercai un paio di volte sul cellulare: silenzio. Iniziai a correre gridando: «Iris, dove sei?»

Chiamai Akram Khanom: «Quella ragazza è lì da te?» No, non era da lei. Chiesi a tutti quelli che incontravo se qualcuno fosse rimasto ferito o fosse stato arrestato, ma nel caos e nel buio nessuno aveva visto niente.

Andai ad aspettarla in auto. Al chiarore della luce di cortesia vidi il suo cellulare nel caricabatteria. Non sapevo che cosa fare, ma non me ne sarei andato senza di lei. Nella speranza che facesse ritorno alla macchina, rimasi seduto immobile al volante. Solo adesso mi rendevo conto del grosso errore che avevo fatto portando una studentessa innocente in quel quartiere. Non avrei dovuto coinvolgerla in quella storia. Restai seduto al buio ad aspettare. All'improvviso il mio telefono squillò. Un numero sconosciuto. Ebbi un sussulto e risposi. Era Iris: «Sono alla stazione Bruxelles-Sud.»

Hekayat dell'accoglienza dello scià a Bruxelles

Lo scià riconobbe subito Leopoldo II, re del Belgio, per la sua notevole barba in mezzo ai generali barbuti che lo circondavano.

Rompendo ogni protocollo, Leopoldo salì personalmente sul treno per dare il benvenuto allo scià già nel suo scompartimento. Lo scià, in uniforme militare, allargò le braccia per stringerlo a sé. Si sentì subito a suo agio con il re belga.

«Quale onore poter ricevere in Belgio lo scià della Persia, la culla della civiltà», disse Leopoldo.

Sopraffatto da quella calorosa accoglienza, lo scià lo studiò attentamente. Era alto e magro, aveva gli occhi piccoli e la radice del naso larga e piatta.

«Prego, Bruxelles vi aspetta», proseguì Leopoldo, invitandolo a scendere per primo.

Generali e ufficiali scattarono sull'attenti, le campane di tutta la città suonarono all'unisono, mentre in lontananza echeggiavano salve di cannone. Fu una cerimonia di benvenuto toccante. Schierati fianco a fianco, gli alunni delle scuole intonarono canti belgi.

Sfilando tra ali di folla, Leopoldo accompagnò lo scià sulla carrozza reale dorata fino al palazzo dove avrebbe soggiornato. Quando varcarono il cancello, la moglie e i figli di Leopoldo erano nella corte in attesa di dare il benvenuto all'illustre ospite.

Leopoldo gli presentò la moglie Maria Enrichetta Anna, un'arciduchessa austriaca diventata ora la seconda regina della giovane monarchia belga. Maria Enrichetta indossava un elegante abito bianco lungo e aveva modi molto regali.

«A prima vista l'abbiamo trovata attraente, forse per via del suo abito ampio e maestoso, era come se fosse uscita da un affresco per darci il benvenuto, ma subito dopo ci è apparsa brutta. Era quindi stato il suo abito a colpirci. Era davvero brutta, aveva una pancia grassoccia e cadente», scrisse lo scià quella sera nel suo diario di viaggio.

In realtà la regina belga era una donna affascinante e il fatto che lo scià la trovasse brutta era dovuto a un altro motivo. La sua irritazione reale aveva un'altra causa. Quando si era chinato a baciarle la mano, lei all'improvviso gli aveva chiesto: «Dov'è la principessa Banu? Le mie figlie e io non vediamo l'ora di darle il benvenuto. Arriverà anche lei?»

Lo scià ebbe un sussulto.

Come sapeva la regina che sua moglie si chiamava Banu? E perché gli aveva fatto proprio quella domanda? Fiutò subito il pericolo, ma di che pericolo si trattava? Intuì che c'era di mezzo un'astuzia femminile. E lui si fidava delle sue intuizioni. Era quasi certo che in un modo o nell'altro la regina belga conoscesse Banu. Ma come?

Naturalmente non era difficile immaginarlo. I membri delle case reali europee erano tutti cugini, fratelli o sorelle tra loro. I nipoti dei vari re e regine avevano tutti come nonni la regina di Inghilterra, l'imperatore tedesco, il re di Grecia o lo zar di Russia. Al di là della politica, principi e principesse si scrivevano lunghe lettere. Viaggiavano spesso, ospitandosi a vicenda per lunghi periodi, e trascorrevano le vacanze insieme. Le donne di tutte famiglie reali d'Europa sapevano, quindi, che lo scià non amava che Banu apparisse in pubblico. Sapevano anche che era incinta di lui e alludevano al fatto che intendesse andare per la sua strada, indipendentemente da lui. Ma per ora le intuizioni dello scià non arrivavano a tanto.

Le figlie di Leopoldo erano molto nervose quando lo incontrarono. Avevano sentito tante voci sul suo harem e le sue concubine. Lo fissarono con occhi sgranati, come se fosse un extraterrestre, e tremavano visibilmente per la tensione. Lo scià sentì che avevano le mani sudate quando le strinse per deporvi un bacio simbolico.

Leopoldo sorrise. Lo scià vide tristezza nei suoi occhi.

Hekayat di un presunto segreto reale

La sera, dopo essersi lavato e aver indossato il pigiama, lo scià ordinò al barbiere di portargli il narghilè. Voleva scrivere in tutta tranquillità il suo diario di viaggio. Aspirava il fumo e lo soffiava verso le decorazioni dorate del soffitto.

«Proviamo simpatia per quel povero Leopoldo. Pensavamo che l'imperatore tedesco fosse un re impagliato, ma per il re del Belgio ci sarebbe quasi da piangere. I giornalisti lo mettono alla berlina. I loro articoli e le vignette sarcastiche che pubblicano su di lui sono molto rozzi. Secondo noi è proprio per questo che va in Congo, per sentirsi il re dei re. Qui i giornalisti hanno più potere dei loro colleghi di altre nazioni. Dobbiamo comportarci bene, o ci metteranno con il sedere nudo in prima pagina, come fanno con il loro Leopoldo. Fiutiamo aria di pericolo. Dobbiamo stare attenti!»

Sazio di tè e di tabacco, fece un giro per i corridoi e le stanze del palazzo. C'erano foto del defunto figlio del re belga appese ovunque; anche lui si chiamava Leopoldo, come suo padre e suo nonno, e aveva dieci anni quando era morto.

Con le mani incrociate dietro la schiena, lo scià si fermò a osservare un dipinto di quel ragazzo innocente, un bel bambino dai capelli castano chiaro che gli arrivavano fino alle spalle. Indossava un mantello scuro con un ampio colletto bianco, eleganti guanti bianchi e stivali color testa di moro, abbigliamento che indicava che era appena rientrato da una cavalcata. Il quadro era appeso sopra un camino, come se il bambino avesse freddo. Il camino era finemente lavorato e decorato come una cappella.

Nessuno della famiglia abitava nel palazzo destinato a diventare la residenza dell'erede al trono.

Dopo la morte del figlio, il re non aveva più permesso a nessuno di mettervi piede, era un luogo riservato alla famiglia, a lui, a sua moglie e alle sue figlie, un luogo dove potevano ricongiungersi al loro caro.

Solo ora lo scià capì perché si sentiva così a suo agio con il re belga. C'era tristezza nel profondo dei suoi occhi. Ma trovava singolare che avesse scelto proprio quel palazzo come sua residenza in Belgio.

«Abbiamo l'impressione che non si tratti soltanto di una morte tragica. Non è insolito che un re perda un figlio o il suo erede al trono per una malattia, un incidente o in guerra. Ma in questo palazzo vediamo i segni di una sorta di espiazione. È come se il re del Belgio volesse continuare a punirsi per la morte del figlio. L'atmosfera di questo posto fa pensare alla storia del nostro mitico eroe Rostam, che uccise suo figlio per errore. Oggi pomeriggio, quando Leopoldo ci ha parlato di suo figlio, abbiamo visto nel profondo dei suoi occhi che nascondeva qualcosa. Crediamo che abbia volutamente scelto questo palazzo per noi. E già questo dice qualcosa. Chissà, forse c'è dietro un doloroso segreto reale.»

Lo scià era curioso, ma doveva avere pazienza. Per il giorno dopo il suo programma prevedeva un pranzo con il re.

Hekayat del pranzo con re Leopoldo

Quando gli orologi batterono le dodici, una carrozza entrò nel cortile per condurre lo scià al pranzo con il re. Ma lui si sentì mancare il fiato quando vide che a bordo c'era Banu. Chi aveva dato ordine di andare a prenderla? Era una vera insolenza accompagnarlo senza il suo permesso. Sembrava sottrarsi al suo controllo. Sudò freddo al pensiero che si fosse nascosta di proposito nella cassapanca per entrare clandestinamente in Europa. Che intenzioni aveva? Avrebbe voluto rispedirla indietro, ma si dominò e finse di averla invitata lui.

Era possibile che anche lei, come gli altri membri del seguito, temesse che le capitasse qualcosa, di finire in ospedale per una qualche disgrazia ed essere rimandata in patria. Forse cercava di mettersi al sicuro apparendo il più possibile al suo fianco in presenza della famiglia reale.

«Buongiorno», le disse in tono misurato. «Hai dormito bene stanotte?» Si sforzò di non lasciar trapelare la propria irritazione.

«Sì, un po' meglio. E voi Maestà?»

Lui non rispose.

La carrozza lasciò il palazzo. Prima era previsto un giro della città, per permettere agli ospiti di farsi un'idea di Bruxelles. Lo scià guardava in silenzio fuori dal finestrino. La città belga era costruita su colline, il percorso era un continuo saliscendi.

«Una bella città, Bruxelles», osservò per rompere la pesante cappa di silenzio. «I viali sono larghi e diritti, i vicoli ampi, le case alte e basse.» Banu era talmente assorta nei suoi pensieri che non lo sentì.

«Sei taciturna», notò lo scià.

«Non pensavo che questo viaggio avrebbe avuto un effetto così forte su di me», rispose Banu con il tono più indifferente possibile.

«In che senso?»

«Spero che vostra Maestà mi permetta di esprimermi liberamente.»

«Di' quello che pensi!»

«Guardando quelle persone dal finestrino, uomini, donne, bambini, pensavo che noi, che voi, che tutti e due viviamo in una prigione a Teheran. Non parlo di me, penso più che altro a voi. Non meritate di vivere così prigioniero. Prigioniero in un antico palazzo dove cercate il piacere tra le donne dell'harem, cercate qualcosa che non esiste!»

«Banu!» la zittì lui.

Aveva tirato in ballo quel discorso per confonderlo? La sua, in ogni caso, era stata una risposta insolente, dovuta senz'altro all'influenza dell'Europa.

«Maestà, a volte, nelle mie fantasie, io vi lascio andare», riprese lei cambiando argomento.

«Mi lasci andare dove?» chiese lui diffidente.

«Immagino di prendere la vostra spada, il vostro mantello, il vostro copricapo, di abbandonarli qui sulla carrozza e lasciarvi andare via. Lasciarvi scomparire.»

Che cosa voleva dire con quel discorso strampalato?

«Maestà», riprese Banu, «perché non lo facciamo? Scendiamo dalla carrozza, adesso, qui, e scompariamo nel nulla.»

«Hai bevuto, per caso?» chiese lo scià senza guardarla.

Dopo aver girato un'oretta per la città, la carrozza lasciò a poco a poco il centro e imboccò una strada tra i campi. Una mezz'ora più tardi si profilò un borgo in lontananza. La vettura entrò nel villaggio e si fermò nel cortile di una taverna. Quando lo scià e Banu scesero, Leopoldo e sua moglie Maria Enrichetta Anna uscirono per andare loro incontro.

«Principessa Banu, eravamo così ansiosi di conoscervi», disse la regina del Belgio, «ieri le mie figlie erano venute apposta a palazzo per incontrarvi.»

«Non sopporto quella donna», borbottò lo scià, sicuro, a quel punto, che fosse stata lei a fare in modo che quel giorno fosse presente anche Banu. Decise di ignorarla e, lasciando indietro le donne, protese le braccia verso Leopoldo.

«Amico!» esclamarono contemporaneamente i due uomini.

Entrarono insieme nella taverna, Leopoldo accompagnò lo scià al banco dove ordinarono una birra. Quando, poco dopo, furono raggiunti dalle donne, si sedettero tutti a un tavolo vicino alla finestra.

Leopoldo porse allo scià un boccale di birra chiara fredda e, levando il suo, brindò con lui: «*Santé!*»

«*Salam!*»

Lo scià trovò deliziosa quella birra dal gusto dolce e fresco, ma non riuscì a berla come Leopoldo, che vuotò metà boccale tutto d'un fiato. Poi ne ordinò un altro per il suo ospite.

Lo scià era affascinato dalla birra belga. Prese il boccale e cercò di berne metà tutto d'un fiato, come il re del Belgio. Dopo il secondo bicchiere, i suoi pensieri cupi svanirono. Osservò di nuovo Maria Enrichetta, trovandola, alla fin fine, attraente. Studiò anche il volto del re. No, non si era sbagliato, dietro la grande barba e nel profondo degli occhi celava un antico dolore.

Mentre beveva, lo scià non perdeva di vista Banu. Notò che la regina belga le stava parlando con aria grave.

C'era qualcosa che non quadrava, su questo non aveva dubbi. Doveva chiedere a Einoldowle di tenere d'occhio Banu più del solito in quei giorni.

Hekayat di Banu e i giornalisti

La sera dopo, lo scià e Banu furono accompagnati al teatro reale di Bruxelles, dove li attendevano il re e la regina. Nella piazza c'erano migliaia di persone venute ad ammirarli. Era la prima volta che Banu appariva ufficialmente in pubblico nel ruolo di principessa. Era stata un'esplicita richiesta della regina belga, davanti alla quale lo scià si era sentito impotente.

Non appena la carrozza reale entrò nella piazza del teatro, il re e la regina comparvero in cima alla scalinata per ricevere gli ospiti. Lo scià notò subito che c'era un'insolita ressa di giornalisti e fotografi davanti all'ingresso. Fiutò il pericolo, era caduto nella trappola di quei fanatici giornalisti belgi. Gli salì il sangue al cervello. Il suo ambasciatore a Bruxelles l'aveva messo in guardia da tempo, quella era gente che non conosceva limiti, azzannavano tutti come cani rabbiosi. Era sicuramente un piano ordito dalla regina belga per presentare Banu alla stampa come una principessa.

«Tu resti qui», ordinò lo scià a Banu. Quindi smontò di carrozza con aria compassata e chiuse lo sportello. Salutò i giornalisti con un gesto regale della mano e sorrise. Poi protese le braccia verso Leopoldo, che stava scendendo le scale per dargli il benvenuto. I giornalisti si precipitarono verso lo scià per intervistarlo, ma il re belga, che li odiava, si frappose tra loro e il suo ospite, scortandolo all'interno del teatro in modo che non lo importunassero.

La regina del Belgio vide che Einoldowle cercava di portare via Banu a bordo di un'altra vettura. Si precipitò verso di lui e glielo impedì, aprì lo sportello della carrozza e disse: «*Bienvenue, princesse!*»

Banu le porse subito la mano e si fece aiutare a scendere. Giornalisti e fotografi avevano atteso a lungo questo momento. Finalmente potevano ammirare una delle mogli dello scià, una delle donne del suo harem. I flash abbaglianti dei fotografi crearono un'atmosfera magica. Banu fu circondata dai giornalisti che le facevano domande con una penna in una mano e un taccuino nell'altra.

Furibondo e impotente, lo scià assistette alla scena da una finestra. Era come se dei lupi avessero abbrancato una delle sue mogli. I giornalisti belgi avevano avuto la meglio su di lui, il re persiano non poteva dire una parola o muovere un passo verso sua moglie. Ma di che cosa parlavano quei giornalisti con Banu? Cosa le chiedevano e cosa rispondeva lei? Si sentiva come se stesse per avere un infarto, ma riuscì a dominarsi e sorrise.

Banu fu intervistata per un quarto d'ora, rispondendo con calma alle domande. Poi, scortata dalla regina belga, salì le scale e raggiunsero insieme lo scià e re Leopoldo che attendevano nel foyer.

Preso posto nel palco, lo scià non riusciva a concentrarsi sullo spettacolo, continuava a chiedersi che razza di domande i giornalisti avessero fatto a Banu, ma non aveva modo di appurarlo perché c'era Leopoldo seduto in mezzo a loro. Anzi, il re belga le aveva perfino preso la mano e la stringeva tra le sue. «Maledizione», imprecò sottovoce in persiano, ma non poteva farci niente. Anche quella era una conseguenza della Rivoluzione industriale in Europa.

Odiava quella principessa belga seduta nel palco accanto a lui. Non le dedicò alcuna attenzione, prese il binocolo e si dedicò a osservare le altre donne presenti in sala.

Alla fine della serata lo scià non volle più vedere Banu. Lasciò che Einoldowle la riaccompagnasse alla sua residenza e fece ritorno al palazzo con la carrozza reale.

Al suo arrivo vide un capannello di giornalisti e fotografi che lo aspettavano davanti all'ingresso. «I lupi di Bruxelles», sbottò ad alta voce in persiano. Era solo e non sapeva che cos'altro fare se non scendere. Quindi smontò di carrozza con aria compassata e si avviò con calma verso il palazzo, ma i giornalisti lo circondarono e iniziarono a fargli delle domande.

«Qual è lo scopo del vostro viaggio?» gli chiese uno.

«Vedere l'Europa», rispose sintetico.

«E che cosa avete visto dell'Europa?»

«Molte, molte cose», replicò sobrio.

«E qual è la cosa vi ha colpito di più?»

«Voi», disse sorridendo lo scià.

«Che cosa pensate della penna critica dei giornalisti nei confronti dei potenti?»

«Ne penso bene, molto bene», disse, credendo così di aver chiuso la questione.

«Perché allora avete fatto cucire le labbra a un poeta di Teheran che aveva scritto una poesia satirica contro di voi?» domandò all'improvviso un altro giornalista sovrastando le voci dei colleghi.

Lo scià non rispose e salì le scale. I giornalisti lo rincorsero.

«Che cosa pensate del Belgio, Maestà?»

«Pensiamo che sia un bel paese.»

«E delle donne belghe, cosa pensate?» domandò un altro.

«Le abbiamo viste passare per strada dalla carrozza. Non le conosciamo, ma sono belle.»

«Anche le vostre donne vanno in giro come loro?»

Lo scià sentì che a poco a poco quei giornalisti lo trascinavano nella zona di pericolo e sperò di riuscire a raggiungere la porta e a entrare, ma quando fece per varcare l'ingresso i cronisti lo circondarono impedendogli di muovere un passo.

«Maestà, corre voce che abbiate fatto assassinare il vostro amato premier. È vero? E se è vero, perché l'avete voluto morto?»

Lo scià allungò una mano per aprire la porta.

«Maestà! Quante prostitute avete avuto in treno?»

«Insolente, villano!» sbraitò lo scià. Spinse via un giornalista, entrò nel palazzo e chiuse sbattendo la porta.

«Si dice che in Germania abbiate avvelenato dei vostri compagni di viaggio con una polvere sospetta. Perché l'avete fatto?» gridò un giornalista dal pianerottolo.

Appena entrato nel palazzo, lo scià corse in bagno.

«Il narghilè!» ordinò dal water al suo barbiere.

Solo lì aveva compreso il significato di una frase che prima gli era sfuggito. *I giornalisti controllano il potere.*

Hekayat dell'amato primo ministro persiano Mirza Kabir

Due giorni dopo lo scià trovò un quotidiano sul tavolo della prima colazione. In prima pagina c'era il disegno di un uomo con un alto copricapo orientale e dai tratti vagamente familiari, ma non ci fece particolare caso. Poi, mentre mangiava, ebbe un'illuminazione. Posò la tazzina del caffè, prese il giornale e si raddrizzò sulla sedia.

La sua fronte si velò di sudore freddo. Era un ritratto di Mirza Kabir, il primo ministro recentemente assassinato su suo ordine. Solo adesso vide il titolo a caratteri cubitali: «*Le shah a assassiné son premier ministre.* Lo scià ha fatto assassinare il suo primo ministro.» E più sotto: «Mirza Kabir era il primo ministro più amato che la dinastia Qajar abbia conosciuto. In poco tempo era riuscito a mettere il povero, antico regno perduto come un vecchio treno arrugginito sui binari della modernità. Aveva fatto costruire fabbriche, favorito i commerci con l'Europa, istituito le prime scuole moderne, ingaggiato scienziati e ingegneri europei per formare insegnanti e tecnici, realizzato un sistema postale moderno, aiutato imprenditori a importare torchi da stampa dall'Europa per stampare giornali. Era riuscito a sottrarre il sistema giuridico al controllo del clero e della casa reale. A limitare il potere dello scià e a ridurre gli appannaggi di migliaia di principi giovani e vecchi. Queste e molte altre sue iniziative avevano suscitato l'ira della casa reale e degli ayatollah. Una mattina presto, dopo aver fatto il bagno nell'hammam, mentre attendeva di farsi radere, il barbiere personale dello scià aveva avvicinato la lama affilata del rasoio alla sua giugulare e l'aveva recisa, su ordine diretto del sovrano.»

L'articolo riferiva di altri crimini commessi dallo scià in Persia, e anche di quelli compiuti in Europa, come l'avvelenamento di alcuni suoi compagni di viaggio con una polvere sospetta.

«Attualmente, il re persiano è in visita al nostro re Leopoldo a Bruxelles», chiudeva il giornalista.

Lo scià fece a pezzi il quotidiano e lo gettò per terra.

E adesso?

Era caduto in un tranello a Bruxelles, era stato tradito da amici e nemici. Non osava uscire dal palazzo, temeva che i suoi pensieri negativi fossero trapelati e che Banu l'avesse tradito. Da chi altri i giornalisti potevano aver appreso tutte quelle notizie? Sapeva che Banu aveva voluto vendicarsi così per l'omicidio di Mirza Kabir. Batté il pugno sul tavolo della colazione sbraitando: «La farò ammazzare! La farò annegare nel fiume qui a Bruxelles!»

Si mise a girare come un pazzo in pigiama per i corridoi del palazzo, guardando dalle finestre per paura che migliaia di persone si radunassero sotto la sua residenza al grido di «*A bas le meurtrier!* Abbasso l'assassino!»

Come faceva a uscire adesso? Con che faccia poteva mostrarsi in pubblico alle prossime visite ufficiali? Oh, oh, Banu gli aveva rovinato la festa. In preda alla rabbia andò in bagno sbattendo la porta.

In quel momento Einoldowle salì di corsa le scale gridando: «Maestà, affrettatevi! Sta arrivando il re del Belgio!»

Lo scià si tirò su in fretta i pantaloni, andò in camera, indossò l'uniforme militare, si calcò il berretto in testa, allacciò la spada e tornò al tavolo della colazione, dove Leopoldo lo stava aspettando.

Indicando il giornale fatto a pezzi sul pavimento, Leopoldo disse: «Oh, mio caro ospite, accettate le mie scuse! Ma non siate arrabbiato con noi. Siete in Belgio e qui queste cose sono all'ordine del giorno!» Lo abbracciò e gli diede dei colpetti affettuosi sulla spalla, come un vecchio amico. «Sono anni che scrivono cose orribili su di me», riprese. «Quando apparvero i primi articoli non osavo mettere la testa fuori dalla mia stanza. Mi nascondevo sotto le coperte. Pensavo che la gente mi avrebbe sputato in faccia. E invece, vostra Maestà, niente di meno vero. È questo il bello della nostra democrazia, tutti dicono quello che vogliono, ma la cosa finisce lì. È un lusso, puoi dire qualsiasi cosa, ma una volta che l'hai detta è finita. E se la ripeti troppo spesso, nessuno ti ascolta più. Hanno scritto così tanto sui crimini del sottoscritto, Leopoldo II, re del Belgio, che non c'è più un cane disposto ad ascoltarli. Hanno pubblicato disegni in cui mozzo le mani di bambini congolesi. Mi disegnano accanto a donne nere nude come se stessi per violentarle. All'inizio temevo che la gente mi avrebbe odiato, che non mi avrebbe più guardato, e invece è successo il contrario. I belgi mi abbracciano più di prima. Mi applaudono quando mi vedono passare. Mi salutano con entusiasmo. Perciò, benvenuto nella nostra democrazia, amico mio. Al contrario di quanto temevamo, i giornalisti ci hanno reso più popolari. Guardate, trascorro gran parte del tempo qui in Belgio. Non sono in Congo. Ma noi siamo in Congo. Noi, i belgi. Siamo noi insieme che mozziamo le mani dei negri. Insieme rubiamo l'oro e le ricchezze dei negri. Insieme uccidiamo gli elefanti. Noi, i belgi, commettiamo insieme crimini in Africa. Tutto questo lo fanno i belgi, e io sono il loro re. Maestà, nessuno qui in Belgio si scandalizzerà se lo scià di Persia punisce qualcuno nell'interesse della sua patria.»

Lo scià sorrise, che discorso rassicurante, che singolare immagine della situazione e che spiegazione essenziale della democrazia europea. Quindi, spoglia il Congo delle sue ricchezze, esprimi la tua critica e andrà tutto bene!

Spalancò le braccia come per abbracciare il re belga: «Oh, amico, Maestà!»

«I cavalli sono pronti», disse Leopoldo, «se vi vestite, andiamo.»

Lo scià si sentiva bene e non aveva bisogno di sapere dove il re del Belgio lo avrebbe portato.

Hekayat di Filippo Eugenio Ferdinando Maria Clemente Baldovino Leopoldo Giorgio

Il re del Belgio e il re di Persia lasciarono la città in incognito, inoltrandosi a cavallo tra campi inondati di sole, dove girasoli e mais crescevano fitti. Lo scià era curioso di vedere dove intendesse condurlo Leopoldo. Da una delle sue amanti segrete? Dalla sedicenne francese che aveva fatto trasferire in un castello recondito perché i giornalisti non la importunassero?

Dopo una mezz'oretta arrivarono a un castello. Entrarono nella corte attraverso il portale che si apriva nelle antiche mura. Sembrava di entrare nel dipinto di un primitivo fiammingo. Le recinzioni erano decrepite, gli alberi apparivano vecchi e porte e muri erano interamente coperti di una specie di muschio verde-violaceo. Leopoldo e lo scià smontarono di sella e un anziano stalliere si precipitò verso di loro. Si inchinò, prese i cavalli per le redini e li condusse nella scuderia.

Leopoldo salì le scale del castello ed entrò, seguito dallo scià.

«Filippo! Filippo, sei sveglio?!» chiamò.

Lo scià trovava strano che il re non gli spiegasse perché l'aveva portato in quel castello e chi stesse cercando.

«Eugenio?» chiamò poi Leopoldo.

«Ferdinando?» chiamò alzando la voce.

«Maria Clemente Baldovino?»

«Leopoldo! Giorgio!»

Il re del Belgio si rivolse allo scià e disse: «Maestà, ora siete testimone del mio dolore.» Dopo di che ripeté tutto d'un fiato: «Filippo Eugenio Ferdinando Maria Clemente Baldovino Leopoldo Giorgio!»

Nessuno rispose.

«Chiamo mio fratello con il suo nome lungo come una carovana, ma è sordo. Il Dio del Belgio mi ha punito. Il Signore si è portato via mio figlio e ha indicato mio fratello Filippo, sordo, come mio successore. Mio fratello, con un nome lungo che non significa niente.»

Lo scià circondò le spalle di Leopoldo con un braccio, dandogli leggeri colpetti in segno di solidarietà. Poi lo seguì su per le scale che portavano al piano superiore del castello. Leopoldo voleva condividere il suo dolore con lo scià, un re orientale che forse lo capiva.

«Filippo!» chiamò a voce ancora più alta dal pianerottolo. Diede un pugno a una porta e la aprì. La stanza era buia e l'aria all'interno viziata. Leopoldo aprì le tende e spalancò la finestra. La luce del sole cadde sul volto di un uomo coricato a letto con le gambe piegate sotto un lenzuolo bianco.

«Questo è mio fratello, il mio futuro successore da quando mio figlio è morto», riprese Leopoldo, «e si chiama Filippo Eugenio Ferdinando Maria Clemente Baldovino Leopoldo Giorgio. Ma è sordo come una campana e non gli interessa affatto diventare re. Preferisce dormire sotto questo lenzuolo.» E lo chiamò di nuovo gridando: «Filippo! Svegliati!»

Filippo non lo sentì.

«È il mio destino, la mia sventura», aggiunse Leopoldo scuotendolo. Il suo povero fratello, dalla barba arruffata, si mise seduto sul letto in pigiama e fissò con stupore il re persiano. Non era chiaro se l'avesse riconosciuto. Si alzò, indossò la veste da camera, si passò entrambe le mani sui capelli e sulla barba, bevve un sorso d'acqua da un bicchiere posato sul comodino e porse la mano allo scià.

«Vedete come mi tormenta il re del Belgio?» disse.

Filippo afferrò un campanello, uscì in corridoio e lo suonò tre volte, traendone tre suoni diversi.

Non ci volle molto perché tre bambini salissero le scale: due ce la facevano da soli, ma il terzo doveva aiutarsi con le mani, era troppo piccolo per salire i gradini stando diritto. I tre fratelli si misero in fila uno accanto all'altro.

Filippo suonò il campanello e chiamò: «Baldovino!» Era il maggiore e fece un passo avanti. Lo scià gli porse la mano, strinse quella del bambino e lo carezzò sulla testa.

Il re del Belgio avrebbe preferito lui, che era il ritratto di suo figlio, come suo successore.

«Allora non aspettare che il Dio del Belgio decida di nuovo per te», gli disse lo scià. «Manda tuo fratello in Congo e porta avanti questo giovane Baldovino come tuo successore.»

Ma il Signore aveva già deciso altrimenti. Il giovane Baldovino morì e non poté succedere a Leopoldo II.

Filippo suonò di nuovo il campanello e chiamò «Carlo Antonio!»

Il secondogenito di suo fratello fece un passo avanti e chinò il capo. Lo scià gli fece una carezza sui capelli.

Anche questo Carlo Antonio morì giovane.

Filippo suonò il campanello per la terza volta. «Alberto!» proclamò.

Il piccolo, che aveva appena imparato a camminare, fece un passo avanti e sorrise. Lo scià si chinò su di lui, lo prese in braccio e lo tenne stretto per qualche istante. Il Dio del Belgio aveva preso la sua decisione da molto tempo. Anni dopo il piccolo Alberto succedette a Leopoldo II e divenne il terzo re del Belgio.

Lo scià frugò nelle tasche della giacca, ma non trovò niente da dare ai bambini. Nella tasca dei pantaloni, però, scovò delle caramelle persiane, le sue preferite, quelle che infilava sempre in bocca quando passeggiava. Così diede ai tre piccoli principi una caramella ciascuno e un bacio sul capo, un gesto affettuoso e paterno di cui Filippo fu molto contento. I bambini scesero quindi felici le scale con in bocca una caramella dello scià.

Lo scià e Leopoldo raggiunsero poi una taverna nei dintorni, per bere ancora qualche bicchiere di birra insieme.

Per quanto riguarda l'incontro tra lo scià e Filippo, il confine tra verità e finzione era nuovamente svanito. Mi sono immerso nella storia della famiglia reale belga per risalire alla verità. Perché lo scià non può assolutamente aver conosciuto i nipoti di Leopoldo quando avevano quell'età. Inoltre, non mi è chiaro chi possa essere il secondo bambino, Carlo Antonio, perché Filippo aveva due figli, non tre. A meno che lo scià non disponesse di fonti migliori delle mie. Ho l'impressione che qui la finzione abbia avuto il sopravvento sulla verità.

Mentre scrivevo questo, mi ha telefonato la mia studentessa: «Salah Abdeslam è stato arrestato a Molenbeek.»

Mi sono subito messo a seguire le notizie sul cellulare. Salah Abdeslam, il terrorista più ricercato d'Europa, era stato arrestato nel condominio dove abitava la mia connazionale, Akram Khanom.

La sera in cui la mia studentessa e io eravamo a casa sua, avevo avuto la sensazione che Abdeslam fosse nascosto sotto il letto. Non era soltanto una sensazione, perché Akram Khanom aveva recitato un testo sacro e soffiato verso le pareti, la finestra, il televisore e, soprattutto, verso il letto, per proteggerli dal male. Si era perfino seduta sul bordo del letto premendo il Corano al seno, con il viso madido di sudore.

Adesso la polizia belga aveva fatto irruzione in quello stesso condominio ed era riuscita a scovare Salah Abdeslam al piano di sopra. Aveva tentato di fuggire, ma era stato raggiunto da un colpo di pistola a una gamba e poi immobilizzato dagli agenti.

Altri terroristi della stessa cellula erano riusciti a nascondersi in altri covi. Pochi mesi dopo compirono un attentato all'aeroporto di Bruxelles-Zaventem e alla stazione metropolitana di Molenbeek, causando decine di morti e il ferimento di molte persone.

Vado a vedere dov'è lo scià. Aveva intenzione di tenere un discorso al parlamento belga.

Hekayat del discorso dello scià al parlamento belga

Lo scià aveva tentato più volte di annullare la visita al parlamento belga, per paura che qualcuno rivangasse l'assassinio di Mirza Kabir. Ma ormai l'incontro era fissato.

Avendo letto diversi testi sui parlamenti europei, detestava la democrazia. Il parlamento di fatto castrava il re di un paese, rendendolo una figura superflua. Il re del Belgio era una specie di leone morto, che si rianimava ogni volta in Congo. Lì dava la caccia alla gente, sfruttava il popolo, mozzava le mani, violentava le donne, uccideva gli elefanti. In Congo si prendeva la sua vendetta.

Ora il presidente del parlamento belga lo attendeva nel cortile del palazzo per accompagnarlo di persona all'interno dell'assemblea, dove avrebbe tenuto un breve discorso. Ma di che cosa diavolo doveva parlare?

Quando lo vide comparire in cima alle scale, il presidente del parlamento si affrettò a raggiungerlo. Si levò la tuba e sprofondò in un inchino. Lo scià lo trovò subito antipatico. Assomigliava a Leopoldo come una goccia d'acqua e rideva senza motivo. Prima che con la bocca, rideva con la pancia. Si vedevano prima contrarsi i muscoli della pancia e solo dopo lo si sentiva ridere. Cosa che irritò lo scià.

La carrozza si avviò verso il parlamento. Con

suo grande sollievo, la piazza antistante il palazzo era gremita di migliaia di persone che proclamavano, più forte che mai: «*Vive le shah! Vive le shah!*»

Leopoldo aveva ragione quando gli diceva di non temere per l'articolo apparso sul giornale: al contrario, ora i belgi lo amavano ancora di più, perché era corrotto come loro.

Salita la scala del parlamento, lo scià raddrizzò le spalle e salutò sorridendo la folla e anche i giornalisti. Quando entrò nell'aula dell'Assemblea, i rappresentanti del popolo belga si alzarono come un sol uomo e lo applaudirono.

Allo scià vennero le lacrime agli occhi. Che popolo, che bel popolo.

Dopo un incontro e un breve colloquio con i capigruppo dei diversi partiti, fu invitato a prendere posto sul podio. La monarchia belga era ancora giovane ed era la prima volta che il parlamento riceveva la visita di un uomo di stato straniero. Perciò quell'incontro rappresentava un'esperienza speciale sia per lo scià che per i parlamentari belgi.

Lo scià non era abituato a tenere lunghi discorsi, era un re che impartiva ordini secchi. Ma pazienza, adesso era sul podio della democrazia belga e doveva dire qualcosa. Si schiarì la voce e iniziò a parlare in un francese forbito.

«Rappresentanti del popolo belga, vi porto i saluti del grande popolo persiano!»

I parlamentari batterono le mani emozionati.

«Noi, lo scià di Persia, siamo venuti direttamente dal cuore di un'antica civiltà per conoscere, vedere e ammirare voi, il popolo belga e il giovane regno del Belgio.»

I parlamentari applaudirono con ancora più entusiasmo.

«Il re di Persia è qui, in questo luogo storico, per esercitare la democrazia belga.»

I deputati applaudirono ancora più forte.

«Ringraziamo Leopoldo II, re del Belgio, per la sua magnifica ospitalità a nome del suo popolo. Viva il Belgio!»

Continuando ad applaudire, i parlamentari lasciarono gli scanni, circondarono lo scià e lo accompagnarono alla sala del trono per brindare insieme.

Le parole dello scià conquistarono i titoli dei giornali a caratteri cubitali: «Viva il Belgio!»

Nessun belga poteva evitare di emozionarsi leggendo la cronaca della calorosa visita dello scià al parlamento: «Lo scià si sente a casa sua in Belgio.»

Fu in questo clima di grande cordialità che re Leopoldo considerò di condividere con lo scià un doloroso segreto.

Hekayat di un luogo dove il re belga non osava andare da solo

Dopo la visita al parlamento, lo scià acquistò grande fiducia in se stesso e decise di fare una passeggiata da solo in città per comprare qualche souvenir.

Alla fine era andato tutto bene, ma era sicuro che Banu l'avesse tradito. L'avrebbe punita duramente, ma per ora doveva dominarsi e non ricorrere alle maniere forti, perché nelle prossime settimane lo attendevano altre visite importanti. Sarebbe andato in Olanda, in Inghilterra e in Francia e non doveva spaventarla, altrimenti avrebbe potuto fare qualcosa di strampalato e magari causare danni irreparabili.

Mentre passeggiava pensò ai suoi compagni di viaggio. In poco tempo l'Europa li aveva cambiati. Banu ne era l'esempio vivente. Ma anche il suo domestico personale, il suo barbiere, il suo massaggiatore, il suo cuoco, i principi e gli altri membri del seguito si comportavano tutt'a un tratto in modo diverso, come se non fossero più loro. In poco tempo l'Europa li aveva cambiati e prima o poi tutti lo avrebbero tradito.

Adesso sapeva di dover impedire qualsiasi influenza dell'Europa sul suo regno. Il suo paese non aveva bisogno di un parlamento, di un codice legale, di treni, di giornali, di macchine da cucire e, soprattutto, di grandi magazzini con tutte quelle merci invitanti che cambiavano in modo così profondo il comportamento delle persone.

Passeggiava per le strade di Bruxelles e rifletteva. A un certo punto entrò in un ristorante a mangiare qualcosa.

Il cuoco brusselese gli servì un pentolino fumante di cozze da assaggiare e sollevò il coperchio. Il solo odore lo fece rabbrividire e lo scià distolse il capo. No, no, questo non lo voleva. Ma quando vide come i belgi mangiavano di gusto quegli strani molluschi, cambiò idea e ne ordinò una pentola.

Satollo di cozze, con la testa leggera e il volto accaldato dal vino bianco, proseguì il suo giro per il centro.

«Farò sparire Banu nel profondo della terra europea», disse tra sé. Osservò attentamente le donne belghe: «Belle, nonostante tutto. Ma bisognava farci un po' l'occhio.»

Stava ancora passeggiando quando gli si parò davanti il fido Einoldowle.

«Maestà, re Leopoldo vi aspetta. Avevate un appuntamento con lui.»

Lo scià si batté una mano sulla fronte: «Me ne ero completamente dimenticato.»

Einoldowle fermò una carrozza e lo scià fece rapidamente ritorno alla sua residenza. Vide Leopoldo al piano di sopra, intento a leggere un giornale in soggiorno.

«Le mie più profonde scuse, Maestà», disse rivolto al re.

Scesero le scale e salirono in una carrozza che li attendeva in cortile. Il giorno dopo lo scià avrebbe lasciato Bruxelles per raggiungere Anversa.

«Dove andiamo?» chiese.

«In un posto dove non osavo andare da solo.»

Lo scià era curioso di vedere dove il re intendesse portarlo. Presero di nuovo una strada in mezzo ai campi. Arrivati a un villaggio, il sovrano indicò delle vecchie fattorie e spiegò che era nato e cresciuto in quei dintorni.

«Andavo a cavallo con mio padre e passavamo sempre davanti a queste fattorie. Era il primo re del Belgio e mi raccontava com'era nato il nostro paese, mi preparava all'importante compito che mi attendeva. Mi parlava di tutto quello che nessun altro era in grado di dirmi, di politica, di tradimenti, di guerre e di donne, in poche parole di tutto quello che un vecchio re deve spiegare al suo erede. In ogni angolo di questo paesaggio vedo e sento mio padre. Anni dopo, quando anch'io ebbi un figlio, lo chiamai Leopoldo, come lui. E lo portavo a cavallo in questi stessi campi, i campi della mia infanzia. Come mio padre, gli parlavo e gli trasmettevo tutto quello che avevo appreso da suo nonno e che avevo vissuto di persona. Era ancora piccolo, un piccolo ometto, ma volevo farlo crescere forte, educarlo con polso fermo. Gli insegnai ad andare a cavallo, a tirare di spada, l'arte della lotta e tutto quello che un re deve sapere. Sua madre si lamentava e piangeva, perché pensava che non avrei dovuto educarlo con tanta severità. Ma io sapevo quanto era dura la vita che lo aspettava.»

Lo scià ascoltava in silenzio, osservando i dintorni, le fattorie e le persone che passavano senza immaginare che su quella carrozza ci fossero il re del Belgio e lo scià di Persia. Sapeva che Leopoldo voleva aprirgli il suo cuore.

«*N'ai je vous pas epuisé?* Non vi ho stancato?» domandò il re belga.

«*Non, non, absolument pas, nous vous écou-*

tons. No, no, nel modo più assoluto. Vi ascoltiamo», rispose lo scià.

Entrarono in un bosco, inoltrandosi sempre più finché la carrozza non poté proseguire oltre. Leopoldo voleva condurre il suo ospite in un luogo preciso, forse alle radici del suo dolore.

Lo scià era un monarca esperto, capì subito che il re belga aveva bisogno di lui per addentrarsi in quella selva. Gli camminava accanto e vide che gli tremavano le labbra. Ma che cosa voleva mostrargli?

«Percorsi questo stesso sentiero con mio figlio, io davanti e lui dietro», riprese Leopoldo in tono sofferto. Lo scià gli batté piano una mano sulla spalla per consolarlo.

«Era un'estate calda, avevamo fatto un lungo giro al galoppo. Lasciammo i cavalli lì dove si è fermata la carrozza. E io presi questo sentiero, lo stesso che prendeva mio padre quando facevamo una lunga cavalcata.»

«Ma dove vi portava vostro padre in questo bosco?» chiese lo scià.

«Al lago», rispose il re del Belgio con un groppo in gola.

Poi a un certo punto si voltò, guardò lo scià negli occhi come fosse un estraneo e disse in francese, con una voce che suonava molto diversa dal solito: «*Je ne l'ai jamais dit à personne*. Non l'ho mai raccontato a nessuno.»

«*Nous comprenons ce que vous dites*. Capiamo cosa intendete dire», lo rassicurò lo scià, anche lui con una voce che non era la sua.

«Dietro quegli alberi, dove finisce il bosco, c'è un lago, un lago profondo. Dopo quella lunga galoppata, mio figlio e io eravamo madidi di sudore. Così lo portai lì.»

Lo scià intravide in lontananza tra gli alberi degli scorci del lago e il vento gli soffiò una piacevole aria fresca sul viso.

«Feci esattamente quello che faceva mio padre», proseguì Leopoldo, «dissi a mio figlio: "Forza, tuffati! Tuffati!" Ma il mio povero bambino non ne aveva il coraggio, aveva paura. Allora gli ordinai: "Tuffati!" Ma lui non osava, iniziò a piangere. E io feci quello che mio padre aveva fatto con me. Lo presi e lo gettai in acqua, lontano da riva.»

Leopoldo II, il re del Belgio, si mise a piangere, mentre accanto a lui lo scià lo guardava ammutolito.

«Come potevo sapere che mi sarei ritrovato in una situazione drammatica? Come potevo sapere che stava per accadere una tragedia? Lo gettai nel lago con tutte le mie forze e all'improvviso mio figlio scomparve. Non riemergeva più. Ero lì e mio figlio non risaliva. Lo chiamai, gridando il suo nome: "Leopoldo!". Ma lui non rispose. Lo chiamai di nuovo: "Leopoldo, figlio mio!" Entrai in acqua e lo cercai ovunque come un re folle. Quando lo trovai, corsi al mio cavallo con il suo corpo moribondo tra le braccia e, portandolo a spalla, mi lanciai attraverso i campi per salvarlo, invano.»

Il re del Belgio pianse tra le braccia dello scià, sulla riva di quel lago in mezzo al bosco.

Il giorno dopo lo scià avrebbe dovuto congedarsi da lui e lasciare Bruxelles, ma non voleva.

Hekayat del treno con cui lo scià partì da Bruxelles

Dopo la morte del figlio, Leopoldo II cercò di averne un altro dalla moglie, ma il destino aveva deciso diversamente. Non ebbe altri eredi e dovette accontentarsi di suo fratello sordo come successore al trono.

In segno di protesta contro la decisione del Dio del Belgio, condusse la sua giovane amante francese a Bruxelles. E dormiva con lei ogni notte per riavere suo figlio. Ma forse era stato punito per quello che aveva fatto in Congo. Il resto di questa vicenda si trova nei libri di storia belga.

Ma perché tutti raccontavano i loro segreti allo scià? Perché si confidavano con lui? E perché per lui si aprivano tutte le porte? Perché la gente voleva mostrargli ogni cosa? Era per la sua aria gentile e paterna? O perché amava la vita? Perché era curioso? O forse perché scriveva e la gente voleva essere citata nel libro, che un giorno sarebbe stato pubblicato?

«Abbiamo trascritto la storia del re belga perché resti, perché Leopoldo non ce l'ha raccontata per caso. Mentre scriviamo queste parole, ci scendono le lacrime sulle guance», annotò quella sera lo scià nel suo diario di viaggio.

Il mattino seguente Leopoldo aveva raggiunto di buon'ora la residenza del suo nobile ospite per fare colazione insieme e congedarsi da lui come un fratello.

Dopo un addio intimo e commosso, lo scià proseguì il suo viaggio, diretto, con una breve sosta ad Anversa, nei Paesi Bassi.

Non si aspettava di stringere un'amicizia tanto genuina con Leopoldo in un tempo così breve. Agitando la mano, salutò il re belga con la pena nel cuore, sapeva con certezza che non si sarebbero più rivisti.

I belgi accorsero in massa a salutarlo. Lacrime di gioia e di dolore gli scesero sulle guance, amava il Belgio.

Lo scià prese posto nello scompartimento e proseguì il suo viaggio verso l'Olanda.

Il treno correva tra campi fitti di pannocchie di mais, sopra i quali volavano uno dopo l'altro stormi di corvi. Einoldowle attendeva impaziente in corridoio che lo scià lo chiamasse. Ma lo scià lo fece aspettare ancora un po'. All'improvviso il treno rallentò per poi fermarsi in una piccola stazione di campagna. Di solito non faceva sosta lì, ma un funzionario locale aveva inviato al capotreno il segnale di arresto. Poiché il convoglio rimase fermo per vari minuti senza che venissero diramate comunicazioni, tra i passeggeri si diffuse una certa agitazione. Pensavano che ci fosse un guasto alla locomotiva.

Lo scià scrutò preoccupato i campi ai lati del binario. Sopraggiunsero tre carrozze e si fermarono accanto al treno. Allora vide ciò che sospettava: dalla prima carrozza scese il direttore della stazione di Bruxelles. Poi, dalla seconda, smontarono tre agenti. Una delle porte del treno si aprì e il capotreno andò a parlare con il direttore della stazione. Tutti i passeggeri erano affacciati ai finestrini per vedere che cosa stesse succedendo. Il direttore della stazione si diresse verso la terza carrozza, aprì la portiera e aiutò una donna a scendere. Lo scià chiuse la tenda. Quella donna era Banu.

Il direttore la aiutò a salire sul convoglio. Per i belgi non era chiaro come la principessa avesse fatto a perdere il treno. Banu salì e la porta del vagone si richiuse. Il direttore la salutò con la mano e con un lungo fischio il treno si rimise in moto. Einoldowle si ritirò nel suo scompartimento, sapeva che per il momento non doveva farsi vedere dallo scià, dato il fallimento della sua missione.

Il treno proseguì sferragliando in direzione di Anversa.

Hekayat di Maria ad Anversa molto tempo prima che fosse in attesa di Gesù

Per gli abitanti di Anversa era un avvenimento speciale accogliere festosamente lo scià, perché raramente arrivava da quelle parti un uomo di stato straniero. Anzi, a essere sinceri, lo scià di Persia era il primo re di un altro paese che visitava la città.

Dall'impatto iniziale, lo scià la trovò bella. I vicoli ampi e i negozi eleganti dalle grandi vetrine gli piacquero molto. Non aveva ancora varcato la soglia del palazzo municipale quando ricevette un telegramma di Leopoldo:

> *Votre Majesté. Vous avez laissé un espace vide. C'était une visite formidable. Je prie que Dieu Tout-Puissant vous prend sous Son aile. S'il me permet, je serai votre invité à Téhéran. Votre ami Léopold II, roi des Belges.* Vostra Maestà. La vostra partenza ha lasciato un vuoto. È stata una visita straordinaria. Spero che Dio Onnipotente vi prenda sotto la Sua ala. Se Egli vorrà, sarò vostro ospite a Teheran. Il Vostro amico Leopoldo II, re dei belgi.

La sera, mentre fumava uno dei sigari di Leopoldo sul balcone, vide che l'intera città era stata decorata di luci colorate in suo onore. Sorrise, amava il Belgio.

Il giorno dopo il governatore della provincia di Anversa passò a prenderlo per accompagnarlo a una processione, una cerimonia religiosa organizzata dalla grande chiesa cattolica della città.

Il governatore era un omino piccolo, ma con un curioso pancione, come se avesse un grande cocomero nascosto sotto i vestiti. Quando strinse la mano dello scià, premette il suo pancione duro contro di lui. Se si girava a destra toccava lo scià con la pancia, se si girava a sinistra anche. Lo scià trovò la cosa buffa e gli venne da ridere. Cercò di controllarsi, ma non ci riuscì, perciò si voltò e scoppiò in una fragorosa risata finché, non riuscendo a smettere, gli vennero le lacrime agli occhi.

«Scusatemi, scusatemi», disse rivolto al governatore.

Il funzionario non capiva il motivo di quel riso irrefrenabile.

Lo scià aveva già incontrato sua moglie il giorno prima alla stazione. Aveva passato la cinquantina e doveva essere stata una bella donna da giovane, ma aver dato alla luce dodici figli l'aveva privata della sua bellezza. Oltre a quei dodici figli, il governatore aveva una sfilza di figli illegittimi avuti da altre donne.

Lo scià avrebbe preferito non uscire con quel panzone, ma d'altro canto il governatore era la persona più adatta a fargli da guida nella ressa di quel giorno.

Il centro era gremito, così gremito da non riuscire a vedere dove mettevi i piedi. C'era gente affacciata alle finestre e sui balconi, musica ovunque e le donne avevano fiori tra i capelli. Lo scià, che indossava un copricapo orientale a falda larga, cercava come tutti di farsi largo tra la folla per poter assistere al solenne corteo.

Una statua di Maria a grandezza naturale, vestita con abiti e scarpe veri, veniva portata a spalla da una mezza dozzina di uomini. Lo scià aveva già visto statue di Maria in patria, ma nel suo paese Maria somigliava a una donna anziana, era una santa coperta dalla testa ai piedi che teneva lo sguardo rivolto a terra. Questa Maria, invece, era giovane e bella. Indossava un lungo abito celeste di satin lucido e sulle spalle un manto di seta bianca trasparente. Sul capo aveva una corona contornata di luci e sotto l'abito si vedevano chiaramente le rotondità dei seni e la forma dei fianchi. Era una Maria senza Gesù Bambino, una Maria che non era ancora stata sfiorata da Dio. E che guardava lo scià dritto negli occhi. A un certo punto gli uomini che la portavano a spalla si fermarono e la deposero, assisa in trono, su un piano rialzato, in modo che, sfilando davanti a lei, l'infinita processione di fedeli potesse ammirarla.

Lo scià riuscì a seminare il fastidioso governatore tra la folla e, senza farsi vedere, si piazzò dietro il trono profumato di Maria, per cui il vento gli soffiava il manto di seta trasparente sul viso. Il contatto con quel manto profumato gli procurò una devota sensazione di beatitudine che non aveva mai provato. Ne fu commosso. Amava veramente il Belgio. Se avesse voluto perdersi in un luogo in modo da non far mai più ritorno in patria, quello era il Belgio.

Il lungo corteo processionale sfilò davanti alla statua. I musicisti suonavano sempre più forte, soldati in variopinte uniformi nuove marciarono davanti a Maria. Passarono i colonnelli con aria reverenziale, i mercanti di diamanti chinarono insieme il capo davanti a Sua Maestà. Poi fu la volta dei sacerdoti, delle suore, dei rappresentanti di tutte le professioni e infine delle ragazze, che lanciarono fiori verso il trono. Era una processione colorata, accompagnata da grandi bandiere di satin verde e color vinaccia, stendardi di santi su bastoni, grandi candelabri d'argento con le candele accese, lunghi oggetti lanceolati color oro, di cui lo scià ignorava la funzione. L'aria aveva un profumo delizioso, la folla salmodiava preghiere e lo scià non poteva più stare accanto a Maria come un estraneo, voleva essere partecipe, essere uno di loro, senza preoccupazioni, senza paura, senza aver bisogno, come re, di dare ordini di uccidere. Voleva essere un belga tra i belgi. A un certo punto, quando i sei uomini ripresero sulle spalle il trono di Maria per portarla di nuovo in processione, si chinò, infilò la spalla sinistra sotto la portantina e si mise al passo con gli altri camminando insieme a loro, mentre sopra il suo capo il vento giocava con il manto profumato e trasparente della statua.

Se il corteo fosse durato all'infinito, lo scià era anche pronto a portare in spalla Maria per sempre. Allora sarebbe diventato un belga, e non avrebbe avuto bisogno di proseguire il viaggio in Olanda.

Ma alla fine la processione si fermò, poco fuori dal centro. Maria fu portata via su un carro e lo scià fece ritorno alla sua residenza.

La mia studentessa e io non vedevamo l'ora che raggiungesse il confine olandese. Eravamo curiosi di vedere che cosa avrebbe fatto in Olanda e, soprattutto, che cosa avrebbe scritto di Amsterdam. Nel frattempo seguivo attentamente gli avvenimenti in corso nel paese in modo da poterli riportare nel libro.

In questi giorni la situazione in Olanda è un po' movimentata sul fronte immigrati. Ieri il paese di Geldermalsen è salito agli onori della cronaca. La CNN gli ha dedicato un reportage. Il giornalista ha parlato addirittura di «battaglia»: «*A battle in a small village in the Netherlands.*»

Io ero lì e l'ho vista con i miei occhi, è stata proprio una battaglia.

La CNN ha trasmesso alcune immagini della *battle*, e a guardare bene si vedeva anche il sottoscritto nella mischia.

Ho appena cercato Geldermalsen su Google Maps per localizzarlo meglio. Perché quando viaggi con il navigatore non sai mai di preciso dove stai andando e come. Ora lo so. Se tracciamo un cerchio intorno a Rotterdam, Breda, Eindhoven, Arnhem e Almere, Geldermalsen si trova esattamente al centro.

Il fiumiciattolo Linge serpeggia attraverso il

territorio comunale ed è per questo che a Geldermalsen il terreno è sempre stato fertile.

Per quanto so e ho letto su antichi libri, negli ultimi cinquecento anni non è successo niente di speciale a Geldermalsen. Ci sono però stati due incidenti di cui gli abitanti del luogo hanno parlato a lungo come se si trattasse di fatti di rilievo internazionale.

Il primo risale all'epoca dell'arrivo dello scià dal Belgio. Un contadino di nome Jan Koeman era finito sotto un treno. Un giornale di Rotterdam riportò la notizia come segue: «Ieri un contadino di Geldermalsen, che voleva passare al di là della ferrovia con una mucca alla cavezza, ha attraversato i binari senza guardare ed è stato investito da un treno.»

Anche lo scià cita un incidente del genere sul percorso per Rotterdam, ma il quotidiano cittadino non parla della sua presenza a bordo. E per quanto abbia cercato, non sono riuscito a trovare il giorno e l'ora esatti di quell'avvenimento nei memoriali dei suoi compagni di viaggio.

Il secondo fatto riguardava un altro contadino, che si chiamava Cor Kley. Era scomparso da diverso tempo e l'avevano cercato ovunque senza successo. Che fine avesse fatto restò a lungo un mistero, finché un giorno il Linge depose il suo corpo accanto a un peschereccio lungo il molo. Alla presenza del sindaco e di circa duecento abitanti del paese, la salma di Cor Kley fu portata in chiesa per la cerimonia funebre.

Poi fu la volta di un evento che ebbe, questo sì, eco internazionale. L'11 gennaio 1995 gli abitanti di Geldermalsen furono evacuati per cinque giorni in seguito alla piena della Mosa e del Waal. Tutti trovarono calorosa e rispettosa ospitalità presso gli abitanti di altri paesi e comuni. Per loro fu, in realtà, una sorta di piacevole convivenza forzata con altri olandesi.

Questo è tutto, e per il resto non sono successi altri fatti degni di nota negli ultimi secoli. E allora sorge spontanea una domanda: com'è possibile che in un paese così tranquillo si sia ricorso a tanta violenza?

Grazie alla generosità della natura, gli abitanti di Geldermalsen avevano sempre avuto pane da mettere in tavola, frutta con cui riempire i cesti, latte da bere e carne in frigorifero. Allora perché dovevano ricorrere a tanta violenza per impedire l'arrivo dei profughi siriani? E la violenza cui avevano fatto ricorso era più brutale di quella mostrata dalla CNN. Io posso dirlo perché c'ero, e ho partecipato di persona.

La mia studentessa Iris, che seguiva i social media, mi informò che a Geldermalsen avevano indetto una marcia di protesta. Sulle prime la cosa non mi colpì in modo particolare, in quel periodo c'erano marce di protesta in ogni comune dove venivano alloggiati dei profughi. Ma lei mi spiegò che su internet circolavano frasi molto violente. E che la gente del posto era pronta a fare irruzione nella sala del consiglio comunale per impedire l'apertura di un centro di accoglienza.

«Allora andiamo a vedere cosa succede», risposi.

Prendemmo l'auto e raggiungemmo Geldermalsen passando per Utrecht. Era già buio quando arrivammo, eppure c'era un gran viavai sulla strada che portava al paese e, cosa strana, una lunga fila di macchine.

Davanti a noi c'erano tre auto piene di giovani che scandivano già degli slogan: «*Cda*[*] *via di qua! O li fotteremo noi!*»

Per non stare a lungo in coda, parcheggiai sul bordo della carreggiata e proseguimmo a piedi. Più ci avvicinavamo al centro e più si sentiva crescere la tensione. Era qualcosa di fuori dall'ordinario ciò che stava accadendo in quel paese di solito così tranquillo. Le strade erano piene di rumori che non appartenevano a quel luogo. Leggevo la paura negli occhi degli abitanti. Era come se di punto in bianco centinaia di jihadisti, terroristi e pericolosi musulmani stessero per venire ad abitare in mezzo a loro.

Iris era molto emozionata all'idea di essere lì, anziché nella solitudine della sua stanza. In più sapeva che non eravamo andati a Geldermalsen per un'avventura, ma per assistere a eventi utili per il libro.

La marcia di protesta era cominciata, circa duemila persone avanzavano munite di striscioni in direzione del municipio. Ci unimmo a loro.

Diversi abitanti del paese, anti-islamici e anti-immigrati, avevano colto la palla al balzo per far sentire la loro voce e gridavano: «Via di qui! Via di qui!» E il resto dei manifestanti, che non aveva mai partecipato a cortei del genere, ripeteva a bassa voce: «Via di qui! Via di qui!»

Con totale stupore di Iris mi misi a scandire anch'io: «Via di qui! Via di qui!»

«Ma cosa ti salta in mente?» mi disse sottovoce, tirandomi per la manica.

[*] Abbreviazione di Centro di accoglienza. (N.d.T.)

«Cda, via di qua, via di qua!» gridavano i dimostranti e io insieme a loro.

La polizia aveva sistemato delle transenne attorno al municipio, dov'era in corso una seduta del Consiglio comunale.

La presenza di agenti in assetto antisommossa, delle transenne e di alcuni blindati accresceva la tensione. Un gruppo di giovanotti muscolosi riuscì a mettersi alla testa del corteo gridando ancora più forte: «Via di qua! Via di qua!» e prendendo a calci le transenne. La loro violenza contagiò gli altri dimostranti, che all'improvviso rivelarono un altro volto. Bandita ogni esitazione, si scagliarono contro gli sbarramenti. E con loro stesso sgomento circa duemila persone si misero a gridare: «Cda via di qua! Via di qua! Via di qua!», scuotendo le transenne e cercando di strapparle dai blocchi di cemento in cui erano conficcate, per fare irruzione nella sala comunale, mentre la sindaca del paese assisteva impotente dalla finestra.

Gli agenti, che non si aspettavano tanta violenza, chiamarono rinforzi e iniziarono a sparare in aria. I manifestanti diventarono ancora più aggressivi e, dopo aver divelto le transenne, le scagliarono contro la porta a vetri del municipio. Dopo di che si misero a lanciare pietre e bottiglie contro le finestre.

Nel frattempo era successa una cosa strana. Con mio grande sgomento mi ero unito ai manifestanti più violenti. «Via l'islam da Geldermalsen!» urlavo con tutte le mie forze. «No al centro di accoglienza! Via i rifugiati, via tutti!» E insieme a una ventina tra uomini e donne divelsi la prima transenna e la scagliai contro la porta a vetri del Comune. Ero pieno di rabbia, di violenza contro tutti, lanciavo bottiglie, spaccavo le finestre del municipio. Iris pensò che fossi impazzito e nemmeno io capivo perché mi comportassi così. A un certo punto qualcuno lanciò un enorme fuoco d'artificio cinese contro la finestra della sala consiliare. Poi ne piovvero altri sulla palazzina. Arrivarono nuovi agenti. Quelli in tenuta antisommossa prendevano tutti a manganellate per allontanarli da lì. Anch'io mi beccai qualche bastonata solenne sulla schiena. Con gli occhi pieni di lacrime afferrai quel che restava di una sedia e colpii il primo poliziotto che mi capitò a tiro gridando: «Via di qui! Via di qui!» Ero arrabbiato, furioso, non mi controllavo più.

Iris mi trascinò via con tutte le sue forze. Vidi che piangeva: «Perché fai così?» diceva. «Andiamo via di qui. Non è un posto per te.»

Mi faceva male la schiena, non ero in grado di guidare. Fu Iris a mettersi al volante. In autostrada pianse sommessamente.

«Non piangere, tra poco arriva lo scià», cercai di consolarla.

Hekayat di Banu sul ponte della ferrovia in direzione Rotterdam

Il re di Persia lasciò il Belgio in preda a sentimenti contrastanti. Voleva restare e al tempo stesso partire. Ormai era ora di proseguire il viaggio, l'Olanda lo aspettava.

Non aveva più visto Banu negli ultimi giorni. Quando il treno si mise in moto in direzione di Rotterdam, la fece chiamare.

Banu sapeva che Einoldowle e i suoi uomini tenevano d'occhio ogni suo spostamento. Per questo ad Anversa non aveva quasi potuto muoversi. Cercò di stare tranquilla e di far finta che la sua mancata partenza da Bruxelles fosse stato frutto di un errore. Entrò nella carrozza dello scià in preda all'ansia.

«Non vediamo più la nostra Banu spesso come prima», la accolse il sovrano. «Abbiamo anche saputo che a Bruxelles hai perso il treno. Come mai?» domandò fingendo un'autentica curiosità.

Banu, che lo conosceva bene, gli rispose in tono rassicurante: «Attraversando l'Europa con una carovana così lunga, può capitare che ogni tanto qualcosa vada storto. In un primo momento sono stata presa dal panico, ma poi fortunatamente si è risolto tutto per il meglio e vostra Maestà non ne ha avuto alcun disagio.»

«Bene, ottima cosa», disse lo scià. «Ma cambiando per un attimo discorso, abbiamo notato che eravate in grande confidenza con la regina del Belgio. Di che cosa avete parlato? E come mai siete diventate subito così amiche?»

Banu restò calma. «Che cosa posso dirvi Maestà? Come sapete, non ci eravamo mai viste prima, ma mi ha trattata come vostra moglie. E sono molto onorata di aver avuto, grazie a voi, la possibilità di conoscerla.»

«Non fare la furba con me», sbottò lo scià alzandosi. «Credi di essere libera di dire quello che vuoi solo perché sei in Europa? Come hai osato metterci in imbarazzo a Bruxelles?»

Banu si spaventò e per un attimo vide nero davanti agli occhi.

«Che cosa intendete dire, Maestà?»

«Chiudi quella bocca!» gridò lo scià furioso.

In quel momento Banu si rese conto che non era un caso che Einoldowle e i suoi uomini fossero in attesa fuori dalla porta. Evidentemente volevano portare a termine il lavoro che non avevano concluso a Bruxelles.

«Avanti, parla! Che cos'altro hai raccontato alla regina?» strillò lo scià.

La paura ebbe il sopravvento, Banu scoppiò in lacrime. «Niente, Maestà, niente, ve l'assicuro!»

«Quello che hai fatto è alto tradimento. E la pena più mite per questo crimine è la morte!» gridò lo scià. «Parla, che cos'altro hai detto alla regina del Belgio?»

«Niente, Maestà, niente», rispose Banu tra i singhiozzi.

«Dobbiamo sapere tutto, tutto!» tuonò lo scià.

«Vorrei che lo scià mi scusasse e mi desse licenza di non rispondere. Abbiamo parlato di una questione femminile che non posso condividere con voi.»

«Conosciamo le questioni femminili. Parla!»

«Avevo un problema femminile e avevo assoluto bisogno di parlarne con una donna», rispose Banu asciugandosi le lacrime.

«Ti ho detto di non fare la furba con noi», ripeté lo scià, afferrandola per il colletto e sbattendola contro lo specchio. Dopo di che se ne andò.

A quel punto Einoldowle e due dei suoi uomini entrarono nello scompartimento, mentre il terzo uomo rimase davanti alla porta per impedire a chiunque di entrare. Einoldowle aprì velocemente il finestrino. Banu tremò, vide in lontananza un alto ponte di ferro e capì che intendevano gettarla nel fiume non appena il treno lo avesse imboccato, approfittando dell'enorme frastuono. Conosceva l'indole violenta dello scià e sapeva da tempo che prima o poi ne sarebbe stata vittima, ma mai aveva pensato che un giorno l'avrebbe fatta gettare in un fiume europeo dal finestrino di un treno.

Il convoglio si avvicinò al ponte, mentre il fragore di ferraglia rimbombava nello scompartimento. Impotente, Banu indietreggiò di scatto, cercando riparo in un angolo, la schiena appiattita contro la parete ed entrambe le mani sul ventre per proteggere il suo bambino. Einoldowle fece un cenno ai due uomini, che avanzarono verso di lei come due animali selvaggi. Uno l'afferrò per le gambe e l'altro per le spalle. La sollevarono e con un unico movimento la spinsero per metà fuori dal finestrino. Lei urlò con tutto il fiato che aveva in gola, ma nessuno la sentì quando, con un fracasso assordante, il treno passò sul ponte in direzione di Rotterdam. Gridava, ma il suo grido non arrivava a nessuno.

I due uomini muscolosi la tennero sospesa fuori dal finestrino fino alla fine del ponte. Poi la riportarono dentro e la deposero a terra. Einoldowle fece un segno al terzo uomo, di guardia in corridoio. Questi aprì la porta e Banu uscì dallo scompartimento stremata. I tre uomini scomparvero. Einoldowle richiuse il finestrino. Lo scià entrò e guardò fuori. Vide un cartello blu: Rotterdam.

Rotterdam, una città portuale che gli avrebbe offerto nuovi spunti interessanti per il suo diario di viaggio.

Hekayat di Claude Achille Debussy che incontrò lo scià a Rotterdam

Quando il treno entrò nella stazione di Rotterdam, per lo scià fu uno dei momenti più belli del viaggio. Il treno era arrivato in città attraverso un lungo ponte che passava davanti alle case, per cui si potevano vedere gli interni. Il Comune aveva informato i cittadini dell'arrivo dello scià di Persia e quelli che abitavano lungo la ferrovia erano tutti affacciati alle finestre vestiti a festa.

Una sorpresa piacevolissima per il sovrano: centinaia di olandesi alle finestre che lo applaudivano. Il macchinista, stupito quanto lui della presenza di così tanta gente, rallentò, permettendo agli abitanti di Rotterdam di ammirare l'ospite regale. Lo scià abbassò completamente il finestrino e sorridendo salutò con la mano tutte quelle persone che gli lanciavano tulipani rossi. Einoldowle gli diede un sacchetto pieno di monete d'oro, che lo scià lanciò verso le finestre in modo che i cittadini di Rotterdam non potessero dimenticarsi di lui. Che esperienza, quanti applausi infiniti e che risposta d'oro da parte di un re della Persia.

Lo scià avrebbe trascorso due notti in città insieme a un piccolo seguito, per poi proseguire alla volta dell'Aia, dove il primo ministro olandese lo avrebbe ricevuto ufficialmente con un pranzo di stato. Il resto dei suoi compagni di viaggio avrebbe proseguito direttamente per Amsterdam.

Dopo una cerimonia di benvenuto, il sindaco di Rotterdam accompagnò lo scià all'elegante hotel des Pays Bas, dove casualmente era ospite per qualche giorno anche il celebre compositore francese Claude Achille Debussy. A quell'epoca Debussy godeva di grande popolarità in Europa. Aveva introdotto una serie di nuovi elementi nella musica classica, veniva invitato ovunque e i suoi concerti erano esauriti mesi prima delle esibizioni.

Il sindaco aveva preso accordi con il direttore dell'albergo affinché quella sera Debussy tenesse un breve concerto di pianoforte durante una sorta di festa di benvenuto all'hotel. Era il regalo più bello che la città di Rotterdam potesse fare al monarca.

Quella sera, accompagnato dal sindaco e dal direttore dell'albergo, lo scià entrò nel prestigioso salone dell'hotel e il sindaco gli presentò Claude Achille Debussy. Gli altri ospiti si alzarono in piedi e lo applaudirono. Erano circa duecento cittadini illustri di Rotterdam e una cinquantina di grandi imprenditori tedeschi che lavoravano nel porto e nelle ferrovie della città.

Lo scià sedeva in prima fila in una poltrona di seta blu. Era l'ennesima volta che si trovava ad ascoltare, suo malgrado, musica classica.

Debussy gli fece un inchino, prese posto al pianoforte e iniziò a suonare. Si rendeva conto che un monarca orientale tradizionale come lo scià non poteva avere una grande conoscenza della musica classica occidentale, né di sicuro la pazienza di sorbirsi un lungo pezzo al pianoforte. Così decise di eseguire qualche brano dei suoi capolavori preferiti. Suonò quindi per prima una parte della

Sonata n.14 in Do diesis minore, nota come *Sonata al chiaro di luna*, di Beethoven. Poi, un brano dal *Lago dei Cigni* di Čajkovskij, e, per finire, la *Sonata in Si bemolle maggiore* che Wagner aveva composto a 18 anni.

Naturalmente lo scià non era molto a suo agio durante il concerto, ma era un sovrano e come tale tutti si aspettavano che lo avesse apprezzato. Così strinse la mano di Debussy tra le sue e disse: «Ci è piaciuto. Soprattutto quel brano di Čajkovskij. A Mosca abbiamo visto il *Lago dei Cigni*. È stato molto bello.»

Debussy temeva che lo scià non fosse contento che avesse scelto una sonata precoce e un po' semplice di Wagner, e, per evitare ogni malinteso, disse: «Vi porgo le mie scuse per aver scelto per voi una delle prime opere di Wagner, ma ho assecondato i miei sentimenti. Desideravo far sentire quel pezzo a vostra Maestà.»

Lo scià, che non aveva idea di che cosa stesse parlando, osservò con tono misurato: «Tutti noi invecchiamo, ma dentro restiamo giovani. Come quella sonata di Wagner.»

«Un'ottima riflessione», rispose Debussy soddisfatto, «e una descrizione esatta.»

Lo scià si domandò se dovesse dire qualcosa a proposito di Beethoven, perché lo sentiva nominare ovunque in Europa. Meglio di no, pensò, ma poi disse: «Tuttavia il nostro compositore preferito resta Beethoven. La sua celebre *Nona sinfonia in Re minore* ci piace molto. Secondo noi rappresenta una pietra miliare nel panorama della musica sia occidentale che orientale. C'è una sorta di impeto naturale nella sua musica. Beethoven esprime la sua rabbia, la sua speranza, la sua disperazione e i suoi sogni attraverso suoni potenti, da cui si viene sopraffatti. Quando la ascoltiamo diventiamo parte della sinfonia. Quello che fa ci spinge a pensare a noi stessi.»

Debussy guardò lo scià pieno di ammirazione. Non pensava che fosse così informato sulla musica classica occidentale. Non sapeva che lo scià ripeteva le parole che aveva sentito pronunciare da Bismarck una sera in cui, a Berlino, il cancelliere tedesco era andato a trovarlo.

A cena lo scià invitò Debussy a sedersi accanto a lui, per potersi scambiare regalmente pareri sulla musica classica occidentale. Ma lo scià gli sentì dire soprattutto un'altra cosa. Debussy si lasciò sfuggire per sette volte tre parole inglesi: *The American dream.*

Hekayat dell'*American dream*

L'ambasciatore persiano in Olanda aveva caldamente raccomandato allo scià di fermarsi un giorno in più a Rotterdam, perché secondo lui valeva assolutamente la pena di visitare il porto.

In seguito all'enorme crescita industriale in Germania, il paese si era ritrovato di colpo nella necessità di avere un nuovo porto e i tedeschi ritenevano Rotterdam molto adatta alle loro esigenze, ma il vecchio porto della città non era ancora pronto a far fronte al grande traffico commerciale che presto vi avrebbe imperato. Perciò gli imprenditori tedeschi lavoravano giorno e notte per adeguarlo ai nuovi bisogni, posavano nuove ferrovie, ampliavano le banchine e installavano nuove apparecchiature e nuove gru. Lo scià non poteva non andare a vederlo.

Chi a quell'epoca girava per la città incontrava ovunque artigiani tedeschi diretti al porto con le carrozze aziendali. La stazione di Rotterdam brulicava di contadini olandesi in cerca di lavoro che si dirigevano a piedi verso il porto con un sacco in spalla.

I giganteschi transatlantici gettavano l'ancora al largo del nuovo scalo per trasportare in America migliaia di emigranti provenienti sia dall'Olanda che da altri paesi europei.

Il giorno dopo lo scià attraversò in carrozza la città e visitò il porto. Fu così testimone di uno dei periodi più fiorenti di Rotterdam. Quel giorno sentì anche il sindaco pronunciare le parole *The American dream*.

L'infinita processione di giovani e le centinaia di famiglie ebree che si imbarcavano su quelle navi gigantesche lo colpirono profondamente. Li considerava avventurieri, cercatori di fortuna. Chi altri poteva affrontare i pericoli dell'oceano con una valigia in mano per andare a cercare lavoro?

Lo scià non sapeva granché dell'America, personalmente non aveva mai parlato con un americano e dovevano passare ancora molti anni prima che l'America aprisse un'ambasciata a Teheran. Una volta però aveva letto qualcosa su quel paese, ma era talmente lontano da casa sua che non gli interessava.

Ora che attraversava il porto di Rotterdam a bordo di una piccola imbarcazione, l'America era diventata d'un tratto molto vicina. Lo scià indicò un transatlantico bianco e disse che gli sarebbe piaciuto vederlo dall'interno, se possibile. Ma non c'era più tempo, l'enorme nave era sul punto di salpare.

Tuttavia dopo uno scambio di parole tra il sindaco e il capitano statunitense, lo scià ebbe la possibilità di dare un'occhiata a bordo. Il capitano si offrì di fargli da guida, ma lui rifiutò, voleva girare a suo piacimento tra i diversi ponti. Iniziò da quello più alto, si mise in un angolo e osservò la massa di viaggiatori che facevano ressa per accaparrarsi un posto. Ma doveva sbrigarsi perché il tempo stringeva.

Il capitano era salito sul ponte e lo teneva d'occhio. Lo scià si comportava in modo strano, batteva qua e là una mano sulle travi, misurava la larghezza e la lunghezza dei grandi rivetti che vi erano conficcati, scrollava con tutte le sue forze le ringhiere delle scale e batteva i piedi sui gradini. Affondò perfino i denti in una grossa cima, mordendola fino a farsi male.

Che cosa diavolo fa quello strambo re orientale? deve aver pensato il capitano.

Ma lo scià non faceva niente di strano, studiava l'America, faceva conoscenza con quel paese che si trovava dall'altra parte dell'oceano e di cui non sapeva niente.

Chi era il presidente dell'America? Ne aveva sentito vagamente parlare, un uomo che aveva sposato una ragazza di diciotto anni e ne aveva ventisette più di lei. Era l'unica cosa che ricordava di un documento su quel paese che aveva letto tempo prima. Passò in mezzo ai passeggeri, guardandoli diritto negli occhi. C'era una luce diversa nel loro sguardo, che non aveva mai visto prima. Era forse il riflesso di quel «sogno americano» di cui avevano parlato Debussy e il sindaco?

Lo scià risalì a bordo della barca e la grande nave lasciò lentamente il porto. I passeggeri lo salutarono con la mano. Lui ricambiò il saluto con un groppo in gola. Li invidiava, avevano il coraggio di lasciarsi tutto alle spalle e di partire per non fare mai più ritorno.

La nave scomparve in lontananza. Lo scià avrebbe tanto voluto essere lassù, ma per compiere un viaggio del genere bisognava avere con sé solo una valigia.

Lui seguiva il suo destino. Non in America, ma a Delft, dove avrebbe incontrato Emmie ed Emmeke.

Hekayat di Emmie ed Emmeke a Delft

I compagni di viaggio dello scià erano alloggiati in diversi alberghi di Amsterdam.

Anche Banu era ad Amsterdam e la sera in cui lo scià avrebbe pernottato all'Aia aveva un importante appuntamento con una nota signora olandese. L'appuntamento era stato fissato per telegrafo da Bruxelles tramite un intermediario, e adesso che temeva per la sua vita Banu era più decisa che mai a incontrarla. Aveva paura che uno di quei giorni gli uomini dello scià l'avrebbero scaricata da qualche parte, viva o morta.

Finché lo scià era ancora a Rotterdam, doveva approfittarne per andare all'indirizzo che aveva annotato su un biglietto. Un biglietto che aveva nascosto sotto i vestiti.

Nel frattempo lo scià era rimasto molto colpito da Rotterdam. Era orgoglioso di aver fatto quel viaggio. Gli aveva dato modo di conoscere un altro aspetto della vita, un aspetto che in Oriente non si vedeva.

Quella sera il primo ministro dei Paesi Bassi gli avrebbe dato il benvenuto ufficiale all'Aia. Si sarebbe fermato sul tragitto per una breve visita a Delft.

Era in piedi davanti al finestrino e guardava lontano le navi mercantili che da Delfshaven si dirigevano verso il porto di Rotterdam. In quel viaggio meraviglioso era come trovarsi in una versione moderna delle *Mille e una notte*. Stava vivendo un'esperienza che nessun uomo di stato europeo, russo o orientale poteva fare. Vedeva l'Europa dall'interno. Per lui si aprivano tutte le porte, dalle camere da letto dei re agli uffici dei grandi imprenditori, le porte di tutte le università e dei laboratori europei. Inoltre aveva visto cose che gli altri non conoscevano. In Russia aveva visto la prima enorme nave rompighiaccio. In Germania i treni superveloci e i grandi cannoni. A Rotterdam i giganteschi lavori di ampliamento del porto. La situazione appariva pacifica, ma l'Europa era gravida di immani avvenimenti che avrebbero radicalmente cambiato il mondo.

A Delft lo scià aveva in programma la visita alla tomba di Guglielmo d'Orange, il fondatore del Regno dei Paesi Bassi.

La sua carrozza procedeva con grande difficoltà sugli stretti viottoli lungo i canali, i cavalli, imbizzarriti dalla folla entusiasta, si rifiutavano di andare avanti. Lo scià scese e proseguì a piedi verso il Prinsenhof, dove, nel 1584, Guglielmo d'Orange era stato ucciso in un attentato.

Lo scià trovava Delft, con i suoi piccoli canali, le sue piccole barche e le sue piccole case, molto particolare. Nell'aria aleggiava un forte odore di burro: la città era nota per la produzione del miglior burro d'Europa. Il sindaco intendeva portarlo a visitare il più grande burrificio del Comune, ma lui non volle. Non era per quello che era venuto in Europa: a casa, nel suo palazzo, mangiava il miglior burro del mondo. Preferiva continuare a passeggiare tra la gente di quella cittadina per gnomi.

Osservava le case e le botteghe e si fermò davanti a un negozio di casalinghi. All'interno c'erano due signore piuttosto anziane, vestite in abiti tradizionali. L'edificio era appartenuto un tempo all'architetto Jan Richter. Poco prima di morire Richter aveva ristrutturato il pian terreno, trasformandolo in un negozio in modo che, dopo la sua morte, le sue figlie gemelle, entrambe nubili, potessero provvedere a se stesse. Non era chiaro che cosa avesse attirato l'attenzione dello scià, se gli articoli in vendita o le due donne, che si assomigliavano come due gocce d'acqua.

Entrò nel negozio e osservò con grande interesse un articolo dopo l'altro. Le due donne, sapendo che era lo scià di Persia, fecero un leggero inchino tenendo le mani dietro la schiena.

Lo scià si fermò davanti a un apparecchio, di cui non capiva l'uso, ruotò la levetta e i cilindri si misero delicatamente in moto.

«*Qu'est-ce que son but?* A che cosa serve?» chiese.

«*C'est un mangle. Un séchoir linge.* È un mangano, un asciugabiancheria», spiegò Emmie, una delle sorelle.

Lo scià annuì leggermente e si avvicinò a un ferro da stiro. Nel suo palazzo di Teheran aveva ferri da stiro che andavano a carbone, ma questo andava a gas. Quando la donna fece per mostrargli come funzionava, dall'apparecchio partì una fiammata che per poco non le bruciò le trecce. Lo scià fece un passo indietro e poi si diresse verso un secchio che conteneva una specie di polvere bianca. Era detersivo, una sorta di raspatura di sapone, un prodotto nuovo, proveniente dal Belgio. Ma puzzava, aveva un odore di chimica che pizzicava il naso.

Lo scià proseguì verso l'interno del negozio, prese in mano uno strano aggeggio con delle spazzole e guardò l'altra sorella con aria interrogativa.

«È "un ladro di briciole"*, un *voleur des miettes*», rispose Emmeke, scusandosi per il fatto di non conoscerne il nome in francese.

«Che cosa? Un *voleur des miettes*?»

Emmeke gettò per terra una manciata di briciole, poi si chinò a raccoglierle passando un paio di volte la spazzola sul pavimento. Allo scià l'idea piacque, ne avrebbe presa senz'altro una per sua madre. Ma quell'aggeggio era anche un pensiero perfetto per le sue concubine. E ne comprò subito tutti i cinquanta esemplari che il negozio aveva in magazzino.

Le due sorelle li infilarono in una scatola, chiedendosi se dovessero consegnarla direttamente allo scià. Il sindaco, che accompagnava l'illustre ospite, si fece prontamente avanti, prese la scatola e disse: «Il conto è a carico del Comune. Un dono della città per sua Maestà.»

«Possiamo dare un'occhiata alla vostra abitazione?» domandò d'un tratto lo scià. Era curioso di vedere come vivessero gli olandesi in quelle case tanto piccole. Le due sorelle si guardarono con aria interrogativa: avevano capito bene?

Mentre fuori la gente sbirciava attraverso la vetrina, lo scià salì la stretta scala che portava al piano di sopra. Era proprio una casetta per gnomi: un piccolo soggiorno, due piccoli diva-

* Traduzione letterale del vocabolo olandese *kruimeldief*, con cui si indica il «raccoglibriciole». Il sostantivo è reso letteralmente anche in francese. (N.d.T.)

ni, una piccola cucina, delle piccole finestrelle e una piccola alcova ricavata in un armadio a muro. Lo scià si avvicinò a una finestra e guardò giù. Eppure era un'autentica casa signorile, con un alloggio indipendente sul retro, situata in una splendida posizione.

Reggendosi con una mano alla parete, scese con circospezione la scala, mentre una delle sorelle lo precedeva e l'altra lo seguiva, badando che non scivolasse. Arrivato in fondo uscì in cortile. Le sorelle, che non avevano mai ricevuto un uomo in casa, erano vagamente sbalordite. Davvero c'era un re nel loro cortile o era una favola orientale? Per rassicurarle che era tutto vero, lo scià mise in mano a ciascuna di loro una moneta d'oro e uscì, diretto al Prinsenhof, dove Guglielmo d'Orange, il padre della patria, era stato assassinato con un colpo di pistola.

Al Prinsenhof lo scià si fermò davanti alla scala dove, sul muro, si vedevano chiaramente i fori di due proiettili. Il sindaco spiegò: «Il 10 luglio 1584 Balthasar Gérard compì il suo attentato fatale in nome del re di Spagna. Quel giorno il principe pranzò qui con la sorella, la moglie e la figlia. Per riposare un po' andò nella sua stanza quando Gérard, un seguace fanatico del re di Spagna, estrasse all'improvviso una pistola dalla cintura e sparò. Il principe crollò sulla scala. Certo della morte ormai prossima, con l'ultimo fiato che aveva in gola pronunciò le sue ultime parole: "*Mon Dieu, ayez pitié de mon âme. Mon Dieu, ayez pitié de ce pauvre peuple.* Mio Dio, abbiate pietà della mia anima, mio Dio abbiate pietà di questo povero popolo."»

Lo scià non sapeva molto della storia olandese. Nel suo paese tanti re erano stati assassinati nel corso degli anni, anche loro da un fanatico ma, a quanto ricordava, sempre per mezzo di un pugnale. Si inginocchiò sui gradini per studiare da vicino i fori dei proiettili. Si vedeva che uno dei fori mostrava qualche segno di bruciatura.

No, finora nella storia persiana nessun re era stato ucciso con un colpo di pistola. Si rendeva però conto che negli ultimi tempi erano entrati clandestinamente in patria parecchi revolver. Ripensò al suo sogno ricorrente, il sogno in cui un uomo gli sparava. Adesso ne era quasi certo:

sarebbe stato il primo re persiano a essere ucciso da un proiettile. Gli vennero le lacrime agli occhi al pensiero della sua morte. Quali sarebbero state le sue ultime parole mentre giaceva in una pozza di sangue?

Lo scià era profondamente superstizioso e sapeva che la vita non lo aveva condotto a Delft per caso. Era lì per trovare le giuste parole memorabili che sarebbero rimaste per l'eternità nella storia persiana. Davanti a quella scala storica ebbe la sensazione di vivere la propria morte. E, ancora chino sui gradini, si esercitò a ripetere le sue ultime parole: «*Mon Dieu, ayez pitié de mon âme. Mon Dieu, ayez pitié de ce pauvre peuple.*» Che in persiano suonavano così: «*Khoda-ye man, be man va be in mardom-e faqir rahm kon.*»

Quando, poco dopo, visitò la tomba di Guglielmo d'Orange nella chiesa affacciata sulla piazza, percosse la lapide con la pietra preziosa del suo anello secondo la tradizione persiana. I persiani percuotono piano la tomba con un sasso per svegliare il defunto. Quando il principe d'Orange si svegliò e si mise seduto, lo scià si inginocchiò davanti a lui e pianse.

«Perché piangete?» gli chiese il defunto Guglielmo d'Orange, il fondatore del regno dei Paesi Bassi.

Lo scià piangeva come un bambino e non seppe rispondere.

«Forse siete stanco di questo lungo viaggio», osservò Guglielmo d'Orange.

Lo scià scosse la testa.

«Non lo so, non lo so più», rispose tra le lacrime e si alzò. Si asciugò il viso con entrambe le mani e uscì.

Guglielmo d'Orange si coricò di nuovo nella sua tomba e chiuse gli occhi.

Uscito dalla chiesa, lo scià ebbe un attimo di disorientamento. Si guardò intorno con aria interrogativa come chi si è appena svegliato da un lungo sonno.

«La barca ci aspetta, Maestà», sentì dire da Einoldowle dietro di lui. «Andiamo all'Aia.»

Hekayat del buffo ministro delle Colonie olandesi

Dopo la breve visita a Delft, lo scià salì su una barca che il governo olandese aveva mandato appositamente dall'Aia. Era stato lui stesso a chiedere di arrivare in barca per vedere da vicino l'importante e straordinario canale Reno-Schie.* La barca navigava tra gli antichi alberi che crescevano su entrambe le rive. Lo scià guardava le eleganti case patrizie dove le famiglie erano al balcone per salutarlo. C'era un grande viavai di navi cariche di merci che dal porto di Rotterdam facevano rotta verso l'Aia e dall'Aia tornavano vuote verso Rotterdam.

A un certo punto del canale si alzò un ponte levatoio. Decine di persone a piedi o a cavallo si fermarono ad aspettare su entrambe le sponde. Lo scià era un uomo di libri e di storie, vedeva la sua gita in barca in quella giornata di sole come una storia a sé, che nessuno aveva mai raccontato nella tradizione persiana.

La barca proseguì fino ad arrivare vicino a una corte dell'Aia, dove aveva sede il governo. Sul molo c'era ad attenderlo il ministro delle Colonie. La cerimonia di benvenuto si sarebbe svolta quella sera nel corso di una cena ufficiale. Adesso era previsto che lo scià venisse accompagnato con calma al palazzo d'estate dove avrebbe potuto rinfrescarsi.

* Costruito nel 1389, il canale assicurò alla città uno sbocco sul mare, favorendo il rapido sviluppo dei commerci e delle attività manifatturiere. (N.d.T.)

Lo scià sapeva che i Paesi Bassi possedevano vaste colonie, tutti territori grandi forse anche cento volte l'Olanda continentale, e per questo pensava che il ministro delle Colonie fosse un olandese alto e robusto, con un portamento regale. Rimase molto deluso. Ecco che cosa scrisse su di lui nel suo diario di viaggio: «Il ministro delle Indie Orientali, di Giava, Sumatra, del Borneo e di molti altri luoghi ancora, era venuto al porto per darci il benvenuto a nome del re. Ci eravamo immaginati un olandese alto, robusto, bello e fiero. Ma quando l'abbiamo visto non abbiamo potuto fare a meno di rotolarci per terra dal ridere. Ci tenevamo la pancia per non scoppiare tanto era buffo. Basso basso, magro come un chiodo, con un viso pallido e rugoso, il mento storto e la bocca altrettanto storta e anche puzzolente. Aveva la bocca così storta che poteva leccarsi il lobo dell'orecchio con la lingua. Il naso era andato dietro alla bocca e gli occhi erano sul punto di seguire la punta del naso. Che Dio ci perdoni per le parole che abbiamo usato per descrivere quella Sua particolare creatura. Ma diciamo la verità e ci rendiamo conto che l'essere umano è fragile. E però come fa l'Olanda a tenere insieme così tante colonie con un simile "collostorto"? Allah è onnisciente, noi non sappiamo niente. Per fortuna non siamo riusciti a imprimerci nella memoria il suo nome, qualcosa come Kushenis, Kashinus, Keuchenius, chi se lo ricorda.»

Kushenis, Kashinus o Keuchenius che fosse, il ministro delle Colonie olandesi accompagnò lo scià con una carrozza ufficiale alla sua residenza. Gli parlò per tutto il tragitto in francese, ma per via della sua bocca storta lo scià non capì una sola parola. Il ministro lo lasciò al palazzo e sarebbe tornato a prenderlo la sera per la cena di gala.

Nel tardo pomeriggio arrivò un lungo corteo di carrozze, accompagnato da una banda di musicisti per condurre l'illustre ospite al Binnenhof.* Lo scià portava appesa alla cintura la spada tempestata di pietre preziose, mentre sulla punta del suo copricapo brillavano le gemme su una piccola piuma di pavone. Quando scese le scale vide con piacere che c'era l'intero governo olandese ad attenderlo. I musicisti suonavano, in lontananza si sentivano salve di cannone e il primo ministro, il barone Mackay, gli strinse entrambe le mani. Appena usciti dal palazzo, lo scià vide che quasi l'intera popolazione della città si era accalcata lungo le strade nella speranza di vederlo.

Il primo ministro lo informò che purtroppo Guglielmo III, il re dei Paesi Bassi, era malato e non poteva essere presente alla cena. Lo scià ne fu deluso, non aveva voglia di passare tutta la sera insieme ai ministri, tanto più che nessuna signora era stata invitata. Per colmo di sventura, il ministro delle Colonie prese posto alla sua destra e per tutta la cena gli perforò l'orecchio destro con la sua voce. Esausto, lo scià tornò alla sua residenza e si infilò subito sotto le coperte.

«Per colpa di quel vino da quattro soldi che il primo ministro olandese continuava a versarci nel bicchiere, non abbiamo fatto altro che sognare per tutta la notte il loro ministro delle

* La sede del parlamento olandese. (N.d.T.)

Colonie. Che Dio ci liberi da questa punizione», scrisse nel suo diario.

Ma Dio non lo esaudì e dovette sorbirsi un'altra volta il primo ministro Mackay.

Hekayat delle scuole del ministro Mackay

Il giorno dopo alcuni ministri persiani avevano un incontro nella sede del governo olandese, cui doveva presenziare anche lo scià per firmare i contratti commerciali che erano stati stipulati. Poi lo scià visitò qualche museo della città. Per la sera era in programma una cena con degli imprenditori dell'Aia all'hotel Deben a Scheveningen.

La carrozza dello scià si diresse verso il mare attraversando gli eleganti quartieri di ville della città. Lo scià rimase sorpreso che le finestre delle case fossero così grandi e non avessero nemmeno tende, tanto che si vedeva dentro chi ci viveva, i loro mobili e le loro cose. Sapendo che lo scià sarebbe passato davanti alle loro case, gli abitanti si erano vestiti a festa e avevano acceso piccole luci sia all'interno che fuori dalle abitazioni.

Lo scià poteva anche abitare in palazzi orientali da favola, da parte loro quelle persone vivevano libere e felici nelle loro ville. Gli sarebbe molto piaciuto visitarne una e perfino abitarci, ma non poteva, come re era costretto a vivere in una reggia.

Arrivato alla spiaggia, scese dalla carrozza e camminò sulla sabbia fino all'acqua. Era una delle rare notti serene olandesi e le stelle brillavano sul mare. Aveva visto le stelle in molti luoghi, ma nel cielo di Scheveningen brillavano in modo diverso. Avrebbe tanto desiderato passare la serata da solo al mare e sedersi a bere qualcosa in uno dei tanti caffè, e invece doveva tornarsene all'hotel Deben.

Fu una cena festosa, ma con sua grande irritazione neanche quella volta erano state invitate delle signore. E lui fu costretto a sedere tra il noioso premier Mackay e l'orribile ministro delle Colonie. Che ministro polveroso, non faceva altro che parlare di istruzione e delle scuole speciali che sovvenzionava il suo governo.

Parlava delle scuole con un amore e una passione con cui si può parlare solo di belle donne, pensò lo scià, secondo noi ha una brutta moglie e nessuna donna che lo prende in considerazione. Se no, chi parlerebbe per tutta la sera con tanto trasporto di banchi di scuola, lavagne, cancellini e case delle bambole? Si sentiva mancare l'aria e a un certo punto si alzò e senza dire niente si diresse verso il mare.

Poco dopo si ritrovò in faccia il ministro delle Colonie.

«Torniamo alla nostra residenza», gli comunicò lo scià.

Il ministro prese di nuovo posto sulla carrozza per accompagnarlo. La vettura non fece in tempo a muoversi che nelle immediate vicinanze furono sparate salve di cannone in onore del re persiano. I due cavalli che la trainavano nitrirono spaventati e si impennarono sollevandola da terra. Il ministro delle Colonie, seduto davanti allo scià, cadde tra le sue braccia. Lui lo ricacciò subito indietro e rimase seduto composto sul sedile. In quel momento esplosero centinaia di fuochi d'artificio. I botti e le grida entusiaste dei presenti fecero imbizzarrire i cavalli, che si lanciarono in una corsa sfrenata in mezzo alla folla senza che il cocchiere riuscisse a controllarli.

Lo scià era finito in una situazione pericolosissima, ma come re doveva sapersi dominare. Centinaia di persone cercarono di bloccare la strada ai cavalli, ma gli animali salirono sul marciapiede ed entrarono nei giardini delle ville, distruggendo piante e abbattendo lampioni. La carrozza urtò contro un grosso albero e una delle portiere si aprì. Con una rapida mossa il ministro delle Colonie riuscì a saltare a terra, mentre lo scià restava contegnosamente al suo posto tenendosi stretto al sedile con entrambe le mani. Adesso i cavalli correvano ancora più forte e la carrozza urtò contro un altro albero, perse una ruota e si ribaltò. I cavalli continuarono a trascinarsi dietro ancora per un po' quel che restava della vettura, finché non rimase incastrata in una fila d'alberi. Con la schiuma alla bocca, gli animali si impennarono un'ultima volta per ricadere infine con entrambi gli arti anteriori sull'erba. La carrozza giaceva sfasciata e sbilenca nel giardino di una villa graziosamente illuminata. Lo scià era bloccato tra i rottami, non poteva muoversi, ma rimase seduto composto: non riteneva decoroso per un re, soprattutto per un re persiano, trascinarsi fuori carponi.

Una giovane signora cercò di liberarlo aprendo l'altra portiera. A quel punto lo scià rimise piede a terra con grande disinvoltura, come se niente fosse. Raddrizzò il copricapo e, rivolgendosi alla signora olandese, disse in francese con tono regale: «*Il semble que nous sommes dans un rêve.* È come se fossimo in un sogno.» Prese la mano della donna e vi posò un bacio simbolico.

«Gradite bere un caffè con noi, Maestà?» gli domandò lei, che si era risvegliata da quel sogno.

«Sì, ma domani abbiamo un appuntamento con re Guglielmo III», rispose lo scià.

Non capì neanche lui perché l'avesse detto, non ce n'era alcun bisogno.

Hekayat di Guglielmo III

Re Guglielmo III era anziano, prossimo ai settanta, ma una decina di anni prima, dopo la morte della moglie, aveva sposato una giovane tedesca di vent'anni. La nuova moglie si chiamava Emma e gli aveva dato una figlia, che avevano chiamato Guglielmina. Lo scià sarebbe andato a trovare il re al suo capezzale. Secondo il programma originario avrebbero dovuto fare una passeggiata insieme sulle dune di Scheveningen.

Con ogni probabilità lo scià sarebbe stato l'ultimo ospite importante a rendergli visita. Il sovrano olandese era così malato che non poteva alzarsi dal letto, ma ci teneva a ricevere lo scià di Persia. Era sconveniente che si trovasse all'Aia e che non si incontrassero.

La giovane regina Emma apparecchiò personalmente la tavola per lo scià in modo che si sentisse a suo agio.

La carrozza arrivò a Palazzo Noordeinde e si fermò sotto gli alberi. Lo scià smontò e fu ricevuto dal cerimoniere di corte, che lo condusse a una scalinata con la passatoia rossa. In cima alla scalinata lo attendeva Emma, una giovane donna con un diadema tra i capelli che brillava alla luce del sole.

Come tutti i monarchi europei, Guglielmo III aveva avuto numerose amanti. E avendola tradita più di quanto fosse usuale, la sua prima moglie, Sofia, lo aveva bandito dal letto coniugale. Così, fino alla sua morte erano vissuti separati. I tre figli che la regina Sofia gli aveva dato erano morti tutti in giovane età.

Dopo Sofia, il sessantenne Guglielmo aveva cercato una nuova moglie. All'inizio voleva sposare una cantante lirica francese di cui si era innamorato e che già viveva in uno dei suoi castelli, ma il consiglio dei ministri non aveva voluto sentire ragioni. Chiese allora la mano di una principessa danese di venticinque anni, ma lei lo giudicò troppo vecchio. Chiese la mano della figlia ventiquattrenne di un viceré tedesco cacciato dal suo paese, ma lei lo rifiutò. Chiese la mano della figlia ventitreenne di sua sorella, ma anche lei ringraziò per l'onore e declinò l'offerta. Poi venne a sapere di un re tedesco che aveva diverse figlie da marito. Andò ad Arolsen e la famiglia gli offrì in sposa la figlia più vecchia, ma fu la più giovane a conquistare il suo cuore. Si chiamava Emma e aveva appena compiuto vent'anni.

Ora questa Emma attendeva lo scià in cima alla scalinata per dargli il benvenuto. E lo scià conosceva la sua storia.

Di solito non aveva niente con sé, ma questa volta aveva portato una valigia con un regalo speciale per lei.

Emma sorrise e accolse lo scià parlando in francese con accento tedesco. Lo scià le posò cortesemente un bacio sul dorso della mano. Lei lo accompagnò all'interno del palazzo, dove abitava con il marito malato e la figlioletta.

Re Guglielmo III era infermo da tempo e a giudicare dal suo aspetto non c'erano speranze che potesse lasciare il letto. Per Emma, che nell'ultimo anno non era quasi mai uscita di casa per assistere l'anziano marito, la visita dello scià era chiaramente un piacere.

Palazzo Noordeinde era bello, Guglielmo III vi aveva fatto apportare molti cambiamenti, impegnandosi in ogni modo per trasformarlo in una piacevole dimora per sua moglie. Per esempio aveva fatto decorare pareti e soffitti con scene di soggetto storico.

Quando Emma e lo scià entrarono nel salone dei ricevimenti, la regina chiamò la figlioletta: «Guglielmina? Dove sei? Vieni, il re di Persia è arrivato.»

Una graziosa bambina di otto o nove anni spuntò da dietro una colonna dove si era nascosta. Indossava un lungo abito bianco latte, e aveva i capelli pettinati con cura in una treccia arrotolata sulla nuca. Era chiaro che si era preparata all'incontro, del resto sarebbe succeduta a suo padre sul trono, cosa che in Persia non era possibile. Sollevando leggermente l'abito, fece una piccola reverenza. La fece con tale dolcezza che lo scià ebbe l'impulso di prenderla in braccio. E protendendo le braccia disse: «*Salam*, principessa. Come siete bella.» Poi si chinò e le posò un bacio sul capo.

«Da quando ha saputo che vostra Maestà sarebbe venuto in visita nel nostro paese, Guglielmina sta leggendo fiabe persiane in francese.»

«Interessante», rispose lo scià. «E quale fiaba hai letto?»

«*Aladino e la lampada meravigliosa*», disse Emma quando la figlia si dimostrò troppo timida per rispondere.

«Oh sì, l'ho letta anch'io, affascinante, anche a me sarebbe piaciuto avere una lampada così. Comoda, eh? Hai letto anche la storia del tappeto volante? E ti piacerebbe sederti su un tappeto così e poi volare?» chiese lo scià e fece finta di volare su un tappeto. Guglielmina lo trovò divertente e rise, coprendosi la bocca con le mani per nascondere i grandi incisivi centrali appena spuntati.

«Il papà ci aspetta», disse Emma sorridendo.

Lo scià era stato informato in precedenza dall'ambasciatore persiano all'Aia del carattere di Guglielmo III. A quanto sapeva, il re olandese era una persona sgradevole, egoista e iraconda. Quando voleva fumare un sigaro, ad esempio, ordinava a un lacchè di accendere un fiammifero e lasciava che lo tenesse in mano finché non si bruciava le dita, tanto per divertirsi. Se il lacchè lasciava cadere il fiammifero o lo spegneva, lo prendeva a calci e gli tratteneva la paga. Nel corso del suo lungo regno era sempre stato in conflitto con il governo. Non riusciva a rassegnarsi all'idea che il potere reale attribuitogli dall'esecutivo fosse limitato. Voleva decidere tutto e non poteva.

Negli ultimi due o tre anni, in cui era stato spesso malato, la sua rabbia e la sua aggressività erano ulteriormente cresciute e si comportava in modo ancora più fuori dal normale. Dal suo letto inviava ordini bizzarri al primo ministro. Temendo di essere ucciso nel sonno, aveva istituito una guardia speciale che doveva sorvegliare il balcone della sua camera giorno e notte. Quando lo scià andò a trovarlo, aveva quasi perso la ragione a causa di una malattia renale. Straparlava. Il premier Mackay aveva tentato in ogni modo di impedire che ricevesse lo scià nella sua residenza, ma Guglielmo era stato irremovibile: voleva avere il re di Persia al suo capezzale. Com'era possibile che il monarca persiano venisse in visita all'Aia e il sovrano dei Paesi Bassi non potesse riceverlo? Aveva quindi chiesto espressamente a Emma di invitarlo a suo nome a pranzare a palazzo.

Preceduto da Emma, lo scià salì le scale che portavano alla camera del sovrano olandese, tenendo per mano Guglielmina.

Quando varcò la soglia della stanza era commosso, perché aveva già assistito alla morte di suo padre e di suo nonno. Guglielmo III giaceva esattamente come i re persiani sul loro letto di morte. A quanto pare tutti i re muoiono allo stesso modo, con gli stessi capelli grigi scarmigliati, le lunghe sopracciglia grigie e la barba arruffata. Guglielmo III sollevò a fatica la mano per stringere la sua. Lo scià si chinò e lo baciò sulla fronte, esattamente come aveva baciato suo padre per l'ultima volta. Lacrime di commozione scesero sulle guance di Guglielmo III. Emma, colpita da quell'incontro toccante tra i due monarchi, prese per mano la figlia e li lasciò soli.

Nonostante avesse la mente confusa dalla malattia, Guglielmo III afferrò le mani dello scià e disse con voce flebile: «Maestà, siamo onorati dalla vostra venuta.» Si guardò intorno per accertarsi che non ci fosse nessun altro, poi sussurrò: «Sono circondato da nemici. Non vogliono più avere un re in questo paese. Sono convinto che ogni giorno mettano del veleno nel mio cibo. Hanno fatto in modo che mi ammalassi per rovesciarmi dal trono. Vogliono sbarazzarsi di me.»

Lo scià rimase stupito da quelle affermazioni, perché anche suo padre aveva detto qualcosa di simile sul suo letto di morte. Anche lui aveva parlato di tradimenti, delazioni e di cibo avvelenato. Versò un po' d'acqua in un bicchiere e aiutò il re olandese a bere qualche sorso.

«Oh mio Signore, pietà! Mia figlia e mia moglie sono circondate dai miei nemici. Il governo pensa che io non sia più capace di intendere e di volere, mi hanno privato del potere regale. Ma si sbagliano, sono inchiodato a questo letto, ma non mi sfugge niente. Hanno dichiarato nullo il mio testamento. La mia corte è disseminata di spie al soldo della Germania. Sono intrappolato qui, ma vedo che i tedeschi hanno mire sul mio paese e mire su mia figlia. Oh mio Signore, pietà. Prendi il mio paese e mia figlia sotto la tua custodia. Non so che cos'abbiano in mente adesso che lei è ancora piccola. Non mi fido di nessuno qui a palazzo. Chiunque si aggiri qui è una spia dei tedeschi o degli inglesi. Io non parlo una parola di tedesco e non l'ho mai voluto imparare, forse per paura che mi sentissero. Parlo francese perfino con mia moglie, che è tedesca.»

Grosse lacrime scendevano sulle guance rugose di Guglielmo III per poi scomparire tra i peli grigi della barba. Sgorgavano adesso, ma erano soprattutto lacrime accumulate negli ultimi cinquant'anni. Non aveva mai pianto prima, perché dove poteva piangere un re? A chi poteva confidare le sue pene?

Lo scià era forse l'unico che lo capiva, perché anche tutti quelli che si aggiravano nel suo palazzo di Teheran erano spie dei russi o complici degli inglesi. Perfino le donne del suo harem lo spiavano. Per questo non si fidava di nessuno, ed era stato proprio per diffidenza che aveva fatto assassinare il suo amato premier Mirza Kabir.

Prese posto su una sedia accanto al letto di Guglielmo III e gli sussurrò: «Oriente o Occidente, non fa differenza, veniamo tutti spiati, avvelenati, uccisi. Ma il segreto sta nel saper vivere in questa condizione e godere delle cose. Per quello che sappiamo, voi avete avuto modo di godere della vostra vita. Posso condividere con voi un'antica saggezza persiana: Re, lasciala andare!»

Bussarono alla porta, Emma entrò nella stanza con la figlioletta, seguita da alcune cameriere che servirono il pranzo sul balcone dove era apparecchiato un tavolo.

Ora Guglielmo III riposava con gli occhi chiusi. Lo scià prese la valigia con cui era arrivato, si rivolse a Guglielmina, la figlia del re, e disse: «Non sapevamo di incontrare una principessa come voi, altrimenti avremmo portato un souvenir degno di vostra altezza. Avevamo pensato a un dono speciale per vostra madre, ma ora abbiamo cambiato idea. Avete letto la fiaba di Aladino, della sua lampada meravigliosa e del suo tappeto volante. Ho qui con me un tappeto persiano molto particolare. Che non può essere quindi per nessun altro se non la principessa Guglielmina.»

E come un mago aprì la valigia ed estrasse un piccolo drappo piegato, che a prima vista non sembrava un tappeto. Scuotendolo con entrambe le mani lo distese. A un tratto, il drappo, intessuto di fili variopinti, iniziò a brillare alla luce del sole che entrava dalle portefinestre aperte del balcone. Agli occhi della bimba lo scià era un prestigiatore. Osservò il tappeto, un esemplare unico, in seta, intrecciato con un filo d'oro e cosparso di minuscole pietre preziose, opera del migliore annodatore di tappeti di Teheran.

Lo scià lo depose sul pavimento e disse alla principessa: «Salite qui sopra e volate.»

Guglielmina salì sul tappeto e volò via in cielo attraverso le porte del balcone.

Hekayat del tappeto dorato, dei successori di Gugliemo III e del sottoscritto

Lo scià era ancora sul treno che dall'Aia lo portava ad Amsterdam, quando Guglielmina srotolò il tappeto accanto al suo letto per potervi posare sopra i piedi quando si alzava.

Guglielmina succedette al padre. Più tardi sposò un duca tedesco, rimase subito incinta, ma abortì. Temeva di non poter avere più figli, ma dopo sei mesi era di nuovo incinta. Quando, durante la gravidanza, fu colpita dal tifo, abortì di nuovo. Si ammalò così tanto che la morte era in agguato dietro la finestra della sua stanza.

Anni dopo rimase nuovamente incinta, ma anche questa volta ebbe un aborto. No, a quanto pareva, non poteva sottrarsi al suo destino. E come se non bastasse, fu vittima di un incidente quasi mortale.

Mentre guidava la carrozza, il marito urtò violentemente un tram, la carrozza si sfasciò, i cavalli continuarono a trascinarne i resti invadendo l'altro lato della carreggiata e, in preda al panico, proseguirono la loro corsa, ma Guglielmina e il marito rimasero illesi. Un piccolo seme di fortuna nella sfortuna.

Guglielmina capì che non poteva continuare a ribellarsi al suo destino. Finora aveva sempre chinato la testa davanti alla vita. La sua paura cronica svanì e riprese a sorridere. Rimase inaspettatamente incinta e partorì una figlia, cui fu dato il nome di Giuliana Luisa Emma Maria

Guglielmina. Giuliana le succedette al trono. Ebbe quattro figlie, rispettivamente Beatrice, Irene, Margherita e Cristina. La corona passò a Beatrice. Fu sotto il suo scettro che l'Olanda cambiò volto. Nel paese arrivarono migliaia di richiedenti asilo, che nessuno poté fermare.

Fu verso la fine del suo regno che nelle moderne stazioni dei Paesi Bassi quasi tutti i chioschi di patatine fritte dovettero cedere il posto a grandi locali di döner kebab.

Quando lo scià durante il suo viaggio in Europa andò a trovare Guglielmo III, non si vedeva pressoché nessun islamico nelle vie dell'Aia, nemmeno un venditore di tappeti. Ma se oggi facesse una passeggiata per la città, Guglielmo III si spaventerebbe vedendo così tante Fatima con la pelle scura e il capo coperto, e così tanti uomini barbuti che, rispondendo al nome di Hassan, Hossein e Ibrahim, girano per il centro e passano davanti al Parlamento. Non potrebbe ritrovare la sua amata città popolata di bianchi.

Il giorno in cui la regina Beatrice abdicò, salì al trono suo figlio Guglielmo Alessandro.

Quando, prima di pronunciare il Discorso della Corona, il nuovo re attraversò l'Aia a bordo della Carrozza Dorata che lo conduceva alla Ridderzaal,* fendendo la grande folla di popolo, un islamico urlò: «Fanculo il re!» L'uomo era un ex richiedente asilo, di nome Abdulkasim

* Dopo alterne vicende, la *Ridderzaal*, o Sala dei Cavalieri, eretta in forme gotiche tra 1248 e il 1280 all'interno del Binnenhof, ospita oggi il Discorso della Corona, che, scritto dal Governo dei Ministri e pronunciato dal Sovrano dei Paesi Bassi, inaugura, il terzo martedì di settembre (Prinsjesdag), il nuovo anno parlamentare. (N.d.T.)

Eliahed.* Fu arrestato con l'accusa di lesa Maestà, ma rilasciato il giorno dopo.

Quella notte il Palazzo Reale in piazza Dam fu insozzato con la scritta «Fanculo il re!»

Il nuovo re ha tre figlie. Può darsi che le giovani principesse non abbiano mai sentito parlare di quel tappeto dorato. Ma la vera arte sa sempre preservarsi. Nel secolo scorso saranno stati eliminati molti mobili e tappeti dalle stanze di quel palazzo, ma il tappeto dorato è sicuramente riuscito a sottrarsi alle mani rapinose del tempo.

Io, il narratore delle storie di questo libro, ho detto più volte che in questo viaggio non so distinguere il confine tra fantasia e realtà. Perciò continuo a chiedermi se lo scià e io diciamo la verità. Talvolta racconto cose che dubito siano vere, ma che con mio grande stupore si rivelano più credibili della realtà.

Quando la vita mi ha portato in Olanda, la regina del paese era Beatrice. Per verificare l'autenticità della storia del tappeto, ho scritto all'anziana sovrana una lettera su carta intestata dell'Università di Amsterdam. Le ho raccontato la vicenda del tappeto, di Emma e Guglielmina, specificando che avevo bisogno di sapere la verità per un libro che stavo scrivendo sull'Europa.

Se avessi spedito la lettera per posta, forse non sarebbe mai arrivata nelle mani di sua Maestà. Così andai all'Aia con la mia studentessa per consegnarla al Corpo di Guardia del palazzo.

Rimasi fuori accanto all'auto e mandai Iris a

* Il nome Abdulqasem Eliahed è fittizio. Il vero nome della persona coinvolta è stato espressamente cambiato.

portarla alle guardie. Iris ha i capelli biondi e un viso innocente, e anche il fascino studentesco necessario a portare a termine un compito simile.

«Non tornare a mani vuote», le dissi. «E nemmeno con la promessa che riceveremo una risposta scritta. Fai del tuo meglio.»

Si avviò verso il palazzo con un semplice mazzo di tulipani rossi nella mano sinistra e la lettera nella destra. E ci volle un bel po' prima che finalmente tornasse a mani vuote.

«Ho insistito per avere una risposta al più presto, come mi hai detto tu. Dobbiamo ripassare tra un'ora e forse ci diranno qualcosa.»

Andammo a sederci in un locale dei dintorni e bevemmo un caffè. E dopo un'ora tornammo al palazzo. Rimasi di nuovo ad aspettarla accanto all'auto, mentre lei si dirigeva al cancello. Ma questa volta tornò presto e ancora a mani vuote.

«Niente?» le chiesi a gesti.

Sorrise.

«Perché sorridi?»

«L'anziana sovrana ha parlato», disse.

«Allora?»

«Adesso ti dico tutto.»

Il responsabile del Corpo di Guardia l'aveva ricevuta al cancello del palazzo e le aveva riferito a voce la risposta della regina. «Il tappeto dorato resterà per sempre al suo posto.»

Abbracciai Iris in pubblico per la prima volta e le telecamere di sorveglianza del palazzo ci ripresero.

Il nostro abbraccio è stato visto. Non è passato inosservato.

25

La mia studentessa mi fece una sorpresa, voleva festeggiare l'arrivo dello scià ad Amsterdam e mi invitò a cena nella sua stanza alla residenza universitaria. Ero indeciso se accettare, se il rettore veniva a saperlo dovevo dimostrare di avere una ragione più che valida per giustificare quella visita.

«È festa e le mie compagne di appartamento non ci sono. In più sono la tua assistente e non c'è niente di male.»

Andai quando era già buio, aveva cucinato con amore e c'era una bottiglia di vino rosso in tavola, ma io non mi sentivo a mio agio.

«Sai che in America i docenti tengono la porta dell'ufficio spalancata quando una studentessa va da loro per un colloquio?» dissi. «È una questione delicata».

«Me l'hai già detto. Ma qui non siamo in America e io non sono nel tuo ufficio per un colloquio. Comunque apro la porta della stanza, se vuoi.»

Un bicchiere di vino spazzò via la mia insicurezza, soprattutto perché adesso la porta era aperta.

«Sono in Olanda da quasi un quarto di secolo, una vita, praticamente», dissi per cambiare discorso. «Quando sono arrivato, tu non eri ancora nata.»

«Eh no, chissà dov'ero quando sei arrivato...»

All'improvviso tre ragazze salirono ridendo

le scale, fermandosi per un istante davanti alla porta. Ebbi un sussulto, ma non erano studentesse della nostra facoltà, non sapevano chi fossi e non erano venute a trovare Iris, ma un'altra ragazza che abitava al piano di sopra.

Quando mi ripresi dallo spavento, vidi che una delle amiche era velata, ma non aveva solo il capo coperto, era coperta dalla testa ai piedi, come una donna somala praticante.

«Anche quella ragazza velata è una studentessa?»

«Sì, no, adesso non più, credo, viene spesso a trovare la ragazza del piano di sopra.»

«La conosci?» domandai.

«In che senso?»

«Mi chiedevo se si è sempre vestita così. Perché in questo periodo vedo spesso ragazze che da un giorno all'altro decidono di portare il velo.»

«Sì, anche lei. Quando l'ho conosciuta era una ragazza come tutte le altre. Beveva, fumava, si faceva anche le canne e aveva un sacco di ragazzi, poi, a un certo punto, *paf*, è diventata musulmana.»

«Pensi si sia radicalizzata?».

«No, non credo, ma non capisco come mai di punto in bianco abbia cominciato a portare quell'affare nero.»

«Interessante, dici che le potrei parlare un momento?»

«Ma dai, ho fatto da mangiare, adesso ceniamo e tu vuoi rovinare la serata parlando di islam?» protestò Iris.

«No, no, non è certo quel che intendo, ma forse potrei riportare la nostra conversazione nel mio libro. Andresti a chiederle, per favore, se le va di parlare due minuti con me?»

No, Iris non voleva, trovava fuori luogo sottoporre qualcuno a un interrogatorio sulla sua fede.

«Se mi aiuti, farò una bella sorpresa a tua madre», replicai, pur non conoscendo affatto sua madre.

Sapeva che non dicevo le cose tanto per dire e mi guardò stupita: «Che cos'hai intenzione di fare per mia madre?»

«Una cosa che le farà piacere, ma è una sorpresa. Più tardi te lo dico, a patto che tu faccia il possibile per portare qui quella ragazza.»

Iris salì le scale sorridendo e poco dopo tornò con la ragazza velata. Non era una ragazza, ma una giovane donna di 23 anni. Si chiamava Salma e non mi porse la mano.

Le spiegai che stavo scrivendo un libro sull'Europa e sulla visita dello scià in Olanda, e che allora l'islam non era una religione importante nel paese. Le dissi anche che quando ero arrivato io non si vedevano donne velate per strada, come lei adesso.

«Guarda, non intendo farti delle domande difficili, ma come mai hai deciso di punto in bianco di vestirti così? Non devi rispondermi se non vuoi, e puoi tornare di sopra, ma mi piacerebbe tanto saperlo.»

Salma guardò Iris, poi me, e poi di nuovo Iris.

«*Bismillah*», disse con mia sorpresa. Significa «nel nome di Allah», e anche che era disposta a rispondermi.

«Non lo so», riprese, «non mi interessava più niente. L'Olanda non aveva più niente da offrirmi. Niente che mi affascinasse. Quello che mi dava era troppo poco, mi sentivo mancare l'aria. Andare in giro a gambe nude, fumare, farmi le canne, erano tutte cose che mi facevano sentire soltanto più sola e infelice. E a poco a poco si è fatto strada qualcosa dentro di me. Un velo, un grande tessuto nero che mi separasse da tutta quella nudità eccessiva, da quel senso di cordialità vuota, da quella vita esclusivamente bianca di olandese.»

«Sei sicura che fosse questo il motivo?» le chiesi.

«Sì, o magari no, in realtà era come se fossi stata colpita da un'onda, un'onda che mi trascinava, senza che io potessi praticamente oppormi.»

«Che cosa intendi per un'onda?»

«Non so spiegarlo, è un'onda nuova, che ha investito l'Olanda, anzi, per la verità tutta l'Europa, e che trascina con sé alcune ragazze.»

«Non capisco, fammi un esempio, se puoi.»

«Intendo dire, mia madre, mia zia e mia nonna, per esempio, non hanno mai portato il velo. Io invece all'improvviso ne ho sentito il bisogno. C'era qualcosa che mi separava da loro. È una cosa nuova in Europa.»

«Cercherò di capire, penserò a quello che mi hai detto. Ma adesso dimmi, sei contenta di andare in giro velata?»

«Credo di sì!»

«Hai un fidanzato, o un marito musulmano?»

«No, non ho nessuno.»

«Posso chiederti un'ultima cosa?»

«Sì», rispose Salma sorridendo.

«Ti sei radicalizzata? Sei in contatto con musulmani radicali che vanno in Siria a combattere per l'Isis? Non sei obbligata a rispondermi», mi affrettai ad aggiungere.

Salma guardò di nuovo Iris, poi disse: «No, assolutamente no.»

«Ti ringrazio e ti chiedo scusa per queste domande. Puoi andare se vuoi.»

Quando fece per imboccare le scale, dissi: «Posso chiederti ancora una cosa?»

Sorrise.

«Anch'io vengo da una famiglia musulmana, mia madre portava il chador, ma non era così rigida. Sei una bella ragazza, perché devi coprirti così dalla testa ai piedi? E portare un velo nero? Tirandolo oltretutto fin sulle sopracciglia?»

Salma rimase immobile sulla porta, un po' confusa, ci pensò su e poi disse: «Non lo so. Sento che dev'essere così. Anch'io mi ci sono dovuta abituare. È il mio nuovo volto. Un nuovo volto dell'Olanda. Anche lei ci si dovrà abituare, forse.»

Poi salì le scale, sentii i suoi passi esitanti.

Nel frattempo lo scià era arrivato ad Amsterdam, dove scoprì chi aveva rubato le sue zollette di zucchero.

Hekayat delle zollette di zucchero, dello zucchero candito, dell'oppio e del tabacco rubati allo scià

Prima di lasciare Teheran, lo scià aveva un'idea completamente diversa dell'Europa e adesso quell'immagine aveva subìto un duro colpo. Tutto quel seguito di principi, funzionari di corte e relativa servitù, oltre ai suoi personali domestici, era diventato un grosso peso per lui. Perché mai si era portato dietro il suo barbiere con tutti i barbieri moderni che c'erano ad Amsterdam?

A Rotterdam e all'Aia si era sentito libero da quel fardello, ma adesso tutti quei domestici, principi e funzionari lo aspettavano ad Amsterdam. Si vergognava un po' ad attraversare l'Europa come un re medievale, con carri carichi di bagagli e carrozze piene di domestici negli anni della grande Rivoluzione industriale.

L'incontro con Guglielmo III gli aveva fatto capire di essersi reso alquanto ridicolo nelle città che aveva visitato. I re non contavano più niente in Europa. A un tratto l'entusiasmo delle migliaia di persone che lo acclamavano gli apparve sotto un'altra luce. In realtà tutta quella gente accorreva ad ammirare un re del Medioevo, una specie estinta. Una sorta di dinosauro, di cui quella lunga carovana era la coda.

Si vergognava, ma ormai era troppo tardi.

Aveva fatto bene a rispedire le altre sue mogli in Persia quando era ancora a Mosca. Avrebbe dovuto rispedire indietro anche Banu, ma non immaginava che avrebbe tenuto un comportamento simile. In più si vergognava di quell'enorme scorta di zollette di zucchero, tè, erbe aromatiche, riso, fagioli, noci, uvetta, tabacco, fichi secchi, vari tipi di pane e carne essiccata che si era portato dietro, come se in Europa non ci fosse da mangiare e si potesse morire di fame.

Ad Amsterdam fu accolto ovunque da un tripudio di applausi. Era contento di attraversare la città senza la sua carovana.

Già a Rotterdam era venuto a sapere da Einoldowle che una parte delle sue provviste personali era stata rubata. Il barbiere, che aveva il compito di amministrarle durante il viaggio, lo aveva avvertito già a Bruxelles dei furti commessi dai membri del seguito.

Einoldowle aveva condotto in segreto un'indagine approfondita per far luce sulla questione. Ma lo scià era convinto che si sbagliasse. Chi poteva osare derubarlo? Chi si sarebbe mai sognato di rubare le sue zollette di zucchero, il suo tè, lo zucchero candito, i sigari, i rotolini di oppio, i narghilè e le sue uvette preferite? No, doveva trattarsi di un errore, quindi non aveva preso la faccenda sul serio.

Durante il viaggio verso Amsterdam, Einoldowle, che sapeva perfettamente chi aveva compiuto i furti, entrò nel suo scompartimento per informarlo: «Le scorte di vostra Maestà non sono state rubate, ma vendute.»

«Che cosa? Vendute?» reagì lo scià incredulo.

«Sì, il barbiere ne ha venduto una parte a diversi membri del seguito. Evidentemente aveva bisogno di soldi per comprare altri souvenir. Ne ha già quattro valigie piene. In poche parole, piano piano ha venduto il vostro tabacco, l'oppio, le zollette di zucchero, lo zucchero candito e tutto il resto.»

Nel sentire quelle parole, lo scià diventò tutto rosso. Era stato derubato dal suo fido barbiere, che lo radeva ogni giorno eliminando i peli superflui dal suo collo. Era stato derubato da colui che ogni giorno passava il rasoio affilato sulla sua giugulare. Gli vennero i brividi, ma al tempo stesso si rattristò. Non disse niente, si limitò a guardare in silenzio dal finestrino le mucche olandesi al pascolo. Era così triste di essere stato ingannato proprio dal domestico di cui si fidava di più.

Il traditore non poteva avere una seconda opportunità.

Protese la mano senza dire una parola. Era un ordine. Einoldowle la strinse e la baciò. Sapeva quello che doveva fare.

Lo scià mise così la parola fine alla storia del barbiere e decise di non pensarci più. Voleva godersi Amsterdam, la città di cui aveva sentito parlare tanto bene.

La trovò una bella città, ma quando la sua carrozza passò lungo i canali per condurlo all'hotel Amstel, dovette coprirsi il naso con un fazzoletto per non vomitare dalla puzza. L'odore di marcio era così forte che gli penetrava ugualmente nelle narici. Amsterdam era costruita su entrambi i lati dei canali, dove però gli abitanti avevano gettato un gran mucchio di rifiuti e ogni genere di porcheria, cani morti, gatti morti. E il caldo insolito e l'assenza di vento rendevano la puzza ancora maggiore.

«Ieri sera il consiglio comunale ha deliberato

di far dragare tutti i canali nel corso del prossimo anno», lo informò il sindaco imbarazzato. Lo accompagnò fino all'ingresso dell'hotel, dove lo scià fu ricevuto solennemente dal direttore e dal personale con fiori, caffè e biscotti.

«Vi rivedrò stasera a cena con mia moglie e le mie figlie», disse il sindaco e tornò alla carrozza che lo aspettava.

In quel viaggio lo scià aveva conosciuto molti amministratori di città europee, per cui non aveva nessuna voglia di chiacchierare tutta la sera con il sindaco di Amsterdam.

«Inventa una scusa», disse a Einoldowle alle sue spalle.

«Inventerò qualcosa», rispose il ciambellano.

Hekayat della giovane figlia del sindaco

Lo scià si sarebbe fermato quattro giorni ad Amsterdam prima di lasciare i Paesi Bassi. L'intenzione era di permettergli di fare le cose con calma, ma in realtà era fuori questione, dato il programma fitto di impegni che gli avevano preparato. Il monarca riuscì tuttavia a limitarli a una visita all'Istituto Regio della Marina e ai palazzi dell'ex Compagnia delle Indie Orientali, dove gli attuali mercanti olandesi continuavano a intrattenere rapporti commerciali con l'Oriente. Era anche il luogo frequentato da molti mercanti dell'Est del mondo.

Ogni sera erano previsti un concerto o una rappresentazione teatrale, tutte iniziative di cui lo scià avrebbe fatto volentieri a meno. Quella sera, dunque, doveva cenare con il sindaco.

Einoldowle aveva fatto avvisare il sindaco tramite la portineria dell'hotel che lo scià non si sentiva bene e declinava l'invito, ma a quanto pareva lui non aveva ricevuto la notizia, perché adesso era nella hall che lo aspettava con moglie e figlie.

Lo scià doveva quindi far buon viso a cattiva sorte. Con l'aiuto di Einoldowle si cambiò d'abito, indossò il copricapo, si guardò allo specchio, impomatò leggermente i baffi e scese a passo lento le scale che portavano al ristorante.

Prima, per strada, aveva visto molte signore eleganti, ed era perciò convinto che anche le figlie del sindaco fossero eleganti e perfino belle. Ma non appena varcò la soglia del ristorante e il suo sguardo cadde sulla famiglia del borgomastro, il suo primo impulso fu di risalire in camera e infilarsi sotto le coperte. Era troppo tardi. Il sindaco si era già alzato e gli veniva incontro.

«Le donne di Amsterdam sono tutte belle ed eleganti. Disgraziatamente ce ne erano tre brutte che abitavano nella casa del sindaco», annotò più tardi nel suo diario di viaggio.

Lo scià non aveva quindi nessunissima voglia di prendere parte a quella cena, e men che meno di parlare di cose insulse o del più e del meno. Non sorrise neanche una volta. E siccome non aveva portato Banu, che pure era stata invitata dal sindaco, le signore erano a disagio.

Dopo cena andarono con due carrozze fino al porto a fare una passeggiata.

La giovane, brutta figlia del sindaco, che sedeva accanto a lui, gli sussurrò in francese: «Abbiamo una sorpresa per voi. Ma non vi svelerò nulla.» Lo scià sentì il suo alito caldo sul collo.

«*Quel est votre nom*? Come avete detto di chiamarvi?» le chiese.

«DDDD», rispose la ragazza. (Ovviamente non si chiamava così, ma lo scià aveva dimenticato di nuovo il suo nome.)

«A tutti puzzava la bocca ad Amsterdam, ma DDDD aveva un alito delizioso. E con un alito così, puoi anche essere brutta, secondo noi», scrisse più tardi lo scià sul suo diario. A un tratto gli era venuta voglia di fare quella passeggiata al porto con la famiglia del sindaco.

DDDD gli sussurrò qualche altra frase all'orecchio. Lo scià lo riportò nel suo diario: «Una donna che sussurra è eccitante. Il brutto anatroccolo del sindaco si era improvvisamente trasformato in un cigno accanto a noi sulla carrozza.»

Dopo aver passeggiato per un po' tra i moli, salirono a bordo di una grande nave a bere qualcosa. Mentre erano lì tutti insieme con il calice in mano, DDDD gli si avvicinò, premendo i grandi seni morbidi contro il suo braccio. e gli sussurrò qualche altra parola all'orecchio: «Maestà! Non posso dirvi niente, ma tenetevi pronto, tra poco ci sarà una sorpresa.» In quel momento tutte le luci del porto di Amsterdam si spensero. E lo scià sentì la mano calda di DDDD sulla sua. Un'enorme quantità di assordanti fuochi d'artificio esplose in cielo per dargli il benvenuto in città. DDDD rideva per l'emozione, mentre con la sua grande mano regale lo scià stringeva la sua.

Poi tutt'a un tratto lo scià pensò al barbiere che lo aveva derubato.

Hekayat del barbiere

Un tempo il barbiere che ora viaggiava al seguito del re lavorava come garzone del barbiere precedente. Alla sua morte, l'ambizioso garzone aveva assunto le sue mansioni, insieme a una serie di altri compiti. Preparava il narghilè dello scià, lo serviva per tutto il giorno versandogli del buon tè appena fatto, gli tagliava con cura le unghie di mani e piedi e lo aiutava a eliminare i peli superflui dal corpo. Così era riuscito a conquistare la sua fiducia.

Adesso quindi lo accompagnava in ogni suo spostamento. Il barbiere di un re girava sempre con un rasoio affilato in tasca e doveva perciò essere una persona particolarmente affidabile. Era stato quindi uno choc per lo scià scoprire di essere stato derubato proprio da lui, il domestico che aveva accesso alla sua vita privata. Era lo stesso barbiere che con il suo rasoio aveva tranciato la carotide dell'amato premier Mirza Kabir. Un uomo così poteva essere molto pericoloso.

Adesso il barbiere era ad Amsterdam. Nel momento in cui lo scià brindava con la famiglia del sindaco sulla nave, stava percorrendo la banchina dell'Amstel con una valigia in mano. L'aveva appena acquistata nel vecchio negozio di un rigattiere. Era la sua quinta valigia, le altre quattro erano tutte piene di oggetti che aveva comprato a Mosca, Berlino, Bruxelles, Anversa e oggi ad Amsterdam.

A un certo punto sentì i botti dei fuochi d'artificio e si fermò a guardare l'esplosione di colori nel cielo di Amsterdam. Era ancora lì con la valigia in mano e il naso per aria quando all'improvviso qualcuno da dietro gli infilò un fazzoletto in bocca. Poi due uomini lo afferrarono e lo gettarono nel canale. Il barbiere non sapeva nuotare, sputò via il fazzoletto e con tutta la forza che aveva gridò in persiano: «*Allah komaaaak komaaak!* Dio aiutami aiutami!»

Ma nessuno lo sentì e dopo un po' scomparve tra i rifiuti e le porcherie del canale. Quando si spense il fragore dei fuochi d'artificio, il grido del barbiere era svanito. Tutto taceva, si sentiva solo il rumore degli zoccoli dei cavalli e delle ruote delle carrozze sul selciato della banchina.

Il giorno dopo, mentre passava lungo l'Amstel diretto al porto, lo scià girò la testa dall'altra parte per non dover guardare il canale.

Hekayat della passeggiata dello scià al porto

Allo scià era piaciuto molto l'intenso andirivieni del porto, quindi decise di tornarvi il giorno dopo a fare una passeggiata. Il sindaco fu lieto di accompagnarlo.

«Maestà, vi porto i saluti speciali di mia figlia», gli disse quando passò a prenderlo. Era chiaro a nome di quale delle figlie parlasse.

«Ricambiamo i suoi saluti», rispose lo scià. «È una giovane signora fuori dal comune.»

Proseguirono il giro tra le banchine. Lo scià studiò con piacere i nuovi modelli di gru progettati dagli olandesi. Erano macchine potenti, capaci di sollevare enormi carichi come se fossero giocattoli.

C'erano centinaia di navi attraccate in porto, tutte provenienti dal Suriname e da Sumatra. Dal loro cargo dodici marinai asiatici osservavano lo scià, immaginando che fosse un sovrano orientale. A un certo punto lo salutarono con la mano, lui lo trovò un gesto gentile e ricambiò il saluto con un cenno misurato. Quando passò davanti alla nave, i dodici uomini esclamarono in coro: «*Salam aleikum!*»

Lo scià sorrise e alzò di nuovo il braccio. Poi mandò Einoldowle a chiedere loro di scendere per scambiare qualche parola.

I marinai asiatici sbarcarono e si sprofondarono in un inchino, perché avevano capito di essere al cospetto del re di Persia.

«Da dove venite?» domandò lo scià, prima in

persiano, poi in arabo, ma loro non capirono perché provenivano da Batavia. Il sindaco, che aveva lavorato quindici anni nelle Indie Orientali, fece loro da interprete.

«Ogni quanto andate e tornate?»

«Una volta al mese.»

«Siete musulmani?»

«Sì, musulmani», risposero i marinai in coro.

Lo scià sorrise, era bello incontrare ogni tanto qualche musulmano in Europa.

«Pregate anche sulla nave mentre siete viaggio?»

«Sì», risposero tutti, e uno di loro spiegò che durante la navigazione erano costretti a farlo in modo frammentario.

Che cos'altro poteva chiedere loro?

«Pensiamo che nelle Indie ci siano moltissimi musulmani», disse.

«Sì, moltissimi.»

«Ma qui no. Qui non conoscono Allah, qui hanno Gesù e Maria. Roba da non credere. Eppure hanno costruito navi e gru come queste», disse indicandole, «mentre i musulmani non sono ancora in grado di farlo.» Sospirò.

Poco lontano l'orologio di una chiesa batté le dodici. Era l'ora in cui di solito i musulmani pregano.

«Sapete da che parte è la Mecca?» domandò lo scià.

Indicarono tutti il mare.

«Ottimo. Volete recitare la preghiera di mezzogiorno alla nostra presenza? È bene fare vedere alla gente di qui come viviamo la nostra fede.»

I marinai si guardarono l'un l'altro. Colsero quell'invito come un ordine del re e cercarono un po' d'acqua per le abluzioni rituali che precedono la preghiera. Poi scelsero una zona pulita della banchina e si rivolsero verso il mare, verso la Mecca.

A dire il vero, lo scià avrebbe dovuto pregare con loro, ma non lo fece. Si limitò a guardarli da lontano. Sprizzava gioia, aveva fatto una cosa buona, far recitare una preghiera nel porto di Amsterdam. Si trattava in effetti di un evento particolare in Europa, dove praticamente nessuno sapeva dove fosse La Mecca, La Mecca dove sorge la Ka'ba, la casa di Allah.

Quando i marinai finirono di pregare, lo scià fece segno a Einoldowle di ricompensarli con denaro olandese. Lui diede loro una moneta d'argento nuova di zecca. I marinai salutarono insieme lo scià portandosi la mano al berretto e lui riprese lentamente il suo giro del porto, pensando alla figlia del sindaco.

Hekayat del fazzoletto di DDDD, la figlia del sindaco

Dopo la passeggiata al porto, quella sera lo scià andò a teatro con il sindaco e sua moglie. Sperava che avrebbero portato anche la più giovane delle figlie, ma non fu così. Tuttavia, appena prima che il concerto avesse inizio, DDDD entrò nel palco e prese silenziosamente posto accanto a lui.

Alla fine della serata, rientrato in albergo, lo scià si gettò sul letto con ancora il vestito e tutto quanto. Desiderava DDDD, mai avrebbe immaginato che un così brutto anatroccolo potesse risvegliare in lui un desiderio tanto intenso.

DDDD era il genere di donna che, se fosse vissuta a Teheran, non avrebbe mai scelto per il suo harem. Perché allora se ne stava lì sdraiato a pensare a lei? Nel palco buio del teatro lei aveva premuto due o tre volte la gamba contro la sua. E quando si erano accese le luci, gli aveva sorriso con aria maliziosa.

Era brutta, ma consapevole del suo fascino femminile e del potere della sua giovinezza. A teatro aveva lasciato cadere il fazzoletto nuovo di seta ricamata sul suo grembo. Lui l'aveva raccolto, portato al naso, ne aveva aspirato il profumo e glielo aveva reso. Lei lo aveva poi premuto contro il seno provocante.

Lo scià aveva conosciuto molte donne, ma nessuna aveva mai fatto quel giochino con lui.

Era ancora intento a fantasticare quando all'improvviso qualcuno lanciò un sasso contro la finestra. Si alzò di scatto, guardò fuori, ma non vide nessuno. Evidentemente si era sbagliato. Aprì ugualmente le porte del balcone e guardò giù: c'erano degli uomini sul marciapiede, che appena lo videro iniziarono a gridare: «Buuu! Buuu!» Lo scià pensò che fossero ubriachi e che fossero lì per caso, ma poi si misero a urlare: «*À bas le dictateur. Bas le tyran!*» E non volevano saperne di smettere.

Era la prima volta che succedeva una cosa simile, lo scià rientrò e chiuse le porte. Come avevano fatto a colpire la sua finestra? La sua stanza si trovava all'ultimo piano, quindi non potevano aver lanciato il sasso dalla strada. Questa era una minaccia reale. Stava per avvertire il portiere dell'hotel di chiamare la polizia, ma poi ci ripensò. Forse era proprio ciò che volevano quegli uomini, che la notizia arrivasse ai giornali. Scivolò quindi fuori dalla stanza e raggiunse in punta di piedi quella di Einoldowle, dall'altra parte del corridoio. Il suo occhio sinistro lacrimava come sempre e infilò la mano nella tasca sinistra della giacca alla ricerca del fazzoletto. Si ritrovò tra le dita quello di seta della figlia del sindaco.

Entrò nella stanza di Einoldowle e disse: «Noi stanotte dormiamo qui.»

Einoldowle uscì dalla camera e chiuse piano la porta.

Lo scià si portò al naso il fazzoletto di DDDD e si addormentò all'istante.

In quel momento Banu era a letto, sveglia come un grillo. Pensava a come riuscire il giorno dopo a eludere gli uomini di Einoldowle.

Hekayat di un appuntamento di Banu ad Amsterdam

I compagni di viaggio dello scià erano stati alloggiati in alberghi più economici lontani dal centro. Il mattino seguente, subito dopo colazione, Banu noleggiò una carrozza e andò alla ricerca di un indirizzo. Gli uomini di Einoldowle che la pedinavano si ritrovarono sullo Herengracht,* dove Banu scomparve per due ore all'interno di un elegante palazzo. Accanto al portone era appesa una targhetta d'argento con su scritto: *Studio di Aletta Jacobs.***

Aletta Jacobs sapeva che la principessa persiana sarebbe andata a trovarla per parlarle di una questione importante, ma non sapeva esattamente quando. Così aveva avvertito la sua domestica che, non appena si fosse presentata una signora di un certo rango, doveva farla accomodare subito.

Quando lo scià ed Einoldowle, dopo la visita a Rotterdam e all'Aia, erano arrivati ad Amsterdam, il ciambellano aveva saputo dai suoi uomini che Banu era andata per ben due vol-

* Lo Herengracht (o Canale dei Signori) forma con il Kiezergracht e il Prinsengracht la cerchia dei canali di Amsterdam. (N.d.T.)

** Prima donna medico dei Paesi Bassi, Aletta Henriëtte Jacobs (1854-1929) fu una pioniera del movimento femminista olandese. Strenua fautrice del diritto di voto alle donne, si batté per il controllo delle nascite, introducendo l'uso del diaframma, contro la prostituzione e a favore della pace. (N.d.T.)

te a casa di una certa Aletta Jacobs. Comunicò subito la notizia all'ambasciatore persiano, ricevendo, nel giro di poco tempo, tutte le informazioni del caso. «Aletta Jacobs è il primo medico donna dei Paesi Bassi e una nota paladina dei diritti delle donne.»

Einoldowle non riuscì a scoprire come Banu fosse arrivata a lei. E ne discusse con lo scià nella sua camera d'albergo.

«Banu ha intenzione di scappare», disse, «e credo sia alla ricerca di un posto dove nascondersi.»

«Quella sgualdrina», sibilò lo scià e sprofondò nei suoi pensieri.

Seguì un lungo silenzio.

Poi lo scià protese la mano. Einoldowle aveva ricevuto un nuovo ordine. Baciò la mano del suo signore e lasciò la stanza. Sapeva già che cosa doveva fare: incaricò i suoi uomini di chiudere Banu nella sua camera. Poi ordinò a uno di loro di tenerla sotto costante sorveglianza finché lo scià non fosse partito da Amsterdam, in modo che non avesse la possibilità di fuggire.

Il giorno in cui la carovana del re avrebbe lasciato la città, gli uomini di Einoldowle l'avrebbero avvolta in un telo e infilata in una cassapanca con le mani e i piedi legati, in attesa di gettarla in mare durante la traversata della Manica.

Hekayat della partenza dello scià da Amsterdam

Lo scià era in procinto di lasciare Amsterdam per proseguire il suo viaggio alla volta dell'Inghilterra. La lunga carovana con l'enorme quantità di bagagli era partita di primo mattino per Hoek van Holland, in modo che bauli e valigie potessero essere imbarcati per tempo.

Quando l'orologio della chiesa batté le dieci, il sovrano scese le scale dell'hotel Amstel, dove Einoldowle lo attendeva all'ingresso. «È chiusa in una cassapanca», gli disse il suo fido ciambellano, «è tutto a posto.»

Lo scià era stato avvertito il giorno prima che un gruppo di persone intendeva manifestare contro di lui al momento della sua partenza. Perciò aveva informato le autorità che desiderava lasciare Amsterdam nel massimo riserbo, senza alcuna cerimonia.

«Sono qui fuori. Tra loro ci sono anche donne molto agguerrite», gli riferì Einoldowle.

Sul marciapiede si era radunata una piccola folla di amsterdamesi che gridavano: «*À bas le dictateur! Bas le tyran!*», innalzando cartelli con su scritto in francese: «*Un harem est scandaleux pour un roi.* È scandaloso che un re abbia un harem.»

La polizia era impegnata a tenerli a distanza per permettere all'illustre ospite di uscire, mentre in realtà il direttore dell'albergo lo accompagnava di nascosto a una porta sul retro, dove lo aspettava una carrozza.

Tuttavia i manifestanti, che erano ben organizzati, salirono immediatamente sulle loro carrozze e lo seguirono fino alla stazione, continuando a scandire slogan contro di lui.

Il treno era pronto e lo scià salì a bordo. Ma le donne che avevano partecipato alla protesta spuntarono come fantasmi tra le migliaia di cittadini assiepati sulla banchina, agitando i cartelli sotto il suo finestrino e gridando: «*À bas le dictateur! Bas le tyran!*»

Lo scià le osservò da dietro la tendina. Non aveva mai visto donne simili in vita sua: sembravano uomini in corpi femminili.

Era contento di essere salito in treno in tempo, altrimenti sarebbe finito nelle loro grinfie e avrebbe dovuto lasciare Amsterdam con i vestiti a brandelli e il copricapo lacero.

Il treno emise tre lunghi fischi poderosi, con cui il macchinista annunciava ufficialmente che il re di Persia lasciava i Paesi Bassi.

Lo scià sbirciò un'ultima volta da dietro la tendina per vedere se in mezzo alla folla scorgeva per caso la figlia del sindaco. Poi aprì la tenda, abbassò il vetro e sventolò il fazzoletto bianco di DDDD, un gesto di riconciliazione con la folla e un segno del suo desiderio di lei.

Lo scià se n'era andato dall'Olanda. Ma per restare mentalmente con lui ancora un giorno ad Amsterdam, decisi di fare a Iris una sorpresa che proprio non si aspettava.

Tempo prima mi aveva detto che sua madre soffriva di un problema agli occhi: «Le sue palpebre si sono così abbassate che ormai sembra una cinese», aveva detto, «e deve sollevarle con le dita.»

«Oggigiorno molti si fanno operare per correggere questo tipo di difetti», obiettai. «Perché non lo fa anche lei? È un problema che si può risolvere facilmente.»

«È andata in ospedale, ma c'è una lunga lista d'attesa per questo genere di interventi, deve aspettare almeno un anno.»

«Così tanto?»

«Sì, nel paese dove abitiamo non c'è un vero ospedale, per un'operazione simile bisogna andare a Deventer o a Zwolle. E lì le liste d'attesa sono lunghe.»

Un mio amico, Siamak, con il quale ero fuggito e poi anche finito in Olanda, era diventato uno dei migliori cardiologi dei Paesi Bassi. Lavorava all'AMC, l'Academisch Medisch Centrum, il Policlinico universitario di Amsterdam, dove faceva miracoli con il bisturi. Se non fosse fuggito, l'avrebbero arrestato e sarebbe rimasto in carcere per anni. E il giorno in cui l'avessero rilasciato, non avrebbe più potuto riprendere gli studi. Nel migliore dei casi avrebbe potuto lavorare come commesso nel negozio di tessuti di suo padre a Teheran. Ora invece era uno dei migliori cardiologi olandesi.

«Forse posso aiutare tua madre», dissi a Iris.

«E come?»

«Un mio amico è cardiologo all'AMC. Posso chiedergli se può prendersi cura di lei.»

«Mi prendi in giro? Un cardiologo si occupa di malattie del cuore, di infarti del miocardio eccetera, mentre mia madre ha un problema alle palpebre.»

«Non ho detto che debba operarla lui, ma posso chiamarlo e chiedergli se può fare qualcosa, in modo che non debba aspettare così tanto.»

Così chiamai Siamak e gli spiegai che si trattava di un caso particolare.

Lui rise e mi rispose: «Vedo cosa posso fare.»

Iris telefonò a sua madre e il mattino dopo la fece venire da Olst, un paesino sull'IJssel, ad Amsterdam. Andai a prenderla alla stazione con la mia auto e la portai direttamente al Policlinico.

Un'infermiera la prese subito in consegna per farle degli esami del sangue, poi la accompagnò dal medico. Iris rimase in sala d'attesa. Tre quarti d'ora dopo sua madre uscì dallo studio del chirurgo. «Tutto fatto!» disse.

«Come, tutto fatto? Così in fretta?» esclamò Iris guardando le palpebre di sua madre.

Per riprendersi dalla sorpresa e parlare un po' con lei, la portò a pranzo nel ristorante dell'ospedale. E quel pomeriggio verso le due sua madre tornò a Olst con le sue gambe.

«Voi siete matti», mi disse Iris più tardi. «Io

proprio non vi capisco, voi orientali. Come fate a fare queste cose?»

«È il miracolo dell'immigrazione», la canzonai, «la fuga ha una sua logica. La fuga ti fa superare ogni barriera, anche quella delle liste d'attesa, della cardiologia e soprattutto di te stesso.»

E anche le barriere dell'amore, ma questo non gliel'ho detto.

Hekayat degli occhi dello scià

Durante il suo soggiorno ad Amsterdam lo scià si sottopose a una visita in ospedale. Soffriva da un anno di un disturbo all'occhio sinistro, che era sempre un po' gonfio e continuava a lacrimare. A Teheran il suo medico personale, il dottor Toluzan, non era in grado di curarlo. Si trattava di una malattia con cui avrebbe dovuto convivere fino alla fine dei suoi giorni, perciò si limitava a sciacquare l'occhio tre volte al giorno con tè fresco.

Nel periodo in cui era ad Amsterdam, il direttore della Clinica Oculistica della Wilhelmina Gasthuis* era il dottor Willem Marius Gunning.** Il dottor Toluzan fissò un appuntamento con lui. Non appena lo vide, lo specialista capì che lo scià soffriva di una forma iniziale di tracoma. Il trattamento, compresa un'accoglienza regale, durò meno di un quarto d'ora, dopo di che lo scià si ritrovò fuori dall'ambulatorio con un flaconcino di gocce oftalmiche in mano. Era profondamente offeso per essere stato trattato come un paziente qualsiasi. Il dottor Toluzan gli impedì di buttare via il flaconcino. Lo conservò tra le sue

* Ex ospedale di Amsterdam, intitolato alla regina Guglielmina, che a dieci anni, non ancora ascesa al trono, ne depose la prima pietra. È poi confluito nell'AMC, l'attuale policlinico della città. (N.d.T.)

** Willem Marius Gunning (1834-1912), oftalmologo olandese, docente di oculistica all'Università di Amsterdam, dedicò parte dei suoi studi alla particolare incidenza delle patologie oculari tra gli abitanti delle colonie. (N.d.T.)

medicine e gliene somministrò qualche goccia tre volte al giorno. Avevano appena lasciato l'Olanda quando l'occhio sinistro dello scià smise di lacrimare.

«Che sia benedetto il nostro amore per Amsterdam», scrisse in seguito nel suo diario, «il nostro occhio sinistro non lacrima più. L'ospedale ci ha fatto un'ottima impressione. Abbiamo saputo che ci lavorano medici molto preparati. E lì abbiamo visto donne girare vestite da suora, con lunghi copricapi bianchi. Una di loro ci ha messo qualche goccia negli occhi. Assomigliava molto alla santa Maria, come appariva dopo la crocefissione di suo figlio Gesù.»

Della visita oculistica riferita dallo scià non vi è traccia negli archivi dell'ospedale. Ma all'Archivio Civico di Amsterdam è conservata una foto di gruppo delle infermiere della Wilhelmina Gasthuis. In effetti assomigliano tutte a Maria dopo la crocefissione di Gesù.

Nello stesso armadio, conservata in una cassetta, c'è una pila di lastre fotografiche dell'ospedale. Tutti negativi di foto di sale d'attesa, camere operatorie, della cucina, di carrozze ospedaliere, di pazienti bianchi e personale bianco.

Da quelle lastre si capisce che l'ospedale in cui fu curato lo scià era un autentico ospedale. Il Policlinico dove è stata curata la madre della mia studentessa, invece, è un'azienda. C'è uno Starbucks e corre voce che apriranno anche un McDonald's.

Oggigiorno ci lavorano anche molti medici di origine straniera, compresi ex richiedenti asilo. E oltre a infermiere bianche, trovi molte allegre Maria del Suriname e delle ex Indie olandesi.

Detto questo, andiamo a vedere che fine ha fatto Banu.

La grande nave olandese era salpata da Hoek van Holland già da alcune ore facendo rotta verso le acque territoriali britanniche, quando lo scià, con indosso la sua miglior uniforme militare, salì in coperta a fare una passeggiata.

Nonostante i dimostranti avessero cercato di rovinargli il viaggio fino all'ultimo, conservava parecchi ricordi positivi dei Paesi Bassi. Il suo occhio sinistro era guarito e il fazzoletto di seta morbida della figlia del sindaco lo faceva sentire bene. Con le mani incrociate sulla schiena, proseguì la sua passeggiata ripensando a quei bei momenti.

Aveva indossato la spada ornata di pietre preziose e il suo copricapo più bello. Così era pronto per la cerimonia ufficiale di benvenuto che si sarebbe svolta a breve sul suolo inglese. Ogni paese aveva il suo fascino, la sua cultura e la sua religione, ma per lui l'Inghilterra rappresentava qualcosa di completamente diverso rispetto, ad esempio, al Belgio o all'Olanda. Gli inglesi si intromettevano in qualunque decisione prendesse per il suo paese. Decine di donne del suo stesso harem agivano, direttamente o indirettamente, in combutta con l'ambasciata britannica di Teheran. Non si poteva dire ad alta voce, ma gli inglesi avevano comprato perfino lui, finanziando il suo viaggio in Europa. E naturalmente non l'avevano fatto per niente. Gli avevano versato un anticipo sui diritti di sfruttamento di tutte le materie prime del sottosuolo persiano, compresi i presunti giacimenti di petrolio nei terreni che avevano acquistato da lui.

Lo scià temeva che i britannici lo avrebbero accolto non come un re, ma come un vassallo. Intanto, sul ponte della nave, si esercitava a ripetere una serie di accurate frasi inglesi che avrebbe potuto usare qua e là.

A un tratto il suo sguardo cadde su una donna con un cappello a tesa larga e vestita con eleganza. Vedeva bene? Di nuovo Banu? Einoldowle gli aveva detto di averla chiusa in una cassapanca.

Lo scià fremette di rabbia. Di che cosa stava parlando con il capitano?

Lo scià andò di corsa alla ricerca di Einoldowle e lo trovò coricato nella sua cabina. Il ciambellano capì subito che era successo qualcosa di grave e saltò giù dal letto dicendo: «Maestà?»

«È in coperta che parla con il capitano.»

«Chi, Maestà?»

«Quella sgualdrina. L'hai liberata tu?»

Einoldowle si precipitò fuori e vide che era proprio Banu la donna che conversava con il capitano.

Lo scià capì che gli aveva dato scacco matto. Stava parlando con il capitano per garantirsi di essere al sicuro sulla nave. A quel punto lui non avrebbe più potuto farla sparire e lei sarebbe entrata ufficialmente in Gran Bretagna senza doversi preoccupare per la sicurezza del suo soggiorno nel paese. Ma chi l'aveva aiutata a uscire dalla cassapanca? Tutti, nella sua carovana, tramavano contro di lui. Tra i suoi compagni di viaggio c'era chiaramente anche un manipolo di intriganti e traditori. Era letteralmente sotto scacco, perché all'improvviso la sirena della nave suonò sette volte di seguito, segno che erano entrati nelle acque inglesi.

I principi persiani che dovevano scortarlo lo attendevano schierati sul ponte nelle loro uniformi nuove. Non aveva altra scelta, doveva salire anche lui in coperta. Lì si imbatté anche in Banu.

Lo scià si dominò. «Va tutto bene?» le chiese. «Sono un po' di giorni che non ti vediamo», concluse laconico e proseguì senza attendere la sua risposta. Non c'era tempo, perché una grande nave principesca battente bandiera britannica si stava avvicinando per dargli il benvenuto già in mare. Lo scià ne fu sorpreso e gli vennero le lacrime agli occhi.

Sulla nave erano presenti quasi tutti i principi e le principesse di Inghilterra, tutti parenti della regina Vittoria. Quell'imprevista accoglienza in pompa magna lo mise in imbarazzo. I suoi timori svanirono e si sentì riempire il cuore di gioia. Era così contento che si rivolse a Banu sorridendo. «Hai visto? Sono venuti a prenderci tutti quanti.»

In quel momento si rese conto di avere l'abbigliamento sbagliato. Si precipitò nella sua cabina, si spogliò dell'uniforme militare e indossò uno dei suoi abiti migliori, tutto ricamato d'oro. Poi infilò il copricapo più elegante che aveva e si guardò allo specchio. Non era soddisfatto dei suoi baffi e della barba. Da quando aveva perso il suo barbiere personale, era Einoldowle a spuntarglieli. I baffi erano storti. Prese rapidamente la forbice e li pareggiò con cura. Poi corse fuori e salì le scale con aria composta.

La nave olandese rallentò e si accostò piano a quella britannica. Ora i principi e le principesse inglesi potevano vedere lo scià da vicino. Applaudirono con foga e lo scià li salutò sorridendo, mentre, come da protocollo, i principi persiani stavano rigidamente sull'attenti alle sue spalle. Tra le due navi fu gettata una passerella e il figlio maggiore della regina Vittoria salì sull'imbarcazione olandese per accompagnare lo scià sulla propria. Lo scià spalancò le braccia e lo strinse a sé. Dopo un breve scambio di parole lo seguì sulla passerella e salì sulla nave inglese, dove fu nuovamente accolto da un caloroso applauso.

Lo scià era circondato dai principi inglesi, quando all'improvviso Banu comparve sulla passerella e venne verso la nave britannica, dove fu circondata e accolta con ammirazione dalle principesse. Lo scià la vide parlare ridendo con loro. Sorrise e trattenne la sua rabbia. Chi l'aveva liberata dalla cassapanca? Chi le aveva suggerito di salire sulla nave inglese? Quali suoi compagni di viaggio lo stavano ingannando? La nave inglese sparò sette salve di cannone e riprese la navigazione. La nave olandese con il seguito e i bagagli si mise nella sua scia.

Hekayat dell'accoglienza dello scià sul suolo britannico

Sulla nave britannica erano stati allestiti grandi tavoli, con cibo, frutta, bevande e varie prelibatezze. Era una giornata di sole e tutti apparivano felici e contenti.

Quando furono in vista del porto inglese, giunsero grandi imbarcazioni per scortare la nave dello scià. Fu un'accoglienza fastosa, che dimostrava come i britannici fossero un popolo più civile e cortese di quelli che lo scià aveva conosciuto finora. Il re persiano e i principi e le principesse inglesi scrutavano con il cannocchiale la folla che li attendeva impaziente. Erano centinaia le barche delle ricche famiglie britanniche che desideravano assistere a questa visita storica. E suonarono la sirena tutte insieme quando lo scià sbarcò e mise piede sul suolo inglese.

Il premier e il ministro degli Esteri gli andarono incontro insieme a un gruppo di illustri esponenti politici, e il premier gli diede il benvenuto a nome della regina Vittoria. Poi lo accompagnarono in un salone per un brindisi prima che proseguisse il suo viaggio per Londra.

Alcune carrozze riccamente decorate erano pronte per condurlo alla stazione della piccola città portuale.

«Che accoglienza, che accoglienza!» continuava a ripetere tra sé lo scià. Quel benvenuto speciale gli infuse più fiducia in se stesso, per cui salutò la folla con la sensazione di essere «il re dei re».

Non sapeva, quella gente, che poco tempo prima aveva fatto eliminare il premier più amato del suo paese? O era proprio per quello che lo applaudivano? In Belgio o in Olanda non erano informati delle vicende politiche di Teheran. In Inghilterra tutti conoscevano lo scià. I giornali britannici avevano dato ampio risalto alla scomparsa di Mirza Kabir. Il primo ministro iraniano non piaceva a Londra. Lo consideravano troppo nazionalista, un premier che si opponeva alle ingerenze inglesi nella politica iraniana. Correva anche voce che lo scià avesse fatto uccidere Mirza Kabir su consiglio e con il benestare di Londra.

Forse quell'accoglienza festosa voleva essere una ricompensa proporzionata alla sua lealtà. Lo scià era contento, ma al tempo stesso si sentiva pur sempre un vassallo della corona britannica. Aveva venduto l'onore del suo antico e glorioso paese per una sacca di sterline inglesi che gli erano servite, tra l'altro, a fare quel viaggio incredibile.

Rimuginando questi pensieri salì sul treno reale arrivato appositamente per lui da Londra.

Hekayat della carrozza della regina

Lo scompartimento reale, riservato esclusivamente alla regina Vittoria, sembrava una carrozza delle fiabe. Il vagone della donna più potente del mondo, colei che reggeva lo scettro dell'Impero britannico, era di una qualità speciale. Bastava salirvi a bordo per capire che cosa significava la Gran Bretagna.

Il vagone era dotato delle invenzioni più moderne, di tutto ciò che poteva servire a un sovrano durante un viaggio, come un telegrafo e una linea telegrafica. Lo scià poteva comunicare con tutto il mondo.

«Con tutto il mondo», aveva detto il capotreno, aveva capito bene? Lo scià aprì un armadio in cui i cibi venivano tenuti al fresco. C'era una doccia con acqua calda e fredda. Il letto era preparato con lenzuola e coperte di prima qualità. C'era anche una specie di tubo attraverso cui si poteva convocare il capotreno. E in una piccola libreria c'erano tutti i giornali del regno e una serie di libri in edizioni curate.

Dopo aver studiato ogni angolo del vagone, lo scià prese un giornale e si accomodò in un'ampia ed elegante poltrona in pelle per riposare.

Durante una sosta in una stazione intermedia, dove il treno si era fermato a fare rifornimento di carbone, nello scompartimento risuonò all'improvviso un ticchettio ritmico, che lo scià non aveva mai sentito. Si alzò e si avvicinò al telegrafo. Vide l'ago tracciare una serie di punti e trattini sulla carta. Sulle prime rimase interdetto, non sapeva cosa fare, poi andò al tubo ed esclamò: «*A telegram!*»

Il capotreno, che normalmente era al servizio della regina durante i suoi viaggi, entrò nello scompartimento. Si sprofondò in un inchino, andò al telegrafo, trascrisse il messaggio e lo porse allo scià. Il suo inglese era abbastanza buono da permettergli di capire una semplice conversazione, poteva cavarsela da solo. Il testo del telegramma era chiaro: «*London looks forward to welcoming the Persian King. Queen Victoria of the United Kingdom.*»

Che sorpresa! Un'ondata di calore gli salì al petto e il suo cuore iniziò a battere più forte.

Lo scià si sedette alla scrivania, prese carta e penna, ci pensò un po', scrisse una frase in inglese e consegnò il messaggio al capotreno, che lo trasmise premendo il tasto manipolatore. «*Dear, dear Queen, delighted to get your majestical words. Best regards. Salam. King of Persia.*»

Con sua grande gioia, cinque minuti dopo il telegrafo riprese a ticchettare, inviando una serie di nuovi segni.

Lo scià gridò nel tubo: «*A new telegram!*»

Il capotreno entrò di nuovo nello scompartimento e trascrisse il testo: «*We have received your royal greetings. We shall meet soon. Victoria.*»

Lo scià era stupefatto non solo dalle parole cordiali della regina, ma anche da quell'apparecchio in grado di ticchettare con tanta precisione quei segni misteriosi. Che cosa doveva fare? Risponderle con un altro messaggio oppure no? Andò al finestrino e guardò fuori.

A un tratto l'apparecchio ticchettò una breve frase.

«*A new telegram again!*» annunciò entusiasta attraverso il tubo. Il capotreno tornò, tradusse la frase e gliela porse: «*Enjoy the sunshine!*»

Lo scià si abbandonò sulla poltrona e sí beò del sole che entrava dal finestrino. Quelle parole lo avevano colpito e sprofondò nei suoi pensieri. Era il benvenuto in Inghilterra. Proprio il benvenuto.

Il treno andava forte e lo scià era preoccupato. Non gli sembrava saggio che un treno procedesse a una tale velocità. A cosa serviva tutta quella fretta? Arrivare un'ora prima o un'ora dopo non cambiava niente. Gli sarebbe piaciuto vedere i paesini lungo la ferrovia, ma a quella velocità gli passavano davanti agli occhi come un'unica striscia indistinta. Se fosse stato in Persia, avrebbe sicuramente ordinato al macchinista di prenderla con più calma.

Ma non era l'unico a lamentarsi della velocità del treno, in questo era stato preceduto dalla regina Vittoria. Aveva ventidue anni quando era salita per la prima volta su un treno. Viaggiava su una semplice carrozza realizzata apposta per lei. Quando il treno accelerò fu colta dalla nausea, in più temeva che il vagone deragliasse da un momento all'altro. Subito dopo essere scesa si era lamentata di quella velocità disumana. Quello su cui ora viaggiava lo scià andava notevolmente più forte. Forse il macchinista voleva fare colpo su di lui.

Nei pressi di una zona industriale fuori Londra si alzò all'improvviso una nuvola di fumo, e in una curva lo scià vide che uno dei vagoni era in fiamme. Il treno si fermò e lui scese a osservare l'incendio da vicino, per poterlo poi descrivere sul suo diario come primo re testimone di un simile evento. Il capotreno, il macchinista e tutto il personale ferroviario cercarono di spegnere il fuoco con acqua e sabbia, ma non ci riuscirono. Così decisero di separare il resto del convoglio dalla carrozza in fiamme. Tutti i passeggeri di sesso maschile, compresi i principi inglesi e persiani, allontanarono a forza di braccia i vagoni staccati da quello incendiato.

«Abbiamo spinto indietro il treno con le nostre mani. È stato fantastico», annotò quella sera lo scià nel suo diario.

Dopo un'ora di attesa arrivò a prenderlo un trenino corto e buffo. Lo scià salì a bordo sorridendo e il mini-convoglio lo condusse con insolita regalità fino a Londra, dove lo aspettava una moltitudine di persone. A quel punto scese dal trenino come un grande re persiano delle favole e venne accolto con una cerimonia spettacolare perfettamente organizzata.

Nel suo viaggio in Europa lo scià aveva incontrato molte persone, ma portava nel cuore gli inglesi. Riteneva che Dio avesse donato loro grande talento e inventiva. In più possedevano maniere squisite. Il modo in cui lo avevano ricevuto, quello in cui si vestivano le donne, la posa che assumevano gli uomini quando fumavano il sigaro, la sovrana che, con sua grande sorpresa, gli aveva inviato telegrammi reali, i soldati che marciavano risoluti e impeccabili davanti a lui, i cavalli che seguivano come esseri umani le regole di quella complessa società. Nelle trafficate vie di Londra circolavano migliaia di carrozze, migliaia di cavalli, ma non c'era traccia di escrementi per terra.

Solo allora capì come e perché gli inglesi potessero regnare sulla metà del mondo. E fu anche solo allora che capì perché il suo antico paese fosse rimasto così arretrato.

Pianse sommessamente nel fazzoletto sulla carrozza dorata che lo conduceva a Buckingham Palace. Non erano però lacrime di dolore, le sue, ma di gioia. Aveva finalmente accettato di essere un re insignificante, ma anche un re che scriveva. È un sollievo riuscire ad accettare di non essere quello che avresti voluto, e valorizzare invece quello che sei.

E disse tra sé: Vittoria resterà nella storia per essere stata a capo di un grande regno. Anche noi continueremo a vivere, grazie a quella penna d'oca d'oro che ci portiamo sempre appresso. Un re curioso, che desidera vedere tutto della sua epoca e provare tutto.

Hekayat di una giovane luce di cui lo scià fece esperienza

Il giorno dopo lo scià fu accompagnato a un pranzo nella residenza del principe ereditario. Il principe aveva otto figli e per ciascuno di loro lo scià aveva portato da Teheran bamboline fatte a mano e altri giocattoli che un vecchio artista persiano creava per la sua numerosa prole.

Nei grandi negozi della capitale britannica si trovavano giocattoli moderni di ogni genere, ma i doni dello scià erano vere e proprie opere d'arte. Il principe ereditario e la moglie apprezzarono molto il suo pensiero.

Lo scià aveva portato decine di valigie piene di souvenir, tutti doni speciali per re, regine, capi di stato, principesse e soprattutto per i loro figli. Scialli decorati di pietre preziose, guanti da donna molto particolari, braccialetti, orecchini, passamanerie dorate con piccole gemme, anelli, tappeti, porcellane, antichi pugnali, spade e anche una sorpresa speciale per la regina Vittoria.

Al pranzo con il principe ereditario erano presenti numerose principesse di altri paesi. Era antica consuetudine presso le monarchie europee che gli eredi al trono chiedessero la mano di principesse di altre famiglie reali. La moglie del principe ereditario, ad esempio, era tedesca, sua sorella era andata in sposa al futuro imperatore russo, sua cugina aveva come marito un principe belga. Erano tutti zii e zie, nonni e nonne dei reciproci rampolli e lo scià non riusciva a capire perché si facessero così tante guerre tra loro.

Le principesse furono presentate allo scià una per una. Erano tutte giovani donne che si erano sposate molto presto. Lui, che non si aspettava di incontrare così tante dame, si sentì a disagio perché non aveva doni per tutte, perciò spedì Einoldowle a Buckingham Palace a prendere altri souvenir.

Il giorno dopo fu invitato da un altro figlio della regina. Così trascorse i primi tre o quattro giorni in compagnia dei figli e dei nipoti della regina Vittoria. Si trattò in tutti i casi di visite piacevoli, cosa che non si aspettava.

La quarta sera, dopo una cena a casa del primo ministro William Ewart Gladstone e della sua famiglia, andarono insieme a un ricevimento nel castello di uno degli uomini più ricchi di Londra, il duca di Desartland. Abitava in una splendida tenuta, con grandi saloni capaci di ospitare centinaia di persone. Aveva invitato tutti i principi, le principesse e numerose coppie abbienti della capitale per una festa in onore dello scià.

L'intera famiglia Desartland ricevette il re persiano all'ingresso del castello. Per prima cosa il duca lo condusse nel suo studio a bere un bicchiere. Prese una bottiglia di vino rosso che, dichiarò, aveva 150 anni. Risaliva al suo bisnonno. Nessuno aveva osato aprirla finora, quella bottiglia era destinata a un ospite speciale che un giorno sarebbe arrivato.

Il duca invitò lo scià a stapparla. Lo scià, autentico amante del vino, estrasse il tappo con cura e dalla bottiglia esalò un bouquet delizioso. Versò un dito di vino in un bicchiere e lo porse al nobiluomo, che ne sorbì educatamente un sorso e lo degustò. Quindi annuì, esprimendo emozionato la sua approvazione. A quel punto lo scià levò il suo calice esclamando: «*Salam!*»

Dopo una mezz'oretta i due uomini scesero nel salone, dove li attendevano duecento ospiti. Il vino d'annata aveva fatto effetto, lo scià si sentiva bene, allegro e leggero. E rideva. Era da molto tempo che non si sentiva così felice.

Secondo la tradizione dell'epoca, agli invitati erano stati distribuiti dei biglietti sui quali potevano scrivere con chi avrebbero voluto danzare. Quando il maestro di cerimonie aprì quelli delle signore, risultò che tutte avevano indicato lo scià. Non era chiaro se fosse l'esito di un piano preordinato o fosse stata una scelta spontanea. Tutti applaudirono entusiasti e lo scià si sentì confuso. Così tanta cordialità gli fece venire un groppo in gola. Aveva sempre avuto paura di tutti fin dalla più tenera età, e suo padre gli aveva insegnato che come principe ereditario non doveva fidarsi di nessuno: ovunque, dietro le apparenze, poteva celarsi un complotto, e questo valeva a maggior ragione per gli inglesi. Ma adesso lui si fidava di tutti gli inglesi presenti in quella sala. Li amava perfino.

Cercò di trattenere le lacrime, ma il vino corposo che aveva bevuto gli impediva di avere il controllo delle sue emozioni. Piangeva e rideva. Il suo riso e le sue lacrime brillavano nella luce elettrica di cui disponevano da poco i ricchi londinesi, una luce giovane e bella, che risplendeva nelle lampade di vetro bombé, una luce promettente.

A un tratto lo scià fece un passo avanti. Un

tempo i persiani avevano una loro religione, quella di Zarathustra, in cui si adoravano la luce, il fuoco e il sole. Si danzava davanti e intorno al fuoco. Gli antichi re avevano i loro passi di danza per rendere omaggio al sole. Si trattava di una tradizione di sei-settemila anni prima, di cui lo scià aveva visto testimonianze in disegni rupestri sulle montagne. Non sapeva perché, ma forse quella nuova luce elettrica aveva risvegliato in lui gli antichi passi di danza ormai dimenticati. Fece un altro passo avanti, allargò le braccia e iniziò a danzare in onore della nuova luce.

Scese il silenzio e tutti guardarono stupiti quel re venuto a Londra da un tempo perduto per eseguire quella danza straordinaria davanti a loro.

Poco dopo questa esibizione, lo scià si congedò dal duca di Desartland, forse pensava che non fosse opportuno trattenersi oltre. O forse voleva andare a letto presto, perché il giorno dopo avrebbe fatto visita alla regina Vittoria.

Hekayat della regina Vittoria e del suo incontro con lo scià

All'alba del 21 giugno 1837, quando l'orologio della grande chiesa di Londra batté le sei, due carrozze entrarono nel palazzo. Il primo ministro e l'arcivescovo di Canterbury scesero dalle rispettive vetture e salirono le scale della residenza. La madre della giovane Vittoria, che non si aspettava una loro visita, sentì subito che la Storia stava varcando la soglia della sua dimora nella persona di questi due signori. E la Storia aveva scelto Vittoria.

La donna tremò al pensiero dell'enorme fardello che veniva posto sulle spalle di sua figlia, che aveva appena compiuto diciotto anni. Ciononostante salì le scale del secondo piano, entrò nella camera di Vittoria, la scosse, svegliandola a fatica, e disse: «La Storia ti sta aspettando al piano di sotto.»

«Che cosa?» chiese la giovane.

Indossò la vestaglia e scese nella sala dove i due signori l'attendevano. Le annunciarono che suo zio, Guglielmo IV, era spirato nella notte e che la Storia aveva scelto lei come nuova regina della Gran Bretagna.

Vittoria era un giovane albero appena piantato al cospetto di due vecchi fusti. Fu percorsa da un lieve tremito nel sentire quelle parole e si aggrappò a una sedia per non cadere. Ma raddrizzò subito le spalle e, come se indossasse una corona sul capo, disse con un leggero impaccio: «Viva la Gran Bretagna!» Presi alla sprovvista, i due anziani signori proclamarono in coro: «Viva la regina!»

Quando se ne andarono, Vittoria corse di nuovo a letto. Quando sua madre salì per chiederle che cosa fosse successo, la trovò febbricitante in un bagno di sudore.

Qualche anno dopo Vittoria sposò il cugino Alberto.

«Non ho *mai*, *mai* passato una notte così!!!» scrisse in seguito nel suo diario, ripensando alla prima notte di nozze. «Il suo amore infinito e il suo affetto mi hanno procurato un senso di felicità e di amore celestiale che mai avrei potuto sperare di provare. Mi ha presa tra le sue braccia e ci siamo baciati a non finire! La sua bellezza, la sua grazia e la sua tenerezza – come potrò mai essere abbastanza grata di avere un marito così! Oh mio *amatissimo*, *amatissimo dolce* Alberto.»

Vittoria partorì nove figli. Alberto morì all'improvviso all'età di quarantadue anni e con la sua morte Vittoria perse gran parte della sua voglia di vivere. Riempì l'armadio di vestiti neri, non comparve più in pubblico e non andò più a Londra, dove era stata l'ultima volta con Alberto.

Ora, accompagnato dal sindaco della città, lo scià era diretto al castello di Windsor per incontrarla. Alla piccola stazione dove dovevano scendere c'era ad attenderli un'imponente carrozza trainata da quattro cavalli.

Quando la carrozza giunse alle porte del castello, la regina Vittoria comparve in cima alla scalinata e scese a dare il benvenuto al suo ospite.

Lo scià si fermò, chinò leggermente il capo, prese la mano della regina e vi posò un bacio con aria compassata. Vittoria gli offrì il braccio e salirono insieme le scale, mentre John Brown, il braccio destro della regina, accompagnava il sindaco in un'altra ala del castello.

L'inglese dello scià non era malvagio, ma lui preferiva ricorrere al francese, la lingua che aveva imparato da piccolo dalla sua governante e che parlava correntemente.

Lo scià aveva un'aria amabile e cordiale, motivo per cui le persone si sentivano subito a loro agio in sua compagnia. Era per questo che il re del Belgio e quello dei Paesi Bassi lo avevano accolto come un fratello e anche la regina Vittoria si sentiva in sintonia con lui. Lo condusse nel suo studio. Lì c'era una scrivania di forma molto originale, due belle poltrone colorate con lo schienale dorato, e sul pavimento un tappeto antico, sicuramente dono di un vecchio re persiano. Sulla scrivania troneggiava un telegrafo dorato, oltre a numerosi dossier e altri documenti. Un grande ritratto di Alberto in cornice dorata era appeso alla parete dietro la poltrona della regina.

Vittoria, nel suo elegante vestito nero, invitò lo scià a prendere posto su una delle poltrone rivestite di seta blu e si sedette a sua volta dietro la scrivania. Lo scià si guardò intorno sbalordito. Perché non aveva anche lui un suo studio a Teheran, con una scrivania dove sedersi a lavorare alla luce di una lampada elettrica?

La regina accese la lampada, benché non fosse necessario. Perché l'aveva fatto? Forse per fare colpo su di lui? Dimostrargli che era la regina delle regine e che possedeva una lampada così moderna?

No, lo scià non aveva una scrivania a Teheran, sedeva per terra come un Buddha su un cuscino morbido con un piccolo tavolino davanti. C'era poi un domestico che gli faceva vento con un'enorme piuma di pavone, mentre un altro, in ginocchio, teneva stretto il calamaio e un altro ancora asciugava il foglio, e un quarto reggeva una brocca d'acqua mescolata a zucchero e a petali di rosa, pronto a versargliene un bicchiere quando aveva sete. Infine c'era chi gli leggeva le notizie pubblicate sull'unico giornale del paese. La regina Vittoria, invece, faceva tutto da sola. Sulla sua scrivania c'erano un calamaio d'oro e ogni sorta di penne nuove, moderne, che lo scià ancora non possedeva.

La regina spense la lampada e la riaccese, forse per rompere il silenzio. Lo scià si raddrizzò e prese la parola.

«Maestà! Abbiamo saputo tutto, conosciamo il vostro dolore. Vi portiamo i saluti e le condoglianze della regina, nostra madre, benché sia trascorso molto tempo. Quando eravamo ancora a Teheran, abbiamo sentito dire che a distanza di così tanti anni vestite ancora a lutto. Desideravamo portarvi in dono qualcosa di speciale, ma non sapevamo che cosa. Abbiamo chiesto consiglio a nostra madre, e lei ci ha aiutato con la saggezza dei suoi anni. Secondo la tradizione persiana, anche noi vestiamo a lutto per molto tempo quando uno dei nostri cari muore all'improvviso. Ma dopo un certo periodo, gli amici ci portano abiti vivaci, per offrire alla vita la possibilità di andare avanti. Basandomi su questa nostra antica tradizione, ho fatto cucire un abito per voi. È stato confezionato da un famoso sarto persiano.»

La regina Vittoria ascoltò lo scià con le lacrime agli occhi, ed era curiosa di vedere che cosa le avesse portato. Lo scià posò la valigia sulla scrivania. La aprì e ne estrasse una giacca che assomigliava più a un'opera d'arte che a un capo di abbigliamento.

La regina accese di nuovo la lampada e la luce cadde sulle piccole pietre preziose applicate con ricami sulla stoffa.

«Questo non è un capo di vestiario, ma la Persia stessa come l'ho sempre immaginata», commentò la regina.

«Speriamo che vostra Maestà la indosserà ogni tanto per lenire il suo dolore», rispose lo scià.

Vittoria annuì commossa.

La regina Vittoria si vestì di nero fino alla fine dei suoi giorni e nessuno l'ha mai vista con quella giacca persiana. Ma il suo fedele maggiordomo, che la seguiva ovunque, ha scritto qualcosa in merito nelle sue memorie. «Talvolta, quando il cielo era sereno e si sentiva bene, sua Maestà indossava quella giacca e usciva a passeggiare nei giardini del castello. Era molto bello vedere come sua altezza risplendeva tra i fiori nella luce del sole.»

La giacca è oggi esposta in una vetrina del museo della famiglia reale britannica. Nessuno sa che era il dono di un re persiano per lenire il dolore della regina Vittoria e continuare a festeggiare la vita, nonostante tutto.

Prima di incontrare la regina Vittoria, lo scià si era preparato per discutere con lei delle importanti relazioni tra i loro paesi. Ma con suo grande stupore, il loro colloquio prese una piega completamente diversa e Vittoria gli parlò soprattutto del gabinetto reale.

Hekayat di un gabinetto reale inglese

Vittoria raccontò allo scià di suo marito Alberto, di quanto le mancasse e di come lui non fosse solo il suo consorte, ma anche il suo re. «*I am the queen, but he was my king.*» Gli spiegò che aveva un potere più limitato di quello dei sovrani che l'avevano preceduta, ma che l'obiettivo suo e di Alberto era sempre stato quello di rendere più piacevole la vita dei loro sudditi. Uno dei loro progetti era offrire un'istruzione gratuita a tutte le fasce della popolazione.

«Un altro progetto importante, anzi forse uno dei più importanti, nel quale Alberto e io eravamo impegnati giorno e notte», proseguì Vittoria, «era quello dei servizi igienici. Sognavamo che in ogni casa britannica ci fosse un gabinetto.»

Lo scià aveva capito bene? La regina della Gran Bretagna gli stava parlando di gabinetti o era un equivoco dovuto al fatto che non padroneggiava l'inglese?

«Stavamo collaborando da qualche anno con un gruppo di ingegneri e architetti per realizzare il nostro sogno», riprese Vittoria, «ma all'improvviso ho perso il mio Alberto. E sono diventata una carrozza rotta con un cavallo morto.»

Lo scià avrebbe voluto parlare delle relazioni tra i loro paesi, della linea telegrafica che, passando attraverso la Persia, sarebbe arrivata in India, e soprattutto dei progetti per la costruzione della ferrovia che avrebbe collegato il

Golfo Persico a Bombay. E invece se ne stava lì muto ad ascoltare sbalordito il progetto degli impianti igienici della regina inglese.

Vittoria gli offrì una tazza di tè e una fetta di torta che aveva preparato e tagliato in precedenza. «*Made by myself*», disse, posandogli davanti il piattino con un sorriso. Poi, rompendo l'atmosfera di solennità, gli raccontò che dopo la morte di suo marito si era dedicata spesso ad attività domestiche: cuocere minestre e preparare torte, fare maglioni ai ferri per i suoi nipoti e calze di lana per sé, fare giardinaggio, passeggiate e leggere libri. «L'unico progetto per il quale continuo a battermi con tutta l'anima è quello dei servizi igienici.»

I gabinetti, quindi, pensò lo scià. Quello con la regina si era rivelato un incontro sorprendente. Era sempre più convinto della necessità di quel suo viaggio in Europa. A Teheran aveva una visione del mondo totalmente diversa, e ovviamente anche la sua immagine della regina Vittoria era totalmente diversa. E invece guarda in che situazione si era ritrovato.

Era previsto che lo scià bevesse una tazza di tè con la sovrana, parlasse una mezz'oretta con lei e poi facesse ritorno a Londra, invece era lì da oltre un'ora e, a quanto pareva, la regina gradiva la sua presenza.

«*Tasty, your majesty*», disse lo scià dopo aver mangiato l'ultimo pezzetto di torta.

«*Thank you. I have made so many cakes for my grandchildren that I have become an expert*», rispose lei sorridendo.

Dopo aver finito il tè, la regina si alzò per mostrargli una cosa. Lui la seguì con piacere nei suoi appartamenti privati, passando davanti al soggiorno e alla cucina, dove aleggiava ancora il profumo della torta. Con suo stupore, la sovrana lo portò nella propria camera da letto, una grande stanza con un grande letto ancora disfatto. Poi aprì una porta e disse: «Ecco, quello che Alberto e io sognavamo. Entrate e guardatelo con calma, io intanto torno in cucina, sto preparando una minestra con le verdure del mio orto.»

Vittoria ruotò un pulsante e si accese la luce: «*Go ahead your majesty!*»

Sbigottito e incredulo, lo scià entrò nel bagno della regina della Gran Bretagna. Era un locale piccolo e gradevole, dove la luce si rifletteva in un grande specchio. C'era un lavabo in marmo colorato con due rubinetti dorati e un piattino di porcellana con un pezzo di sapone. Da un bicchiere spuntavano i manici d'oro di due spazzolini capovolti. A destra c'era una vasca bordata d'oro con le maniglie d'argento. Le pareti erano rivestite fino in cima di piastrelle azzurre e blu e il pavimento era di marmo scuro. A sinistra c'era una specie di sedia con un coperchio. Lo scià lo sollevò e guardò all'interno. Vide un buco e una pozzetta d'acqua, mentre sopra, sul muro, era fissato una sorta di piccolo serbatoio con una catena dorata.

Era questo il servizio igienico che Vittoria e suo marito sognavano per il popolo britannico? Accanto al gabinetto c'era un cestino con piccoli asciugamani bianchi, sopra i quali era posato un libro. Una stanzetta deliziosa, uno specchio, la luce elettrica, un elegante pavimento in marmo, una vasca e questo vaso di porcellana con una catena dorata? Lo scià chiuse delicatamente la porta a chiave, sbottonò i pantaloni e si sedette sul vaso. Oh, che meraviglia. Ci avrebbe fatto dentro la pipì? Meglio di no. Ma senza che potesse impedirlo, partì un getto di urina. Lo scià si afferrò rapidamente il pene e si alzò per bloccare il flusso. In preda a un lieve panico, tirò la catena dorata e all'improvviso un forte scroscio d'acqua lavò via tutto.

Anche lo scià aveva un proprio bagno a Teheran, ma era un locale buio, con un buco nel pavimento sopra il quale bisognava accovacciarsi. No, questo non era un gabinetto, ma un sogno reale inglese. Si lavò le mani e uscì.

«Vostra Maestà desidera anche un piatto di minestra?» gli chiese Vittoria quando lo vide comparire.

Prima che lui potesse rispondere, John Brown, il maggiordomo personale della regina, entrò in soggiorno.

Hekayat di John Brown, il fedele maggiordomo di Vittoria

La regina presentò John Brown, il suo fedele maggiordomo e braccio destro, come un amico: «Maestà, desidero presentarvi John Brown,* un mio amico.»

Lo scià lo aveva già visto brevemente all'ingresso del castello, quando era sceso dalla carrozza. Allora aveva pensato che fosse lo scudiero della sovrana.

Dal modo in cui entrò, lanciò la tuba sul ripiano dell'attaccapanni e si diresse verso la camera di Vittoria per andare in bagno, lo scià capì che quel domestico non aveva accesso solo al gabinetto della regina della Gran Bretagna, ma anche al suo corpo. Quel tizio si comportava come il sostituto del suo defunto marito.

Questa non era una novità per lui. Di notte le regine persiane avevano sempre tenuto aperta la porta della camera per i loro domestici neri. I quali sapevano di poter avere accesso al loro corpo in qualsiasi momento, se la vita glielo permetteva.

Quando Vittoria gli presentò John Brown, lo scià evitò espressamente di porgergli la mano. Ma il maggiordomo, che considerava la regina

* John Brown, cameriere scozzese e uomo di fiducia del principe Alberto, con il quale, dopo la morte del marito, Vittoria strinse una singolare e intensa amicizia, durata fino alla scomparsa dell'uomo nel 1883. (N.d.T.)

più o meno una sua proprietà, allungò la sua in modo così sfrontato da non lasciargli la possibilità di rifiutare.

«La minestra è pronta», annunciò Vittoria. «John, ceni anche tu con noi?»

Lo scià non avrebbe neanche voluto assaggiarla adesso che Brown sedeva come un parigrado davanti a lui, ma ne prese ugualmente una cucchiaiata. Poi si rivolse alla regina e disse: «Il vostro gabinetto ci ha molto colpito. Tutto ci saremmo aspettati dal nostro incontro, tranne questo.» Con «questo» si riferiva a John Brown.

Per quanto controvoglia, lo scià dovette mangiare tutta la minestra, sarebbe stata un'offesa per la sovrana se non l'avesse fatto, e dovette accettare anche il fatto che John Brown gli avesse dato scacco matto.

Dopo cena, Vittoria lo accompagnò fino alla sommità della scalinata, da dove poi John Brown lo scortò alla sua carrozza. Con suo grande orrore, il maggiordomo gli porse di nuovo la mano, ma questa volta lo scià si rifiutò chiaramente di stringerla. Salì sulla carrozza e sbatté la portiera.

27

Ho cercato ovunque la fonte della storia dell'incontro tra lo scià e John Brown, ma invano. Presumo che sia successa un'altra cosa. Più ancora dello scià e del suo cronachista ho attinto alla mia fantasia. In realtà sto facendo questo viaggio al posto dello scià e temo di essermi servito sia di lui che di Banu e di tutti gli altri come scusa per raccontare la mia storia. Ogni tanto mi rendo conto che forse personaggi come Banu ed Einoldowle e perfino Iris non esistono affatto. O forse è proprio questa la natura del raccontare storie. Quindi lascio le cose come stanno e vado avanti a raccontare il resto.

Dopo la visita alla regina, nel fine settimana lo scià si prese un po' di riposo perché lo attendeva una settimana fitta di impegni. Doveva visitare alcune fabbriche e andare anche a Manchester, dove, da quanto riesco a capire dal suo diario di viaggio, avrebbe acquisito una nuova consapevolezza.

Perciò lo lascio tranquillo a Buckingham Palace e approfondisco uno dei capitoli più singolari della storia europea. Ho ordinato un libro. Di chi? Lo dico chiaro e tondo: di Hitler. Un mese fa è stata autorizzata la ristampa di *Mein Kampf*, che da ieri è in vendita nelle librerie tedesche.

Ma Hitler continua a fare paura. Questa edizione, pubblicata in proprio da un istituto di Monaco, è corredata da 3.500 note critiche, per cui è arrivata a contare quasi 2000 pagine. Per limitare i danni, i tedeschi l'hanno sepolta sotto un'enorme massa di cemento, come una pericolosa centrale nucleare con fughe radioattive.

La traduzione olandese del libro è tuttora vietata.

Dalla casa dei suoi genitori, vicino ad Arnhem, Iris è andata in giornata a Duisburg a prenderne una copia per me. Da Arnhem ci vuole meno di un'ora di treno.

Meglio di così non poteva andare, perché i genitori di Iris avevano intenzione di passare il weekend a Texel e lei doveva restare a casa a badare al gatto. Venerdì pomeriggio prese il treno delle tre da Arnhem e un quarto d'ora dopo era già alla libreria del centro commerciale Forum, sulla Königstraße. È una grande libreria, dov'ero andato anch'io qualche volta ad acquistare libri tedeschi che mi servivano per l'università. È bella, anche, a tre piani, con un ampio assortimento di titoli, dalla poesia classica tedesca a thriller mozzafiato.

Iris ritirò il libro e lo mise in fondo allo zaino.

Eravamo d'accordo che quel sabato sera sarei andato a prenderla per cenare insieme in un caffè sull'IJssel. Verso le sette parcheggiai davanti alla fattoria dei suoi genitori, dove razzolavano delle galline, e quando scesi dall'auto un cane iniziò ad abbaiare furiosamente. Iris comparve sulla porta, non era ancora pronta. Anzi, aveva un aspetto un po' disordinato e i capelli scarmigliati. Alzò le braccia al cielo.

«Che cos'è successo?» le chiesi.

«Il gatto.»

«Che cos'è successo al gatto? È scappato?»

«No, puoi venire a darmi una mano?»

Dopo quasi venticinque anni che vivo in Olanda mi capitano ancora cose davanti alle quali non so se ridere o se prenderle sul serio. Il gatto di casa soffriva di diabete e doveva fare due punture al giorno, ma quando arrivava il momento se la dava a gambe.

Chiusi subito la porta e mi lanciai al suo inseguimento in una casa che non conoscevo. Il gatto schizzò su per le scale. Gli corsi dietro, ma lui fece un rapido dietro front, mi sgusciò tra le gambe e tornò giù. Lo rincorsi per il soggiorno. Lui si nascose sotto un divano. Lo tirai fuori e lo consegnai a Iris. Lei se lo mise in grembo, afferrò la pelliccia con due dita, gli fece rapidamente la puntura e lo lasciò andare. Il gatto barcollò un po', poi si allontanò a testa bassa, ma non appena mi vide corse su per le scale con rinnovato vigore.

«Vado a cambiarmi», disse Iris.

La aspettai seduto sul divano. Quando vidi che la cosa andava per le lunghe, accesi la tv. Ancora immigrati. Erano affondati tre barconi di profughi e c'erano almeno quarantadue morti, tra cui quattordici bambini e sette giovani madri, oltre a decine di dispersi.

«Il Mediterraneo è diventato un cimitero di profughi siriani», stava dicendo il portavoce della guardia costiera alla televisione greca, «temiamo un altissimo numero di morti.»

Il gatto tornò e si strusciò contro la mia gamba. Lo presi in braccio e si acciambellò sulle mie ginocchia. Forse riteneva che avessi bisogno di lui.

Gli carezzai la testa e pensai alla storia che stavo scrivendo sullo scià. E lo accompagnai a visitare una fabbrica di armi.

Hekayat della fabbrica di armi

Nel fine settimana lo scià si era ben riposato e il lunedì, dopo che gli orologi avevano battuto le dieci, fu accompagnato a visitare una fabbrica di armi fuori Londra. La sua carrozza attraversò i sobborghi della città e lui vide i poveri che abitavano in mezzo al fumo del carbone. L'aria era così scura e sporca che avevano il viso nero.

Quando passarono per una piazza affollata, chiese al cocchiere di fermarsi, voleva vedere quelle persone da vicino, perché era convinto che avessero davvero la pelle nera. Invece erano inglesi, diventati neri per il fumo del carbone. Dopo circa due ore di viaggio lungo il Tamigi, la carrozza entrò in una zona industriale. Alcuni principi britannici, arrivati prima di lui, lo attendevano all'ingresso della fabbrica.

Dopo aver preso il tè nella mensa dello stabilimento, il direttore della fabbrica lo accompagnò in una visita guidata delle officine. Si rivelò subito una delle visite più significative del suo viaggio, perché lo scià vide che gli inglesi fabbricavano le armi con una tecnica speciale. Usavano macchine gigantesche, con cui pressavano lastre di ferro incandescenti che poi percuotevano con enormi martelli fino a ottenere la forma desiderata.

Lo scià si spaventò davanti alla quantità di cannoni già pronti. La Russia produceva cannoni e nuovi fucili. La Germania produceva cannoni e nuovi fucili. L'Inghilterra produceva cannoni e nuovi fucili. Stava succedendo qualcosa, forse non lo sapevano neanche loro, ma lo scià era convinto che un giorno quei cannoni avrebbero tuonato. Passò davanti a lunghe file di macchine che sfornavano in continuazione milioni di proiettili. Gli enormi forni erano incandescenti e fumavano, gli operai erano fradici di sudore.

Lo scià si sentiva soffocare. L'aria era pesante, rovente, gli ribolliva nei polmoni e lui rischiava di svenire da un momento all'altro. Si tolse la giacca e anche il copricapo. Voleva tornare indietro, ma non poteva, il corridoio era bloccato dai carrelli di ghisa fumante spinti dagli operai. Doveva passare davanti ai forni arroventati.

Anche lui come gli operai era fradicio di sudore. Aveva già visto forni simili in Russia e in Germania, perché si sottoponeva di nuovo a quella tortura? Perché voleva passare attraverso quell'inferno per poterlo descrivere meglio. Adesso che era qui, voleva sperimentare tutto. Osservava gli operai che con il volto nero e lo sguardo grave lavoravano ai forni. Non erano uomini come gli altri, ma un nuovo genere di uomini, una nuova forza lavoro. Forse appartenevano allo stesso genere di quelli di cui aveva sentito parlare in Russia, una nuova classe di lavoratori, chiamata proletariato.

Non aveva sentito quella parola per la prima volta dalla bocca dello zar?

Finalmente lasciò l'officina e uscì all'aria aperta, dove, come nelle altre industrie che aveva visitato, c'era una bella ragazza che lo aspettava con una brocca piena di una bevanda dolce e fresca. La giovane gli porse anche un piccolo asciugamano bianco bagnato con cui rinfrescarsi. Lo scià svuotò d'un sorso il bicchiere, poi si asciugò il sudore e lo sporco dal viso e dal collo. Dopo aver bevuto un altro bicchiere, disse rivolto alla ragazza: «Figliola, tu ci fai pensare alle giovani fanciulle che si aggirano in paradiso con brocche di vino e di bevande. Così è scritto nel Corano. Belle fanciulle con brocche piene di bevande.»

La ragazza non capì il senso di quelle parole. Sorrise, ma poiché il suo cervello era ancora oppresso dal caldo, lo scià si dimenticò di donarle una moneta d'oro.

Quando si ritrovò di nuovo in carrozza e lasciò la zona industriale, ebbe l'impressione di aver ricevuto in quella fabbrica di armi inglesi un assaggio dell'inferno e del paradiso. Si sentiva malissimo.

Hekayat del ricovero dello scià in ospedale

Il giorno dopo lo scià si ammalò: gli facevano male i polmoni e respirava a fatica. Il dottor Toluzan lo visitò, ma non fu in grado di fare una diagnosi. Lo scià sosteneva che fosse colpa dei fumi tossici che aveva respirato nella fabbrica di armi, ma il dottor Toluzan non era d'accordo. Quella notte il suo cuore tornò a battere più forte del solito e lui non fece che rigirarsi sotto le lenzuola intrise di sudore. Il giorno dopo era così debole da non riuscire ad alzarsi dal letto.

Toluzan prese contatto con un ospedale di Londra e il direttore mandò subito una carrozza per farlo ricoverare d'urgenza.

A quell'epoca i medici non prendevano sul serio i sintomi psichici dei pazienti, altrimenti con tutta probabilità gli avrebbero detto che si era ammalato alla vista del gabinetto della regina Vittoria. Aveva fatto per tutta la vita i suoi bisogni sopra un buco in uno stanzino semibuio, che in francese si chiamava *toilette*. Ma il gabinetto della regina era così pulito che ci si poteva perfino sedere per terra a leggere un libro. E non puzzava. Lo scià era malato di invidia, ma come facevano i dottori a saperlo?

La catena dorata dello sciacquone del gabinetto reale inglese lo perseguitava. La regina continuava a tirarla ogni notte e lo scroscio d'acqua lavava via tutto. Supplicò Dio di liberarlo da quell'invidia che lo faceva ammalare, ma invano.

La visita alla fabbrica di armi era stata la goccia che aveva fatto traboccare il vaso. A letto i giganteschi martelli della fabbrica gli percuotevano la testa e gli ricordavano che era il re di un paese dove non si produceva neanche un chiodo di metallo. Per distrarsi prese il diario e iniziò a scrivere come un matto.

La carrozza condusse rapidamente lo scià in ospedale, dove due robusti infermieri lo aspettavano con una sedia a rotelle. Lo portarono subito dal direttore, l'unico a sapere che si trattava del re di Persia. Per il resto sarebbe stato assistito dal personale come un paziente qualsiasi.

Il direttore ricevette lo scià cordialmente, ma senza tante cerimonie, e lo fece subito visitare. Due infermieri lo infilarono in una doccia, lo spogliarono e lo lavarono con acqua calda e sapone, senza dirgli una parola. Poi gli misero un pigiama dell'ospedale e lo accompagnarono in sedia a rotelle in una stanza dove lo attendeva un'infermiera.

Data la situazione e l'atmosfera, lo scià era spaventato e aveva perso il suo coraggio. Dal modo in cui i due uomini lo trattavano, e visto che doveva essere trasportato in sedia a rotelle, cominciò a pensare di avere qualcosa di grave.

Gli infermieri lo aiutarono ad alzarsi prendendolo per le ascelle e lo fecero salire come una mucca su una grande bilancia, la cui freccia schizzò subito in alto. L'infermiera annotò il suo peso. Poi i due uomini lo fecero appoggiare a una parete e l'infermiera misurò con un metro la sua altezza, la circonferenza della cassa toracica e quella della testa.

Quei controlli resero l'atmosfera ancora più cupa. Dal viso il sudore gli colava lungo il collo, bagnando il pigiama bianco dell'ospedale. La sua malattia era così grave che dovevano pesarlo e misurarlo?

Nel suo paese non esistevano ancora i medici per la popolazione, e men che meno l'abitudine di pesare e misurare la gente. Lì c'erano barbieri, massaggiatori, fattucchiere e vecchi guaritori tradizionali che curavano le malattie con latte di cammella, peli di capra, escrementi di lupo e denti di serpente.

Gli infermieri lo caricarono di nuovo sulla sedia a rotelle e lo portarono in un laboratorio, dove giovani uomini in camice bianco sedevano davanti a una specie di strumento dentro al quale guardavano attentamente. Era un luogo che lo scià avrebbe dovuto visitare in veste di re e non come un malato grasso con la barba lunga, infilato in un pigiama bianco che altri avevano indossato prima di lui. Gli uomini non sollevarono nemmeno lo sguardo.

Poi uno di loro si alzò e gli si avvicinò. Gli prese una mano, gli punse la punta dell'indice con un ago e prelevò qualche goccia di sangue. Dopo di che gli infermieri lo accompagnarono in un gabinetto in corridoio, gli ficcarono in mano un recipiente di vetro e gli fecero capire che doveva fare la pipì. E dopo che aveva eseguito quell'ingrato compito, gli ficcarono in mano un altro recipiente, invitandolo a gesti a fare il resto dei suoi bisogni. Lo scià non si era mai trovato in una situazione simile, ma doveva obbedire, perché i due infermieri aspettavano fuori dalla porta.

Fatto anche quello, fu scortato in un ambulatorio, dove stavolta lo aspettavano due infermiere. Le donne lo fecero distendere su un lettino, lo spogliarono e lo ispezionarono tra le dita dei piedi, sotto le ascelle, all'interno delle cosce e in mezzo ai glutei. Poi entrò un medico con un tubo con cui gli ascoltò il cuore e gli controllò le orecchie. Quindi gli esaminò la bocca, i denti e le tonsille. Lo scià si sentiva umiliato, perché il medico non gli aveva neanche rivolto una parola, come se avesse a che fare con una pecora.

Gli infermieri rientrarono nell'ambulatorio e lo accompagnarono in una stanza dove erano ricoverati altri sette pazienti. C'era ancora un letto libero vicino alla finestra, lo sistemarono lì e se ne andarono.

Lo scià non mangiava dalla sera prima: gli servirono un piatto di minestra e poi lo lasciarono ad attendere l'esito degli esami. Non si sarebbe mai aspettato che il suo viaggio in Europa andasse a finire lì. Gli sembrava così strano trovarsi in quella stanza con altri sette anziani pazienti inglesi. Pareva la scena di una commedia buffa russa. Ma quella non era una commedia, e men che meno divertente. Si sentiva solo e si autocommiserava. Gli vennero le lacrime agli occhi. Per non farle vedere, si tirò il lenzuolo bianco fin sopra la testa. E sotto il lenzuolo si premette la mano sulla bocca perché nessuno sentisse i suoi singhiozzi.

Era tardo pomeriggio quando due infermiere entrarono in camera, lo aiutarono a vestirsi e lo accompagnarono senza sedia a rotelle nello studio del direttore dell'ospedale. Lui lo invitò ad accomodarsi e posò una mano su una cartellina appoggiata sul tavolo davanti a lui. «Maestà», disse, «per fortuna non versate in condizioni critiche, ma il vostro stato di salute non è molto buono. Siete in sovrappeso di trenta chili.»

Nessuno aveva mai parlato allo scià di peso o sovrappeso. Sovrappeso di trenta chili, che cosa significava?

«Significa che avete moltissimo grasso in eccesso intorno al ventre, al cuore e sulle gambe. Ma la cosa più grave è il grasso intorno al cuore. Moltissimo grasso, capite cosa intendo?»

No, come mai aveva tutto quel grasso?

«Perché mangiate cibi grassi, naturalmente. E a causa di tutto quel grasso il vostro cuore è costretto a lavorare di più e così vi stancate più facilmente e il vostro organismo funziona male.»

E quali potevano essere le conseguenze di tutto ciò?

«Il vostro cuore può arrivare a un tale punto di affaticamento da cedere di schianto e fermarsi.»

Lo scià si spaventò, soprattutto per il modo diretto e grave con cui il dottore gli aveva parlato.

Ultimamente aveva mangiato molti cibi grassi alle cene di gala e alle feste in suo onore. E adesso? «Dovete mangiare meno, evitare i cibi grassi e fare più movimento», disse il medico. E come se ciò non bastasse, aveva un'altra notizia imbarazzante da dargli.

«Maestà, voi non avete nessuna malattia acuta. Diciamo che per fortuna non siete ancora malato. Noi, quindi, non possiamo fare altro per voi e non vi prescriveremo nessuna medicina. Però soffrite di un disturbo per il quale è necessaria una terapia d'urto.»

Lo scià si raddrizzò sulla sedia e guardò il direttore con gli occhi sgranati. Che genere di disturbo?

«Avete i vermi.»

«Che cosa? Che cosa avete detto?» ribatté lo

scià incredulo, presumendo che intendesse dire qualcos'altro.

«Vermi», ripeté il medico, «avete l'intestino pieno di vermi. Per questo sentite il bisogno di mangiare in continuazione, soffrite di mal di pancia e di insonnia. Vi prescriverò uno sciroppo forte, se lo berrete, verranno eliminati.»

Con una grande bottiglia marrone in mano, lo scià salì su una carrozza reale che lo attendeva davanti all'ospedale e prese posto accanto al finestrino. Non appena si sedette notò che la carrozza si inclinò da un lato. Era pesante e aveva l'intestino pieno di... No, non voleva pensarci.

Che umiliazione. Perché doveva essere afflitto dai vermi proprio in quel viaggio? E che cosa poteva fare per quei trenta chili di troppo?

Hekayat del grasso di troppo dello scià

Il sole stava tramontando dietro gli alberi quando la carrozza passò davanti a Hyde Park per riportare lo scià al castello. Famiglie inglesi passeggiavano con i loro bambini lungo i viali nella bella luce del crepuscolo. Una musica dolce echeggiava nell'aria. Gli alberi erano saturi del sole ricevuto per tutta la giornata e gli uccelli volavano da un ramo all'altro. Giovani madri spingevano orgogliose i passeggini, un fenomeno nuovo a Londra. Se non fosse stato affetto dai vermi, lo scià avrebbe sicuramente chiesto al cocchiere di fermarsi per poterle osservare meglio. Invece no, non ne aveva voglia. Avevano tutti l'aria felice a Londra, tranne lui, che seduto in carrozza con una bottiglia marrone in mano guardava sconsolato fuori dal finestrino.

Arrivato al castello di Windsor, nascose la bottiglia sotto la giacca e salì le scale. Bevve subito un cucchiaio di sciroppo e si infilò a letto. Solo quando fu sotto le coperte si rese conto di quello che gli aveva detto il medico inglese. Il suo cuore poteva cedere di schianto. La morte quindi era in agguato. Doveva cambiare stile di vita, ma come?

Mangiare meno, aveva detto il dottore. Ma così si sarebbe negato un grande piacere. In più aveva un harem pieno di donne, mangiando meno avrebbe perso desiderio sessuale e non avrebbe potuto far fronte ai suoi doveri virili. Per mantenere il vigore sessuale, dovevi mangiare molto e cibi grassi, altrimenti eri costretto a guardare con invidia i tuoi domestici che ti portavano via le donne.

Lo scià era quindi a letto e meditava sulle sue disgrazie. Si sentiva così solo e abbandonato con un intestino pieno di vermi nel castello di Windsor. Come avrebbe voluto concludere quel viaggio e tornarsene a Teheran, dove tutti giravano con il loro grasso e i loro vermi nella pancia e non c'era nessun problema.

Si tastò con la mano destra il ventre scoperto e lo osservò. Era come se vedesse quella pancia pelosa e gonfia per la prima volta. Ma perché il suo medico personale non l'aveva mai messo in guardia contro i rischi per la sua salute? Perché il dottor Toluzan non gli aveva mai parlato del suo cuore e di quel grasso? Scostò bruscamente le coperte, si alzò dal letto, andò alla porta e gridò a Einoldowle: «Fai venire Toluzan!»

Lo scià andava avanti e indietro nel corridoio del castello come un leone in gabbia, quando sentì una carrozza entrare nella corte e poco dopo un rumore di passi rapidi. Il medico comparve in cima alle scale.

Toluzan era da anni il medico personale della famiglia reale a Teheran. E lo scià aveva sempre provveduto affinché lui e la sua famiglia godessero di una vita agiata. Lo scià non aveva mai avuto amici, ma c'erano momenti in cui considerava Toluzan un vero amico.

«Maestà, in cosa posso servirvi?» chiese il medico levandosi il cilindro.

Lo scià esplose e iniziò a gridare in francese: «Ci curi da anni! Esamini regolarmente le nostre urine! Non ti sei mai accorto del nostro grasso? Controlli le nostre feci! Non avevi mai notato tracce di vermi? Tu, medico francese dei miei stivali, ci hai fatto diventare una botte di grasso piena di vermi! Ti consideravamo un amico, ma evidentemente volevi ucciderci un po' alla volta. Vattene! Non vogliamo più vederti, né qui né a Teheran!»

«Maestà, stamattina sono stato io a mandarvi in ospedale. Il grasso di cui parlate non è di oggi, lo avete accumulato nel corso degli anni. È un problema culturale e un medico non può farci niente. E per quanto riguarda i vermi, non ne avevate quando siete partito per l'Europa, vi davo regolarmente uno sciroppo per evitare che si formassero. Ho controllato le vostre feci più di una volta prima della partenza e non ho visto tracce di vermi. Quelli che vi hanno trovato ora dipendono dal cibo che avete mangiato in Europa. Ma né io né un medico europeo possiamo fare niente contro il vostro grasso. La tendenza a ingrassare è un fatto costituzionale e dipende dai prolungati stati di tensione. Ho letto recentemente un articolo in cui si diceva che una vita piena di tensioni ha conseguenze immediate sull'organismo. È una scoperta rivoluzionaria. Maestà, voi avete una vita particolare, siete circondato da nemici e da servi inaffidabili. Io sono un amico, non un nemico o un complice di chi vi vuole male. Ho trascorso la maggior parte dei miei anni con voi e accanto a voi. La mia vita è intrecciata con quella del vostro regno. Se tradisco voi, tradisco me stesso. E io non ho mai tradito me stesso in tutti gli anni che ho vissuto alla vostra corte. Non posso abbandonarvi. E non lascerò Teheran nemmeno se mi licenzierete. Maestà, voi siete un re: paura, tensione e sovraccarico fanno parte della vostra vita. Nessuno può aiutarvi in questo, nemmeno voi stesso.»

Toluzan si rimise il cappello e chiese il permesso di congedarsi.

Lo scià era sensibile alle parole affettuose, in più Toluzan aveva suscitato il suo interesse con la questione delle ripercussioni dello stress sull'organismo umano.

«Se ci portate quell'articolo lo leggeremo», disse senza guardarlo. Poi allungò la mano e lasciò che il dottor Toluzan la baciasse.

Lo scià continuò a guardare fuori con aria triste e vide centinaia di carrozze per strada. No, non aveva voglia di uscire. Tornò in camera da letto e si infilò mestamente sotto le lenzuola bianche. I vermi gli avevano tolto ogni voglia di vivere. Si chiese quindi se il giorno dopo non dovesse lasciar perdere la sua visita a una fabbrica di tessuti.

Hekayat del tempo convertito in tessuto

Il giorno dopo lo scià si alzò dal letto con la solita voglia di vivere. Rischiava di ammalarsi di cuore? Motivo in più per godersi quel viaggio ed evitare di condurre una vita sobria. Indossò quindi i suoi abiti regali e uscì. Quel giorno era atteso a Manchester per visitare una serie di aziende.

Lungo il tragitto si fermò a visitare una fabbrica di locomotive. Quando scese dal treno vide sull'altro binario un piccolo vagone ferroviario a due posti, con il quale avrebbe raggiunto la zona industriale insieme al direttore della fabbrica.

In quello stabilimento si realizzavano le locomotive più moderne e le carrozze più confortevoli del regno. Per quanto temesse il fumo e il calore delle officine, e sapesse che non gli facevano bene né al cuore né allo stomaco, non voleva assolutamente farsi sfuggire quell'occasione, perché era un modo per viaggiare nel futuro, un tempo che milioni di persone in Oriente potevano solo vivere nei loro sogni.

Ora che la morte gli stava alle calcagna, doveva dedicare più tempo alla scrittura. Questo viaggio gli aveva offerto la possibilità di scrivere un libro. Una serie di storie sull'Europa alla fine dell'Ottocento. Non voleva morire prima di averlo finito, e sapeva che finché continuava a scrivere non sarebbe morto.

Nella fabbrica un'enorme tranciatrice tagliava a pezzi spesse lastre incandescenti, con le quali si costruivano i vagoni che avrebbero viaggiato sui binari a una velocità vertiginosa. In un altro reparto, barre di ferro roventi infinitamente lunghe giacevano a terra come serpenti preistorici che sputavano fumo e fiamme, in attesa di essere portate a martelli giganteschi che le trasformavano in binari.

Lo scià evitò i forni arroventati e rimase a osservare gli operai da lontano. Poi il direttore lo accompagnò in un campo enorme sul retro, dove centinaia di nuove locomotive collocate su diversi binari luccicavano al sole. Lo scià ne studiò alcune da cima a fondo, come un ingegnere. E con grande stupore del direttore si infilò perfino sotto uno dei locomotori per osservarne la parte inferiore.

Che il direttore pensasse quello che voleva, ma per lui era una questione di vita o di morte. Non era per se stesso che si infilava sotto quelle locomotive, ma per quelli che dopo la sua morte avrebbero letto i suoi resoconti.

Fu una visita breve, perché non aveva molto tempo. Doveva tornare alla stazione, dove lo aspettava il treno per Manchester.

A Manchester avrebbe fatto visita alla più grande azienda tessile del mondo, nella quale quasi tutti gli operai erano donne. Fu ancora una volta una visita che cambiò il suo sguardo sul mondo femminile. Perché quello che vide non corrispondeva alle sue idee o al suo immaginario. Quelle donne erano indispensabili alla Gran Bretagna quanto le locomotive che aveva appena visto. Erano parti viventi di quelle colossali macchine tessili. Centinaia, migliaia di macchine e altre migliaia di donne nei cui occhi non vi era traccia di quel piacere carnale che lui conosceva tanto bene. Quelle donne erano diventate tessuto.

Le macchine facevano un tale baccano che lo scià non sentiva niente di quello che gli veniva detto e le donne erano così concentrate sul loro lavoro che non alzavano neanche lo sguardo quando passava. Aveva già visto operai nelle fabbriche tedesche e donne operaie in Russia, ma qui era diverso. Le centinaia di giovani che con i vestiti e i capelli impolverati azionavano i telai non costituivano uno spettacolo imponente, ma spaventoso, certamente per un uomo come lui, con le sue trecento mogli che non avevano altro da fare tutto il giorno che mangiare, fumare il narghilè, bere tè, truccarsi, spettegolare e litigare tra loro.

Il rumore delle macchine tessili era un nuovo tipo di rumore, un tipo di baccano che nessuno aveva mai sentito in Oriente. E fu solo lì, in quell'azienda, che lo scià si rese conto che era iniziata una nuova epoca. O meglio era nato un altro genere di tempo. E per la prima volta sentì, dalla bocca del direttore, la frase: «*Time is golden.*» Che costruzione sintetica! Perché a lui non era venuta in mente una frase simile, con la sensibilità linguistica che aveva?

Il tempo, i tempi dovevano trasformarsi in prodotti. E ora lo scià vedeva come i tempi uscissero dalle macchine tessili sotto forma di tessuti colorati. Sorrise, no, rise sonoramente nel frastuono dei telai. Ma a un tratto nell'officina scese un silenzio di tomba. Lo scià si guardò intorno perplesso. Che cos'era successo per cui tutte le macchine si erano fermate di colpo? Con sua indescrivibile gioia, le migliaia di donne sollevarono gli occhi e intonarono un inno appropriato alla sua visita alla fabbrica:

God save the king
Long live the king
Send him victorious,
Happy and glorious,
Long to reign
*God save the king.**

Lo scià lo trovò di una bellezza commovente. Ah, quegli inglesi così educati e gentili. E fece un lieve inchino regale alle migliaia di operaie.

I telai si rimisero in moto con grande frastuono per trasformare il tempo in tessuto.

In quella fabbrica lo scià sentì pronunciare due o tre volte il nome di Friedrich Engels, un tedesco o un inglese che un tempo aveva lavorato lì. Se non si sbagliava aveva già sentito parlare di quel tizio o aveva letto qualcosa su di lui. Annotò quel nome sul suo taccuino.

* Versione leggermente cambiata della prima strofa dell'inno nazionale britannico. (N.d.T.)

Hekayat di Friedrich Engels e compagni

Allo scià era capitato di sentir parlare di comunismo a Teheran e una volta, in Russia, aveva sentito la voce dei comunisti. Ma non gli era sembrato un movimento così allarmante come sosteneva lo zar.

Lo scià non sapeva niente di Karl Marx e Friedrich Engels e, naturalmente, non aveva mai letto *Il capitale*. Quel libro parlava di borghesia e proletariato, di compravendita e sfruttamento di forza lavoro, tutti concetti lontanissimi da lui. Poiché nel suo paese non esisteva ancora una vera industria, non si parlava neanche di compravendita, di forza-lavoro e di proletariato.

L'enorme industria tessile che lo scià aveva appena visitato apparteneva un tempo al padre di Engels, e Friedrich aveva fatto parte della direzione. E proprio perché aveva lavorato lì era stato in grado di elaborare una nuova filosofia per aiutare gli operai di tutto il mondo.

Prima della sua visita alla fabbrica, l'ambasciatore persiano a Londra aveva messo in mano allo scià *Il Manifesto del Partito Comunista* di Marx ed Engels, ma lo scià non aveva la pazienza di guardarlo, e men che meno di leggerlo.

«Fatecene un riassunto», disse all'ambasciatore.

Il diplomatico, che a sua volta non l'aveva degnato di uno sguardo, sfogliò per un giorno intero i vecchi quotidiani inglesi, finché riuscì a stilare un breve elenco dei concetti fondamentali del comunismo in persiano. Tra gli obiettivi dei comunisti c'erano:

l'espropriazione della proprietà fondiaria;
forti imposte progressive;
l'abolizione del diritto di successione;
la centralizzazione del capitale nelle mani dello Stato;
la centralizzazione dei mezzi di trasporto nelle mani dello Stato;
l'uguale obbligo di lavoro per tutti;
l'istruzione pubblica e gratuita per tutti i bambini;
l'abolizione del lavoro dei bambini nelle fabbriche.

«In questo periodo in Europa si parla molto di proletari e di comunismo. Ci sono due strani tipi inglesi che continuano a gridare: "Proletari di tutto il mondo, unitevi!"» scrisse lo scià nel suo diario. «Ma unirsi per cosa? Per portare via alla gente le loro terre? Per abolire il diritto di successione? Che fine fanno il mio oro e il mio denaro se viene abolito il diritto di successione? Friedrich Engels e compagni parlano a vanvera. Abbiamo visto i proletari con i nostri occhi. Devono lavorare duramente, non hanno nemmeno il tempo di andare in bagno, figuriamoci di unirsi. Il tempo è oro, ma questi due signori barbuti non l'hanno ancora capito.»

Più restava in Inghilterra e più lo scià sentiva parlare di Marx ed Engels. Di lì da una settimana sarebbe andato in Francia. Parigi lo incuriosiva.

Le guerre tra Francia e Germania riusciva a capirle, rientravano nelle guerre classiche, ma la cosiddetta *Commune* di Parigi andava al di là della sua comprensione. Perché proclamare una simile rivolta contro il proprio re quando i tedeschi avevano stretto d'assedio la città? E come poteva l'esercito avere giustiziato e ucciso trentamila dei suoi uomini?

In previsione del suo viaggio a Parigi, lo scià lesse il rapporto che gli aveva inviato l'ambasciatore persiano in Francia. Dovendo affaticarsi di meno, annullò una serie di impegni superflui e restò nei suoi appartamenti a riposare. Passeggiò nei giardini di Buckingham Palace, bevve tè, fumò il narghilè, scrisse e lesse i documenti che potevano servirgli. Ora che aveva visto gli operai russi e quelli inglesi, il cosiddetto proletariato, capiva meglio la *Commune* di Parigi.

In una delle sue passeggiate si rese conto che Marx ed Engels non erano semplicemente due uomini con la barba, ma filosofi, pensatori, che con i loro testi avevano messo sottosopra l'Europa. E a un tratto capì che erano due scrittori che aspiravano come lui a ottenere con i loro libri un posto nella storia. Tornò velocemente in camera e aprì una valigia di documenti che si portava sempre dietro senza leggerli. Tra questi c'era un grosso tomo che si era sempre rifiutato di aprire proprio per la sua mole. Era la traduzione francese del *Capitale* di Karl Marx. Si infilò sotto le coperte per darvi un'occhiata.

Durante il suo soggiorno a Buckingham Palace, nei circoli scientifici londinesi si parlava della teoria degli atomi, e anche, timidamente, di elettroni, protoni e neutroni. Avevano capito che la materia è formata da minuscole particelle. E se allora l'avesse saputo, lo scià avrebbe potuto scrivere sul suo diario di viaggio: «Nel nostro letto a Buckingham Palace avevamo tra le mani una centrale nucleare. Karl Marx, l'autore di un grosso saggio che stiamo leggendo, è molto pericoloso.»

Oggi come oggi le pericolose radiazioni della centrale nucleare di Karl Marx sono decadute. L'Europa non è più in grado di generare grandi idee, grandi nomi e grandi politici. Non c'è neanche nessuno che sappia che cosa fare davanti all'ondata di immigrati siriani. La Danimarca ha sospeso il trattato di Schengen e chiunque voglia entrare nel paese deve mostrare un documento di identità. I doganieri frugano le valigie dei siriani alla ricerca di denaro contante e costringono le donne a consegnare allo Stato collane e bracciali d'oro.

Sulla tv olandese va in onda ogni giorno una micro-guerra, gli abitanti di paesi un tempo pacifici lanciano pietre, pomodori e fuochi d'artificio contro le sedi dei comuni. Qua e là compaiono striscioni con scritte come: «Posto esaurito. Basta migranti.»

Gli inglesi seguono attentamente questi sviluppi, perché vogliono decidere attraverso un referendum se restare nell'Unione Europea o scegliere l'autonomia.

L'Europa, che ha vissuto molte grandi guerre, che per secoli è stata aperta a cambiamenti sociali, culturali e scientifici epocali, è ora in preda al panico davanti al flusso di migranti. È come se dell'acqua fosse entrata in un formicaio, e le formiche fuggissero impazzite da tutte le parti. Quando il premier francese Manuel Valls è sceso dall'auto è stato circondato come sempre dai giornalisti. Ma questa volta aveva già pronte le parole chiave. Ha guardato diritto nella telecamera e ha detto: «Gli immigrati stanno portando l'Unione Europea nella fossa. Dobbiamo fare qualcosa in fretta o le nostre società verranno totalmente destabilizzate.»

«E che cosa intende fare?» gli chiese un giornalista.

«Domani sera i leader europei si riuniranno a Bruxelles. E troveranno una soluzione.»

La sera dopo i giornalisti rimasero fuori dal dipartimento dell'Unione Europea fino a tarda notte, in attesa che i leader uscissero con una soluzione in mano. Nel frattempo riprendevano le loro ombre dietro le finestre della sala riunioni.

Quando gli orologi di Bruxelles batterono dodici rintocchi, i leader europei si affacciarono alla porta. Le luci delle telecamere si accesero immediatamente e illuminarono il volto e soprattutto la bocca del presidente dell'Unione. Che pronunciò d'un fiato la parola salvifica: Recep Tayyip Erdoğan.

«Intende dire il presidente turco?» chiese un giornalista stupito.

«Sì, esattamente, Recep Tayyip Erdoğan, il presidente della Turchia», rispose il presidente dell'Unione Europea con un sospiro di sollievo.

Due giorni dopo il presidente turco arrivò a Bruxelles per salvare l'Europa. Ma prima voleva vedere i soldi. Gli furono dati miliardi di euro per trattenere i profughi siriani in Turchia e impedire che proseguissero la loro fuga in Europa. E ottenne anche dell'altro. Se l'Europa voleva la pace, doveva aprire le porte ai turchi e permettere la loro circolazione nei paesi del continente senza richiedere il visto.

Al suo ritorno a Istanbul migliaia di turchi lo aspettavano all'aeroporto per acclamarlo come un eroe.

Nel giro di poco tempo Erdoğan è riuscito a bloccare l'enorme afflusso di migranti. Così ha temporaneamente garantito la pace in Europa e in ogni caso ha dato una mano ai politici olandesi ormai disperati. Quando i giornalisti facevano domande sullo spinoso problema dell'immigrazione, avevano pronta la risposta.

«Aspettiamo Erdoğan», diceva il premier.

«Erdoğan», rispondeva il capogruppo del Partito laburista.

«Aspettiamo di vedere cosa farà Erdoğan», replicava il capogruppo dei Cristiano-democratici.

«Erdoğan», ripeteva il Partito animalista.

«Il nostro alleato Erdoğan», gli facevano eco i liberalconservatori del VVD.

Adesso Erdoğan si vede come il salvatore dell'Europa. Questo gli ha dato maggiore sicurezza e si considera un leader mondiale. Ha dimostrato chiaramente che l'Europa è vecchia e vulnerabile. In realtà non avrebbe dovuto comportarsi in modo così arrogante, perché pochi mesi dopo l'esercito turco avrebbe compiuto un fallito colpo di stato per contenere un po' la sua superbia.

Dopo il suo viaggio in Europa lo scià fece ritorno in patria attraverso la Turchia. Si fermò una notte a Istanbul, ma non ha scritto una parola sulla città. Non è nemmeno uscito ad ammirarla. Voleva limitare il suo racconto all'Europa, come se Istanbul non ne facesse parte.

Nel suo soggiorno a Londra aveva fatto una passeggiata a Hyde Park. A quell'epoca uno straniero o un orientale saltava subito all'occhio. Ma oggi sono innumerevoli i richiedenti asilo che approdano sulle panchine di Hyde Park e sognano una vita legale in Gran Bretagna.

Hekayat della passeggiata dello scià a Hyde Park

Lo scià aveva consigliato a Einoldowle di lasciare stare Banu per ora, onde evitare che lo mettesse in imbarazzo durante il suo soggiorno in Inghilterra. Banu era quindi libera di fare quello che voleva, ma c'era sempre qualcuno, uno degli uomini di Einoldowle, che la teneva d'occhio.

Banu aveva assicurato al ciambellano che avrebbe ubbidito e si sarebbe comportata bene; ciononostante, lui era convinto che volesse scappare ed era pressoché sicuro che avrebbe cercato di farlo a Parigi, perché parlava correntemente francese, leggeva libri francesi ed era in rapporti di amicizia con la moglie dell'ambasciatore francese a Teheran. Era Parigi il suo sogno, non Londra.

Per lo scià l'Inghilterra era essenziale da tutti i punti di vista, doveva stare attento a non fare sciocchezze. Sapeva che i servizi segreti seguivano ogni suo movimento.

«Non voglio problemi qui in Inghilterra», aveva detto chiaramente a Einoldowle, «fa' in modo che ce ne andiamo di qui senza danni. Ma bada che quella sgualdrina stia lontano da me.»

Nei giorni precedenti avevano avuto luogo diversi incontri tra i membri della delegazione governativa persiana e i ministri britannici, nei quali era necessaria la presenza dello scià. Erano tutti colloqui lunghi, stancanti e noiosi, cui lui non aveva né la voglia né la pazienza di prendere parte, ma non poteva sottrarsi, perché riguardavano una serie di decisioni importanti per il suo paese.

L'Inghilterra governava l'India e l'India confinava con la Persia. Londra aveva un collegamento telegrafico con Calcutta attraverso un cavo infinito, ma per comprimere i costi voleva realizzarne un altro attraverso la Persia. Per questo serviva la firma dello scià, così come serviva per la posa della ferrovia che nelle intenzioni dei britannici doveva collegare il Golfo Persico alla Russia.

Al termine di queste estenuanti trattative, lo scià ebbe bisogno di un giorno di riposo, in cui andare a zonzo in incognito per la città, scortato a distanza da Einoldowle. Desiderava vedere i luoghi di cui aveva letto o sentito parlare a Teheran. Ma aveva anche gli indirizzi di alcune persone che ammirava e che gli sarebbe piaciuto andare a trovare. Quel giorno aveva intenzione di fare visita a Lord Russell.

Mentre attraversava Hyde Park su una carrozza scoperta, vide molte persone, e soprattutto molte giovani donne, passeggiare nel parco. Chiese al cocchiere di fermarsi per fare un breve tratto a piedi.

Ai suoi occhi Hyde Park era lo specchio della società inglese. Vecchi, giovani, madri con i figli, musicisti, giocolieri, ricchi, poveri, tutti andavano a spasso o sedevano sulle panchine. Trovava singolare che le madri londinesi non portassero più i figli in braccio ma in carrozzina. E quel che ancor più lo colpiva era che molte giovani spose incinte andassero a passeggio per i viali. Nel suo paese le donne incinte nascondevano il pancione alla vista degli uomini, mentre qui, a Hyde Park, giravano in abiti leggeri e colorati, come se volessero dire: «Guardate, sono stata fecondata.»

Gli uomini orientali si vergognavano di farsi vedere in pubblico con le mogli incinte, figuriamoci di andare a spasso con loro. Invece lo scià vedeva che i giovani mariti inglesi accompagnavano spudoratamente le mogli, come se volessero dire: «Guardate, l'ho messa incinta io.»

Un gruppo di signore in dolce attesa lo superò. Non stavano facendo una normale passeggiata, camminavano più in fretta del solito. In Oriente, alle donne nel loro stato si raccomandava di muoversi piano per non nuocere al bambino. Il fatto che quelle donne, invece, camminassero a passo così svelto lo lasciò molto sorpreso. Dove andavano? E perché tutta quella fretta? Incuriosito, le seguì. Ma sembrava che la loro fosse una passeggiata infinita.

Le lasciò andare perché gli era venuto l'affanno. Forse era colpa di quei trenta chili di troppo che si portava dietro. Si sedette su una panchina per riprendere fiato e osservare gli altri passanti. Vide che i britannici avevano scoperto un altro modo di vivere, un modo un po' più leggero. Erano venuti al parco per festeggiare la vita. Era stupito che gli inglesi, così scaltri e spesso brutali, fossero in patria tanto educati, tranquilli e bendisposti.

Passarono due o tre signore che leccavano una specie di gelato. Poco lontano vide un uomo con un grembiule bianco che vendeva gelati dietro un carretto trainato da un cavallo, e poi una donna incinta, con un cappello a tesa larga, che ne mangiava uno. Era il ritratto di Banu.

Voleva avvertire Einoldowle, seduto su una panchina poco più in là, ma non lo fece. Non poteva certo essere lei. Einoldowle, o uno dei suoi uomini, non la perdeva mai di vista, non poteva essere uscita di nascosto. E poi, che cosa ci faceva da sola a Hyde Park? Ma chi l'aveva liberata dalla cassapanca? Tra i suoi compagni di viaggio c'erano chiaramente persone che lo contrastavano. Doveva stare attento a non fare sciocchezze. O senza saperlo sarebbe finito sulla prima pagina del *Times*. E dopo tutto, nel profondo del suo cuore, amava Banu e non voleva perderla.

Si alzò. Il suo obiettivo, quel giorno, era pur sempre far visita a Lord Russell. Passò davanti al carretto dei gelati, aveva voglia di prenderne uno. Sì? No? Gettò una monetina sul banco in cambio di un cono.

Con il gelato in mano salì sulla carrozza e diede l'indirizzo al cocchiere. La carrozza si mise in moto verso la tenuta di Lord Russell.

Hekayat di Lord John Russell

Lord John Russell,* esponente dell'antico Partito conservatore, servì il suo paese per due volte come premier. Era un rampollo di una delle più potenti famiglie aristocratiche d'Inghilterra. Un leader carismatico, che si batté a lungo per la libertà, per la separazione tra stato e chiesa. E alla fine raggiunse il suo obiettivo.

Lo scià aveva letto molte cose su di lui e soprattutto sulle sue idee circa la libertà, la libertà d'espressione e l'abolizione della pena di morte, argomenti per i quali aveva grande interesse. Per questo voleva incontrarlo di persona.

Lo scià voleva andare a trovarlo alla maniera orientale, senza preavviso. Secondo lui il conte era ormai vecchio e avanti negli anni e non poteva avere molto da fare, per cui non era necessario prendere accordi, e poi non voleva che nessuno negli ambienti ufficiali sapesse di quell'incontro.

Alla fine della carriera politica Lord Russell si era ritirato nella sua tenuta sulle colline di Richmond, che offrivano una bella vista sul Tamigi.

Lo scià smontò dalla carrozza alle pendici di una delle colline, perché voleva andare a piedi alla tenuta. Si incamminò per un lungo viale bordato su entrambi i lati da antichi albe-

* John Russell (1792-1878), primo conte di Russell, uomo politico inglese, per due volte primo ministro del Regno Unito. (N.d.T.)

ri maestosi, dal quale si godeva una splendida vista sul fiume. Normalmente nessuno saliva a piedi al castello, per cui i cani si misero ad abbaiare dietro i cancelli, annunciando così l'arrivo di uno sconosciuto.

Lo scià si trovava ora all'ingresso, travestito da mercante orientale. Comparve un domestico e gli chiese con chi volesse parlare.

«Siamo venuti per Lord Russell», disse lo scià.

Il domestico lo fissò stupito.

«*I beg your pardon. Which Lord Russell do you mean?*»

«*Lord John Russell*», rispose lo scià.

«*Sir, are you sure?*» disse il domestico.

«*Yes! We are sure*», ribadì lo scià.

Il domestico lo lasciò lì e rientrò in casa. Dopo alcuni lunghi minuti, una donna sulla quarantina comparve dietro una finestra del secondo piano. Lanciò un'occhiata al cancello, poco dopo scese e raggiunse lo scià.

«Che cosa posso fare per lei, signore?»

«Siamo il re di Persia», rispose lo scià in inglese.

Ma la donna lo aveva già riconosciuto, lo aveva visto alla festa dove si era esibito in quella strana danza.

«Siamo venuti a salutare Lord Russell», disse lo scià.

La donna si presentò come la figlia del conte e lo invitò a entrare. Poi disse: «Ma, vostra altezza, mio padre, Lord Russell, è morto anni fa.»

Lo scià rimase di stucco. Com'era possibile che non lo sapesse? Estrasse il taccuino dalla tasca interna della giacca e lo studiò, erano tutte annotazioni in persiano. Aveva di nuovo confuso il calendario persiano e quello europeo, che stupido, che stupido era stato. Come poteva rimediare adesso? Frugò invano nelle tasche della giacca alla ricerca di un gioiello da regalare alla figlia di Lord Russell per limitare i danni di quella figura imbarazzante, ma le tasche della sua giacca da mercante erano vuote, non c'era neanche uno spillo.

«*What was your name?*» chiese nella speranza di rompere il ghiaccio.

«Mary Augusta», rispose la donna.

«*Beautiful name. Beautiful lady*», osservò lui.

Continuando a rovistare in una tasca alla ricerca di un regalo, lo scià seguì Mary Augusta attraverso i viali della tenuta dove un tempo Lord Russell faceva le sue passeggiate quotidiane. A un tratto sentì un buco nella fodera. Vi infilò dentro due dita e tastò l'interno della falda della giacca nella speranza di trovare una moneta, poi tre dita, ma non riuscì ad afferrare niente. Sollevò l'orlo della giacca e, sotto lo sguardo incredulo della figlia di Lord Russell, strappò la fodera, tirò fuori una moneta e gliela mise davanti agli occhi. Si trattava per caso di una moneta d'oro con impressa la sua effigie.

La posò sul palmo della mano di Mary Augusta, raddrizzò le spalle e disse: «*Lord Russell is not dead. You see. The King of Persia has come here to meet him.*»

Così gli fu risparmiata un'ulteriore umiliazione. Continuò a passeggiare sulle colline con Mary Augusta, parlando con lei della separazione tra Stato e Chiesa, della libertà di espressione e soprattutto dell'abolizione della pena di morte. Poi salirono insieme su un'altra collina.

«Posso invitare il re a bere una tazza di tè?» gli chiese Lady Russell.

«Non ci eravamo sbagliati, la vita ha voluto che in questa bella giornata bevessimo una tazza di tè con Mary Augusta», rispose lo scià.

Tutto è bene quel che finisce bene. Lo scià seguì la figlia di Lord Russell nel castello e al primo piano prese posto su una sedia nella sala dei ricevimenti, dove poco dopo sarebbe arrivato il domestico con il tè.

«Se posso aggiustare l'orlo della giacca di vostra Maestà...» disse Mary Augusta.

Oh, quegli inglesi così educati, ogni volta lo mettevano in imbarazzo con le loro buone maniere.

Mary Augusta si inginocchiò accanto a lui, prese l'orlo della giacca e iniziò a cucirlo.

Come avrebbe voluto lo scià restare lì in quella casa con lei. Così non sarebbe mai più tornato nel suo palazzo. E invece doveva tornare, altrimenti quegli inglesi infidi e aggressivi avrebbero preso il potere a Teheran. Per quanto fosse debole, la sua presenza in patria era necessaria.

Gli scesero le lacrime. Prese il fazzoletto, si coprì gli occhi con entrambe le mani e singhiozzò al cospetto di Mary Augusta.

Gli inglesi lo trattavano ovunque con affetto e questo lo commuoveva. Prima di visitare il loro paese li conosceva come esseri perfidi e insensibili, che umiliavano gli altri popoli. Ma in Inghilterra perfino sui giornali scrivevano di lui con sottile humour britannico.

Hekayat del *Times*

Non fu per uno scandalo ma per una gita in mongolfiera che lo scià conquistò la prima pagina del *Times*. In questo modo il proprietario del pallone aerostatico aveva scelto di fare pubblicità alla sua attività.

A quell'epoca apparivano spesso sulla stampa caricature della regina Vittoria e di John Brown, il suo domestico. Adesso sulla prima pagina del *Times* c'era una vignetta dello scià con la corona in testa, in mongolfiera, che scrutava con un cannocchiale il castello di Windsor, dove un'immagine sfumata della regina Vittoria prendeva il sole in mutandoni corti accanto a John Brown. «*The shah is enjoying himself in the sky*», si leggeva sotto il disegno. Era una delle vignette satiriche più spinte che finora il giornale avesse pubblicato sulla regina, tutte le copie erano andate subito esaurite.

Lo scià si spaventò quando vide la propria caricatura sulla prima pagina del *Times*. Temeva che l'avessero messo in ridicolo, ma dopo averla osservata attentamente con mani tremanti scoppiò in una sonora risata. Mostrò il disegno al dottor Toluzan dicendo: «Pungente! Proprio un giornale con i fiocchi. Ci è piaciuta. Fate in modo di procurarvene un po' di copie da portare a Teheran.»

La storia della mongolfiera era andata così. Lo scià stava facendo una cavalcata nei campi fuori Londra. Aveva deciso di seguire il consiglio del medico inglese, che gli aveva raccomandato di fare più moto. A un certo punto notò un enorme pallone in mezzo a un prato. Era la prima volta che vedeva una cosa simile.

Si avvicinò e rimase seduto alto in sella a osservare il proprietario della mongolfiera impegnato a prepararla insieme al suo domestico. L'uomo capì subito che il cavaliere era un ricco orientale, forse addirittura il re persiano che in quei giorni soggiornava a Buckingham Palace. Lui era un celebre fotografo, il primo ad aver fatto una serie di fotografie aeree di Londra. La mostra con le sue foto attirava tutto l'anno migliaia di visitatori, che guardavano pieni di ammirazione i quartieri di Londra, il Tamigi, i palazzi, Hyde Park, le fabbriche e le grandi ciminiere fumanti di quelle fabbriche viste dall'alto.

Anche lo scià aveva visitato quella mostra e visto perfino un ritratto del fotografo, ma non aveva una grande memoria e non lo riconobbe.

«*Can I do something for you, sir?*»

Nelle storie popolari persiane si narrava di due re che un tempo avevano tentato di salire in cielo. Il primo era Namrud che, dopo aver conquistato tutto il mondo, voleva conquistare anche le più alte vette del cielo. Fece costruire una scala infinitamente alta, sfoderò la spada e salì. Così raggiunse le cime più alte del firmamento. Una volta lassù, brandì la spada e gridò con tono minaccioso: «Io sono Namrud. C'è qualcuno qui contrario al mio potere?»

Nessuno osò alzare la voce. Così Namrud divenne il re dei cieli.

L'altro re salito in cielo si chiamava Kyghorso, e, dopo aver conquistato il mondo intero, voleva salire fino al settimo cielo, dove forse avrebbe incontrato Dio. Poiché l'idea della scala non gli piaceva, fece progettare un altro sistema. Una carrozza volante. I suoi visir costruirono per lui un trono che sarebbe stato portato in cielo da uno stormo di aquile. Il re si sedette sul trono e le grandi aquile fameliche si levarono in volo per afferrare i pezzi di carne appesi in alto sopra di loro. Fu così che battendo le ali con tutte le loro forze portarono il re fino al settimo cielo.

Ora era la volta dello scià.

«È davvero sicuro?» domandò al proprietario della mongolfiera. In realtà era una domanda superflua, perché dal 1783, quando per la prima volta nella storia l'uomo era salito in cielo con una mongolfiera, migliaia di persone avevano fatto la stessa esperienza.

«*Very safe indeed*», rispose il fotografo. «Vuole provare? Un piccolo volo?»

Lo scià sorrise e scosse la testa. Ma perché no, pensò poi, la morte gli stava comunque alle calcagna per via del grasso intorno al cuore. Se accettava la proposta, sarebbe stato il primo re del mondo a volare per davvero. Meglio morire per un incidente in mongolfiera che per il grasso.

Così andarono le cose e lo scià volò. E la prova era sulla prima pagina del *Times*.

Sul suo volo in mongolfiera lo scià scrisse quanto segue: «Grazie a quel volo abbiamo perso parte del grasso che ci portiamo addosso. Adesso ci sentiamo un po' più leggeri. Quando camminiamo i pantaloni ci cadono di continuo. Forse dovremmo fare qualche altro volo, così il grasso sparirà e la morte ci lascerà in pace. Tra l'altro, il proprietario della mongolfiera era un tipo singolare. Era alto e magro, claudicante, un po' sordo e, come se non bastasse, anche balbuziente. A posteriori abbiamo capito che era un famoso fotografo, di cui avevamo già visto delle foto straordinarie. Che Dio sia lodato che un tipo del genere volasse in mongolfiera e facesse anche fotografie aeree così particolari. Se fosse vissuto a Teheran, sarebbe diventato un mendicante per la sua triplice menomazione. Si chiamava Widge Dogon, se non ci sbagliamo.»

29

Invece lo scià si sbagliava e senza volerlo ha dato al proprietario della mongolfiera un nome errato. Per ricostruire la storia del suo volo in pallone, la mia studentessa ha cercato informazioni ovunque. Ma non ha trovato da nessuna parte il nome di Widge Dogon.

Scrissi a nome dell'Università di Amsterdam una lettera al Museo della fotografia di Londra, con la descrizione del fotografo proprietario della mongolfiera, che era alto, magro, claudicante e, come se non bastasse, anche balbuziente. Chiesi se potevano dirmi il suo vero nome.

Mi fornirono informazioni dettagliate su di lui e sulle sue opere. Si chiamava Charles Lutwidge Dodgson ed era noto con lo pseudonimo di Lewis Carroll. Ciò nonostante non sono sicuro che per Wigde Dogon lo scià intendesse il celebre fotografo artistico Charles Lutwidge, ma è l'ipotesi più plausibile.

A Londra lo scià ha scritto molte pagine su tutto e tutti. Ma nei suoi resoconti manca il nome di Banu, come se lei a Londra non fosse presente.

Ho chiesto a Iris di riguardare le memorie di Banu, per vedere se riusciva a scoprire che cosa avesse fatto nel suo soggiorno a Londra. Naturalmente aveva paura di Einoldowle e cercava di non fare cose sospette.

Iris ha trovato diverse annotazioni.

«A Londra mi sono riposata di più e ho cercato di prepararmi per il piano che voglio mettere in atto a Parigi.»

«Ho fatto molte passeggiate a Hyde Park. E ho invidiato tutte quelle giovani donne che lì giravano così liberamente.»

«In un negozietto ho visto donne che compravano biancheria intima. Non ho osato entrare. C'erano perfino reggiseni di tutti i colori in vetrina. Mi sono fermata un momento a guardare, ma poi me ne sono andata di corsa, per paura che Einoldowle mi seguisse. Però sono entrata rapidamente in un altro negozio dove c'erano una decina di donne incinte, lì ho comprato dei vestitini e altre cose per neonati. Li ho nascosti sotto il vestito e sono uscita dalla porta sul retro.»

«Londra è bella, ma non è la mia città. È Parigi la mia città. Quando sogno a occhi aperti, mi vedo camminare per le vie di Parigi. Londra è la città dello scià. Sta bene qui. Lo vedo alzarsi presto ogni mattina e uscire subito dopo la colazione. Arriverà anche il mio momento, ancora tre giorni, aspetto pazientemente.»

Hekayat del dono d'addio di Vittoria allo scià

Lo scià andò a congedarsi dalla regina Vittoria, che lo ricevette nel giardino d'estate, offrendogli uno squisito tè indiano Darjeeling con una torta fatta in casa da lei stessa. Indossava la giacca che lui le aveva donato sopra una blusa nera. Era la prima volta dalla morte dell'amato marito che riprendeva a portare qualcosa di colorato.

Lo scià la ringraziò per l'ospitalità inglese e lei da parte sua gli disse che era stato uno dei rari incontri ufficiali a cui aveva partecipato con piacere.

Lo scià continuava a pensare al gabinetto reale che l'aveva profondamente colpito. Ogni tanto, guardandosi allo specchio, imitava la regina: «Spero di vivere abbastanza a lungo per vedere con i miei occhi che tutti in Gran Bretagna abbiano un gabinetto come si deve.» Era chiaro che la invidiava, soprattutto perché in bagno poteva anche leggere. Aveva memorizzato il titolo di un libro che aveva trovato accanto al water e che aveva subito ordinato: *David Copperfield* di Charles Dickens.

John Brown, il domestico scuro della regina, gli diede di nuovo sui nervi anche in quell'occasione. Aveva preso posto, forse di proposito, su una delle sedie da giardino accanto a lui, per cui lo scià sentiva letteralmente il suo fiato sul collo. Conosceva la sfrontatezza di quei servi negri o mori che sfidavano sempre i monarchi orientali. Erano servi silenziosi con un obiettivo preciso: infilarsi tra le gambe della regina.

Lo scià non voleva più stare seduto vicino al domestico. Si alzò di scatto e disse: «Se la regina lo desidera, possiamo fare una passeggiata nel suo orto.»

Aveva già visto l'orto di Vittoria, dove la sovrana amava coltivare le verdure per suo uso personale e per i suoi figli.

La sua attenzione era stata attratta dai teneri cespi di lattuga fresca. Andava matto per quell'insalata che nel suo palazzo consumava soprattutto d'estate, condita con uno sciroppo squisito. Lo preparava sua madre apposta per lui con acqua di rose, zucchero, zafferano e semi aromatici di cardamomo. Gliene aveva data qualche bottiglia da portare in Europa: «Avranno sicuramente l'insalata anche lì, ragazzo mio.»

Quel giorno lo scià ne aveva portata una bottiglietta per poter gustare con la regina un piatto di lattuga del suo orto. Ne prese un cespo dal terreno e la consegnò a John Brown dicendo: «Lavala e portala in tavola con una ciotolina di vetro.»

La regina sorrise vedendo John Brown eseguire l'ordine trattenendo la rabbia.

Di sua iniziativa Vittoria aveva preparato una piccola cerimonia di addio per lo scià. Lo condusse dalla parte opposta della tenuta, verso la torre più alta della reggia, per mostrargli uno dei progetti cui lei e il defunto marito avevano dedicato tanto tempo ed energie, un piano antincendio nazionale. Il loro sogno era che in Gran Bretagna non ci fossero più case distrutte dagli incendi e adesso voleva far vedere allo scià come quel sogno si fosse realizzato.

Per la dimostrazione in una delle torri era stato appiccato il fuoco e ora saliva il fumo.

C'era una donna con un finto neonato affacciata a una finestrella in cima alla torre, che gridava: «*Help! My baby! Help!*»

La regina fece cenno di iniziare la dimostrazione. Arrivarono due carri antincendio strombazzando a gran velocità. Otto vigili del fuoco saltarono a terra. Due scalarono l'alta torre con corde e chiodi per salvare la madre e il bambino. Gli altri costruirono in un batter d'occhio un ponteggio e cominciarono a gettare acqua sul fuoco con pompe idrauliche e lunghi tubi. Dopo circa dodici minuti madre e figlio erano in salvo e il fuoco era stato spento.

La regina applaudì orgogliosa.

Straordinario, pensò lo scià e salutò regalmente i vigili del fuoco in segno di approvazione.

Poi Vittoria condusse lo scià attraverso una porticina in una corte separata, dove i suoi figli avevano giocato moltissimo quando vivevano ancora in casa.

Un'ondata di felicità gli riempì il cuore. Gli inglesi avevano fatto un'altra cosa incredibilmente bella. La corte era piena di doni che la regina desiderava fare allo scià di Persia a nome della Gran Bretagna. C'era un enorme cannone, il più grande che l'Inghilterra avesse mai fabbricato. Vicino al cannone c'era un bancale con sopra decine di pezze di stoffa impacchettate, prodotte dalle officine tessili britanniche.

Lo scià non poté fare a meno di ridere quando scorse anche una cinquantina di carrozzine come quelle che aveva visto per la prima volta a

Hyde Park. Come aveva fatto la regina a sapere che qualche giorno prima le aveva viste e ammirate in quel parco di Londra? Per quanto contento di quel regalo, lo scià vi vide anche una prova che il Servizio segreto britannico lo teneva d'occhio ovunque. Poi c'erano cinque pompe idrauliche, cinque grandi scale telescopiche pieghevoli, un revolver d'oro, un fucile da caccia e centinaia di giocattoli e scatole di caramelle.

«Vostra Maestà ci mette in imbarazzo», disse.

«Colpa vostra», rispose la regina, «non avreste dovuto regalarci una giacca così bella.»

Che ospitalità, che commiato regale.

Tornarono al tavolo dove John Brown aveva messo il tenero cespo di lattuga lavata su un piatto dal bordo dorato, con accanto una ciotolina vuota. Lo scià estrasse la bottiglietta di sciroppo dalla tasca della giacca e lo versò nella ciotolina di vetro. Poi prese una foglia di insalata, la intinse nello sciroppo, la infilò in bocca, la masticò e disse: «Da re.» Quindi offrì una foglia alla regina, che la intinse nello sciroppo. Ne assaggiò un boccone e con questo mise la parola fine alla storia dello scià in Inghilterra.

Prima di proseguire devo raccontare un fatto accaduto fuori dal mondo della fantasia.

Nelle scorse settimane stavo rivedendo le ultime bozze del mio libro e nel frattempo seguivo attentamente gli sviluppi del referendum in Gran Bretagna.

A un certo punto, nel cuore della notte, ho ricevuto un sms dalla mia studentessa: «*Exit*! Gli inglesi se ne vanno.»

Mi sono subito messo al computer per seguire le notizie. I britannici avevano davvero voltato le spalle ai loro vicini.

Il premier David Cameron si è dimesso dicendo: «Non sono il capitano adatto a condurre la nave inglese verso nuove relazioni con l'Europa.» All'improvviso la Gran Bretagna si era ritrovata senza nessuno che avesse una visione del futuro per il paese. Tutti parlavano di catastrofe. Regnava il caos. Tutti dicevano che sarebbe stata la fine della supremazia britannica. Ma io guardo a quei fatti con occhi diversi. Prima regna il caos, ma è proprio in quel caos che un popolo comincia a crearsi una nuova identità. In passato il Regno Unito ha dovuto affrontare molte crisi. Questa invece non è una crisi, è una sfida. Gli inglesi hanno sempre avuto il coraggio di correre grandi rischi. E con la loro decisione costringeranno anche l'Europa ad avviarsi su una nuova strada, ad assumere una nuova identità.

Riprendo a raccontare il resto della storia.

Lo scià si preparava a lasciare l'Inghilterra. Mi sarebbe piaciuto seguirlo a Parigi, perché avevo letto così tanto su questo viaggio che avevo la netta sensazione di compierlo al suo posto. Volevo partecipare da vicino alla fase conclusiva del suo viaggio. Ma quella settimana dovevo essere ad Amsterdam quasi ogni giorno a tenere i miei corsi.

Lascio il re a godersi i suoi due ultimi giorni a Londra e passo a un altro argomento, la storia imbarazzante di un gruppo di profughi siriani che a Colonia, la notte di Capodanno, hanno molestato tra la folla un gran numero di donne.

Geert Wilders, il leader del Partito della libertà ne ha subito approfittato per indire una manifestazione. È venuto dove abito io, a Spijkenisse,* per distribuire gratis lo spray al peperoncino alle donne perché potessero difendersi prontamente nel caso venissero molestate da un richiedente asilo.

Quella sera ero fuori a fumare con il mio vicino di casa. È un esperto di informatica ed è a capo di una divisione europea della IBM. Ogni tanto lo incontro la sera tardi davanti a casa e quando capita mi offre sempre una sigaretta, anche se sa che di solito non fumo. A quel punto riprendiamo la conversazione della volta precedente e andiamo avanti a parlare per una mezz'oretta.

* Comune della provincia dell'Olanda Meridionale. (N.d.T.)

Il mio vicino è sui quarantacinque anni, ha una calvizie incipiente, una moglie e due figlie.

Questa volta il discorso è caduto inevitabilmente sugli immigrati, le migliaia di immigrati che arrivano in Olanda.

«Che cosa ne penso?» mi chiese.

«Sì. Qual è la tua opinione, che cosa pensi di quello che sta succedendo...»

«Non lo so, non so proprio cosa dire», rispose.

«Ti sarai pure fatto un'idea», insistetti.

«Vedi, il problema è che io li capisco. Quella gente viene bombardata con le nostre bombe, scappa e naturalmente da qualche parte deve andare. Io vedrei meglio un'accoglienza nella regione, in Turchia, in Libano, ma so che quella zona è già strapiena. D'altra parte qui ci sono migliaia di persone che aspettano da anni una casa popolare: in condizioni normali, domani, la settimana prossima o il mese prossimo si vedrebbero assegnare un alloggio, ma poi arrivano all'improvviso migliaia di richiedenti asilo e quelle case vanno a loro. E questo è estremamente duro da accettare. E non è neanche giusto.»

«Ma adesso il Comune ha l'obbligo di costruire nuove case, ci saranno opportunità di lavoro e un po' di ripresa economica», dissi.

«Questo lo capisco. Cambieranno molte cose, e in meglio. Però ho paura e sono preoccupato.»

«Tu? Ma perché? Tu hai un buon lavoro...»

«Sì, lo so, ma hai visto quello che è successo a Colonia? Tutte quelle donne aggredite e perfino violentate. Tutto questo è inaccettabile, come può venirti in mente una cosa del genere? Ti ho dato un tetto, ti ho dato da mangiare e tu metti le mani addosso alle nostre donne? Io ho due figlie e non voglio che a loro succeda una cosa simile.» Seguì un silenzio. «Ci sono milioni di profughi diretti in Europa, chi ci dice che tra loro non ci sia un terrorista dell'Isis? Magari uno di questi giorni prendono un fucile e si mettono a sparare, pam, pam, pam. Capisci cosa intendo?» Tirò fuori le sigarette. «Ancora una?»

«No, grazie», risposi.

Pochi mesi dopo Francia e Germania furono colpite da una nuova serie di attentati sanguinari in cui morirono e rimasero ferite decine di persone. In Germania i responsabili degli attacchi erano richiedenti asilo, tra cui un giovane afghano che aveva aggredito i passeggeri di un treno con un'ascia.

Stavamo ancora parlando quando dal nulla spuntarono ridendo due donne sulla trentina, chiaramente alticce. Avevano in mano una bomboletta e quando mi videro la alzarono provocatoriamente nella mia direzione. Con ogni probabilità quel pomeriggio erano state alla manifestazione di Wilders e avevano ricevuto in regalo lo spray al peperoncino.

Feci un passo in avanti per guardare le bombolette da vicino. Ma avevo dimenticato che chi ha una pistola prima o poi la usa. All'improvviso le due donne puntarono gli spray contro di me e fecero finta di volermi spruzzare il peperoncino in faccia.

Indietreggiai coprendomi il viso con le mani. Loro corsero via ridacchiando e il mio vicino rise.

«Stronz...» gridai furioso.

Non ero mai stato così arrabbiato in vita mia. E non sapevo di avere l'aria di un profugo quando non ero all'università.

«Un'altra sigaretta?» mi chiese il vicino.
Ne presi una, ma sapeva di plastica.

Non lasciai che quelle due mi rovinassero la serata. Tornai a casa, mi misi alla scrivania e mi tuffai nel mondo dell'immaginazione, in cui lo scià fa da solo le sue valigie.

Hekayat delle valigie

L'ultimo giorno prima della sua partenza da Londra lo scià aveva dedicato molte ore alla preparazione delle valigie. Era stato presissimo a suddividere gli oggetti e i souvenir acquistati per ultimi e a etichettarli tutti per evitare di andare in confusione una volta arrivato a Teheran. Dettava al suo scrivano il nome da scrivere chiaramente sul biglietto abbinato a ogni regalo.

«Il lungo cappotto nero per nostra madre.»

«La gonna blu per nostra sorella Fakhrisadat.»

«Trenta bluse per le figlie delle nostre sorelle e dei nostri fratelli.»

«Venti camicie, una per ogni ministro del governo.»

«Centocinquanta paia di calzini, uno per ogni guardia della reggia a Teheran.»

«Cinquanta veli, uno per ogni ancella, senza preferenze di colore.»

«Cinquecento pettini, uno per ogni donna dell'harem e per tutte le donne al nostro servizio.»

«Mille fazzoletti, uno per ogni uomo che lavora per noi, come ricordo dell'Europa.»

«Cinquanta scatole di caramelle per i bambini.»

Così avrebbe evitato ogni possibile lite per i souvenir.

Banu se ne stava tranquilla. Per raggiungere Parigi aveva corso molti rischi, affrontato molti pericoli e dimostrato tantissima pazienza e non poteva aver fatto tutto quello per niente. Qualunque cosa succedesse, era decisa a raggiungere il suo obiettivo. Perciò restò lontano dai paraggi dello scià, immersa nei suoi libri.

«Ha imparato la lezione», assicurò Einoldowle allo scià.

«Tu però tienila d'occhio in Francia», rispose il re.

Per paura che succedesse qualcosa e che i suoi piani andassero a monte, Banu rimase quindi nella reggia. Passeggiava nel grande giardino del castello sotto lo sguardo vigile di Einoldowle e leggeva una raccolta di poesie di Victor Hugo, che in quegli anni era molto popolare in Francia.

Alla ricerca di un indizio di cosa avesse in mente Banu, una volta Einoldowle aveva perquisito a fondo il suo bagaglio, tagliando perfino il rivestimento interno della valigia. Ma non aveva trovato niente. Se fosse stato perspicace, avrebbe capito che il suo piano aveva a che fare in un modo o nell'altro con Victor Hugo, perché nella valigia aveva tre novelle e un'antologia dello scrittore francese. Ma Einoldowle non vi aveva fatto caso.

Sul lato interno della valigia, Banu aveva scritto un indirizzo a piccoli caratteri latini quasi illeggibili. Era l'indirizzo a cui si sarebbe rivolta non appena arrivata a Parigi. Ma Einoldowle non aveva visto neanche quello.

Nelle sue memorie, Banu aveva trascritto dei versi di Victor Hugo:

Domani all'alba, all'ora in cui s'imbianca
la campagna
Io partirò. So che mi aspetti e, vedi, non invano.
Andrò per la foresta, andrò per la montagna,
Più a lungo ormai non posso stare da te lontano.

Hekayat di Banu a Parigi

I mozzi avevano lavorato tutta la notte per caricare i bagagli della carovana dello scià sulla nave. E finalmente spuntò il giorno tanto atteso, e lo scià proseguì il suo viaggio verso la Francia.

Scortata da quattro navi della Marina inglese, la nave dello scià salpò verso le acque francesi, dove otto navi da guerra erano in attesa di guidarla fino al porto.

Lo scià fu salutato da sette salve di cannone. Aveva vomitato più volte durante la traversata per via del mare mosso, ma era riuscito a rimettersi in sesto. Si lavò il viso, indossò l'uniforme, legò la spada alla cintura, si controllò allo specchio con il cappello militare in testa e comparve sul ponte come se fosse Napoleone Bonaparte. Salì con alcuni ufficiali inglesi sull'imbarcazione francese, dove lo attendevano il ministro degli Esteri e diversi altri ministri e politici di spicco.

La sera fu accolto festosamente al porto con fuochi d'artificio: «*Vive le shah, vive le shah!*» gridavano i francesi entusiasti. Trascorse la notte sulla nave perché prima l'enorme quantità di bagagli doveva essere portata alla stazione ferroviaria.

Il giorno dopo, ben riposato, lo scià andò a Parigi. Lì c'erano ad attenderlo il governo francese al completo, il sindaco della città, una serie di generali e uno stuolo di giornalisti e di fotografi. Fu ancora una volta un'accoglienza straordinaria, con molta musica e grande trambusto.

All'elegante stazione di Parigi lo scià fu circondato da giornalisti e fotografi entusiasti. Le belle e raffinate signore francesi si accalcavano nel tentativo di scorgerlo.

Lo scià sprizzava felicità, posava sorridente davanti a un'enorme macchina fotografica quando il suo sguardo cadde su una donna tra la folla, una donna con una valigia. Banu? Voleva scappare?

«Prendetela!» gridò in persiano rivolto a Einoldowle. Ma il ciambellano non capì a che cosa si riferisse.

«Lei, lei, lei!» gridò lo scià, puntando il dito verso il luogo dove aveva appena visto Banu. «Sta scappando! Là, con la valigia!» Einoldowle si infilò nella ressa cercando di raggiungere il luogo indicato dallo scià. «Avete visto Banu?» chiese a un principe persiano, ma quello lo mandò di proposito dalla parte opposta. Anche il dottor Toluzan lo mandò dalla parte opposta per dare più tempo a Banu di lasciare la stazione.

Furibondo, Einoldowle cercò di farsi strada verso l'uscita, ma Banu era già andata e scomparsa.

Il ciambellano non osava più farsi vedere dallo scià, perciò lo seguì a distanza mentre il presidente francese Félix François Faure lo accompagnava alla carrozza che, passando tra le migliaia di cittadini assiepati lungo le strade, lo avrebbe condotto al castello dove avrebbe soggiornato durante la sua visita a Parigi.

Lo scià sorrideva e salutava la folla. Mentre si avvicinava alla carrozza, il suo sguardo incrociò quello di Einoldowle e nei suoi occhi lesse: Banu è scappata.

Sentì all'improvviso una fitta lancinante a sinistra dello sterno. Strinse con forza i muscoli del petto, si chinò in avanti e respirò profondamente fino a quando il dolore passò. Poi si raddrizzò di nuovo e guardò la folla.

Il dottor Toluzan lo scortò per il resto del percorso fino alla carrozza dorata.

Hekayat della lunga carovana dello scià

Le grida di giubilo delle donne fecero dimenticare allo scià il dolore di poco prima. Protendevano le mani verso di lui e per questo fece segno al cocchiere di rallentare. Toccò sorridendo le mani delle più giovani saltando quelle delle più anziane. Strinse la mano di una donna che gli sembrava carina e diede un colpetto a quella di un'altra con un bel faccino. Nell'ebbrezza del momento, non si rendeva conto che a Parigi i giornalisti osservavano ogni suo gesto.

Era sulla carrozza con cui un giorno Napoleone Bonaparte aveva attraversato le vie di Parigi tra le acclamazioni della folla, seguito da una lunga carovana di 312 tra carri e carrozze con i suoi compagni di viaggio e le innumerevoli casse e valigie regali piene dei souvenir che tutti avevano comprato fin dall'arrivo in Russia, e anche di tutti i doni che lo scià aveva ricevuto nel corso del viaggio.

I parigini guardavano con stupore e ammirazione quell'infinita carovana orientale che passava per le vie della città. Aveva qualcosa di un carnevale esotico. Su uno dei carri coperti c'erano le cinquanta carrozzine che lo scià aveva ricevuto in dono dalla regina Vittoria, su un altro l'enorme cannone, anch'esso regalo della sovrana. Lo scià non lo sapeva e non era neanche previsto che entrasse nella capitale francese con tutte quelle carrozzine, il cannone e le casse piene di souvenir. L'accordo era che tutti i bagagli venissero lasciati in un deposito della stazione, ma per un errore di comunicazione non era stato osservato.

Quell'arrivo a Parigi era diventato già di per sé l'incarnazione di una favola. Ovviamente non poteva essere così, ma era come se stesse passando una vera carovana dei tempi passati.

Lo scià aveva la mente altrove. Era finalmente a Parigi, in una città dove conosceva la lingua della gente. Era confortante che tutti lì parlassero il francese, che lui aveva imparato insieme alla lingua madre. Era una strana esperienza, sentiva e capiva tutto quello che le donne dicevano quando passava.

Quel beau roi.
Quelle belle moustache.
Il est un vrai roi.
Il a des beaux yeux.
Regardez comment il s'assoit et agite sa main.

Che bel re.
Che bei baffi.
È un vero re.
Ha dei begli occhi.
Guarda come sta seduto e saluta con la mano.

Aveva letto centinaia di libri francesi. Forse più di tutti quegli uomini e quelle donne che lo stavano salutando. Si sentiva a casa. E quella felice sensazione di tornare a casa gli fece dimenticare per un momento Banu e il dolore al petto.

Arrivato al castello dove avrebbe soggiornato si lasciò cadere tutto vestito su un grande letto soffice, dove un giorno Napoleone Bonaparte aveva trascorso la sua prima notte di nozze con Maria Luisa d'Asburgo-Lorena, la figlia dell'imperatore austriaco. Era molto stanco, posò la mano sul petto sinistro, chiuse gli occhi e si addormentò.

Lo scià dormiva quindi tranquillo e sereno, ma non sapeva che nel frattempo al *Figaro* erano in corso preparativi per punirlo.

Hekayat del *Figaro*

Nella sua fantasia, lo scià aveva passeggiato per le strade di Parigi fin dall'infanzia. Parigi, la sposa di tutte le grandi città del mondo. Amava Parigi e i francesi e aveva letto quasi tutto su di loro. Non conosceva ancora il dolore provocato dalla penna di un disegnatore satirico francese.

Era un'epoca in cui i disegnatori francesi esprimevano aspre critiche contro la società. Poco tempo prima il giornale *Le Figaro* ne aveva assunto uno che non risparmiava niente a nessuno e sapeva provocare in modo aggressivo e umoristico. C'era anche lui tra le migliaia di persone che gridavano «*Vive le shah!*» mentre il re persiano passava per le vie di Parigi con la sua carovana. Trecentododici tra carri e carrozze che trasportavano i suoi compagni di viaggio e i bagagli di tutti. Una manna dal cielo per chi faceva il suo mestiere.

Il giorno dopo lo scià era in prima pagina sul *Figaro*. Il disegnatore aveva ritratto lui e la sua carovana come un lungo, mostruoso serpente: un mostro che aveva la testa dello scià con la corona e una grossa coda infinita che si snodava per le strade di Parigi, con tutti i principi persiani, le valigie, le casse, le carrozzine, le zucche e anche quel grosso cannone inglese a cavallo sul dorso.

Nel giro di poche ore il giornale era andato esaurito e ne fu subito stampata una seconda edizione.

La mattina, a colazione, lo scià vide il giornale sul tavolo. Si riconobbe nella testa coronata del mostro e per poco non cadde dalla sedia per lo spavento. Questo non se lo sarebbe aspettato dalla sua città prediletta. Parigi non avrebbe dovuto dargli uno schiaffo simile.

Si arrabbiò così tanto che batté il pugno sul tavolo rovesciandosi addosso il bicchiere di tè bollente. Al che si alzò di scatto gridando: «Maledetti bifolchi!» Prese il giornale, se lo sbatté due o tre volte in testa, poi lo fece a pezzi e lo gettò per terra. Era fuori di sé, schiumava di rabbia, avrebbe preso il suo cannone e ridotto in macerie la sede del *Figaro*. Se una cosa simile fosse successa a Teheran avrebbe immediatamente fatto impiccare il disegnatore davanti alla sede del giornale.

Sospettava che dietro quella vignetta ci fosse il governo francese. Per vendicarsi, decise di non andare alla cena di gala all'Eliseo prevista per quella sera, cui sarebbero stati presenti sia il presidente che molti parigini illustri. Non avrebbe detto a nessuno della sua assenza. Li avrebbe fatti aspettare per niente. Com'era possibile che un paese civile come la Francia umiliasse così un ospite reale subito dopo il suo arrivo? Non voleva più restare lì, decise di informare l'ambasciata che avrebbe lasciato Parigi il giorno dopo.

«Bifolchi!» gridò ancora.

All'improvviso sentì di nuovo una fitta lancinante alla cassa toracica. Si afferrò il petto con entrambe le mani, piegò le ginocchia e cadde svenuto per terra.

Un domestico che aveva assistito alla scena corse subito al piano di sotto ad avvertire la sorveglianza. Una carrozza d'emergenza arrivò di corsa strombazzando per portare lo scià all'ospedale.

Tutti i suoi impegni ufficiali furono annullati e lo scià dovette essere tenuto sotto osservazione per una settimana.

Solo, a letto, in una stanza d'ospedale, il sovrano non poteva ricevere visite. Doveva ristabilirsi in tutta tranquillità.

31

Provavo un sentimento ambivalente nei confronti dello scià. Da un lato non mi piaceva per via dei suoi crimini politici, dall'altro lo apprezzavo perché era così curioso di tutto. Aveva il presentimento che lo avrebbero ucciso e perciò scriveva, per restare. Mi piaceva nei momenti in cui voleva assaporare tutto della vita.

Adesso era solo e triste nel suo letto d'ospedale. Per quanto non potessi in alcun modo manipolare le epoche e i secoli passati, mi sarebbe piaciuto fargli visita. Volevo consolarlo a Parigi, dov'era ricoverato.

Presi a intrattenermi con lui nel mio studio all'università, gli raccontai chi ero: «Un vostro connazionale. Un docente universitario, che vive in un futuro per voi lontano. Centotrenta anni dopo, più o meno. Ho letto il vostro diario di viaggio, fantastico, e sulla base dei vostri racconti ho scritto un nuovo libro.»

Lui mi fissò, fissò quel viaggiatore surreale stupito, ma era chiaramente contento che lavorassi al suo diario. Si lamentò della vignetta sul *Figaro*.

«Ma, vostra Maestà, questa è Parigi. Fanno così con tutti, l'hanno fatto anche con Napoleone, è stato bersaglio del sarcasmo francese per tutta la vita. Era l'uomo più potente del suo tempo, ma nei confronti dei vignettisti non poteva nulla. L'avete visto anche voi, a Londra fanno la stessa cosa con la regina Vittoria. A Berlino è Bismarck il loro bersaglio. Lo fanno anche adesso, nella mia epoca. Ultimamente hanno pubblicato delle vignette molto brutte sul profeta Maometto, che hanno suscitato grande scalpore: dei musulmani hanno fatto irruzione nella redazione della rivista e hanno ucciso i disegnatori. Quei vignettisti cercano di farti infuriare. È il loro lavoro, ma in questo modo dimostrano anche il loro interesse per quelli che disegnano. È importante che il giornale vi abbia preso come spunto per un dibattito pubblico. Significa che vi hanno preso sul serio. Ho visto la vignetta su di voi, è una caricatura divertente, piena di humour. Non dovete prenderla come un'offesa personale. I parigini sono abituati a quelle vignette. Dopo tutto, è un onore che *Le Figaro* abbia dedicato la prima pagina alla vostra visita. Parigi vi ama, Maestà.»

Durante la visita alla fabbrica di armi lo scià aveva visto un'infinità di cannoni e fucili e proiettili. Capiva che erano in arrivo grandi guerre, ma non avrebbe mai potuto immaginare quanto quelle guerre sarebbero state grandi e devastanti. Non le avrebbe neanche vissute in prima persona.

La settimana scorsa ho finalmente finito di leggere *Mein Kampf*.

Quando lo scià aveva visitato le fabbriche d'armi europee, Hitler era appena nato o aveva al massimo tre o quattro anni. Da quando ho letto le sue memorie di viaggio guardo a quelle guerre con altri occhi. Hitler non è solo un prodotto della società tedesca. Lo hanno partorito insieme paesi come la Russia, la Gran Bretagna e la Francia. Tutti i cannoni, i rompighiaccio, i proiettili e le armi che sviluppavano dovevano essere usati prima o poi, tanto più quando sarebbero finiti in mano a Hitler.

Già dieci anni prima della guerra molti tedeschi si regalavano a vicenda il *Mein Kampf.* Prima della guerra in Germania ne erano state già vendute milioni di copie.

Forse non dovrei dirlo, ma in un certo senso quel libro mi ha davvero affascinato. Non riuscivo a smettere di leggerlo. Hitler non era solo, era il pugno chiuso di milioni di persone che la pensavano come lui. *Dovevo* leggerlo. La storia non si mette in un cassetto. La si studia.

Quando sono andato a trovare lo scià nella mia immaginazione mi sono portato dietro il libro di Hitler e gliel'ho ficcato in mano.

«Maestà, questo dovete assolutamente leggerlo! Forse siete stato il primo a capire che un giorno sarebbe arrivato Hitler.»

Fortunatamente lo scià uscì dall'ospedale con rinnovata energia. Sarebbe stato un peccato se da lì avesse dovuto fare subito ritorno in patria. Il primo giorno andò a fare un giro per ammirare la sua amata Parigi.

Hekayat delle tracce della Comune di Parigi sugli alberi

Una settimana di riposo forzato gli aveva fatto bene. Dopo aver ricompensato generosamente le infermiere che si erano prese cura di lui, il re lasciò l'ospedale sulle sue gambe. Alla fin fine quel ricovero era arrivato al momento giusto, visto che su precisa raccomandazione medica tutti i suoi impegni ufficiali erano stati annullati. Gli era stato tolto un bel peso dalle spalle. Adesso si sentiva libero come un uccello di volare dove voleva. Ripose quindi in una cassa il copricapo regale, la spada tempestata di pietre preziose, gli stivaloni militari, il singolare abito persiano, e andò a godersi il tempo che gli restava a Parigi come un viaggiatore orientale. Faceva ogni giorno una passeggiata in città mentre Einoldowle lo seguiva come un'ombra.

Lo scià conosceva la storia francese e sapeva tutto delle guerre franco-tedesche o franco-prussiane sotto la guida di Bismarck. Un tempo la Francia era la nazione dominante in Europa, ma dopo la guerra e la Comune di Parigi il paese aveva perso il suo splendore. Nel frattempo in Germania era sorto un impero potente.

Lo scià passeggiava per le vie della città. Parigi era ancora in lutto, la gente era vestita in modo semplice e camminava un po' curva. Durante l'assedio tedesco aveva patito la fame per mesi e secondo lo scià ne portava ancora i segni.

Osservò i vecchi fori di proiettile nei muri,

erano quelli delle esecuzioni di massa di circa trentamila *communard* compiute dall'esercito francese. Vide i danni causati agli antichi alberi dalle palle di cannone e passò la mano sugli squarci lasciati dagli ordigni. Sentì mentalmente i proclami dei capi della Comune: «Cittadini! Vogliamo fare la più grande e fruttuosa rivoluzione che la storia abbia mai conosciuto. È nostro dovere lottare e vincere.»

Erano voci che gli mettevano paura, paura che un giorno potessero risuonare anche a Teheran.

Lo scià rifletté, vedeva i francesi seduti nei caffè all'aperto a bere vino. Se fosse tornato nella sua residenza avrebbe trovato pronto un lauto pranzo, ma preferiva restare a mangiare fuori. Andò quindi in un caffè e ordinò un panino e un bicchiere di vino, mentre Einoldowle lo aspettava dall'altra parte della strada controllando l'ora sul campanile della chiesa, perché poco dopo lo scià aveva un appuntamento.

Hekayat di un incontro eccezionale

Mentre lo scià mangiava con gusto il suo panino croccante, Einoldowle gli si avvicinò alle spalle e chinandosi disse sottovoce: «Quando sua Maestà è pronto...»

Lo scià aveva annullato tutti i suoi impegni, ma ce n'erano alcuni che aveva voglia di mantenere e altri cui non poteva sottrarsi. Tra poco aveva un appuntamento con un ricercatore che aveva scoperto qualcosa nei cani. Il dottor Toluzan gli aveva detto: «Dovete andare assolutamente in quel laboratorio. Vedrete di sicuro delle cose straordinarie. È un'occasione unica che non potete perdere.» E gliel'aveva caldamente raccomandato anche il ministro della Sanità francese, che aveva organizzato l'incontro. «Dovete vederlo adesso che siete a Parigi.»

Lo scià avrebbe preferito restare in quel caffè all'aperto con un bicchiere di vino. Ma si diede per vinto ed Einoldowle chiamò una carrozza.

La sera prima dell'appuntamento, lo scià aveva conosciuto personalmente il ricercatore. Proprio per questo non aveva nessuna voglia di rivederlo.

Quella sera il governo aveva organizzato per lui una cena sobria, cui erano presenti una settantina di importanti personalità parigine. Avevano brindato tutti alla sua salute. A un certo punto il ministro della Sanità francese, seduto accanto a lui, gli sussurrò: «Desidero presentare a vostra Maestà un parigino importante.» E gli spiegò l'estrema rilevanza della ricerca che quel parigino importante aveva condotto. Ma lo scià, che era brillo, non gli prestò grande attenzione.

«Andiamo?» disse il ministro e lo condusse in una stanza a parte, dove lo attendeva un vecchio signore barbuto con un monocolo. Lo scià non si diede la pena di memorizzare il suo nome. Né ritenne necessario chiederglielo una seconda volta.

Il parigino importante, che era semiparalizzato, per cui aveva la bocca storta, gli porse la mano. Lo scià la strinse controvoglia, dopo di che, con suo grande disappunto, il ministro se ne andò, lasciandolo solo con il ricercatore. L'uomo iniziò a parlargli della sua ricerca, ma siccome aveva la bocca storta lo scià non capiva bene quello che diceva. Sarebbe voluto tornare a tavola, dove lo attendevano le affascinanti signore francesi.

Quel tizio però non voleva saperne di smettere. Parlava di molecole e delle proprietà chimiche di una sostanza. Ma di quale sostanza? E sosteneva che dividendo una molecola in parti ancora più piccole, le sue proprietà chimiche cambiavano. Ma che cos'era una molecola? Lo scià guardò impaziente attraverso la finestra la sua sedia vuota al tavolo da pranzo, di fronte a cui sedeva la giovane signora con la quale aveva appena parlato di poesia francese.

«Molecola?» disse tanto per dire qualcosa.

«Sì, è formata da atomi uniti tra loro in una configurazione stabile. Le dimensioni delle molecole sono dell'ordine di un nanometro.»

Con mani tremanti l'uomo estrasse di tasca

una matita e un taccuino. Scrisse una cifra e la mostrò allo scià: «1 nm = 1 × 10^{-9} m, un milionesimo di millimetro.»

Lo scià sapeva contare, ma non capiva la matematica moderna e quindi non aveva idea di che cosa significasse 10^{-9}. Conosceva il metro, il mezzo metro, il quarto di metro, il decimetro, ma finora non aveva mai avuto bisogno del millimetro.

Avevano iniziato a suonare in sala.

«La causa di molte malattie è un minuscolo essere vivente, un microrganismo», proseguì lo studioso. E continuò a parlare di agenti patogeni.

Quella che stava illustrando era una delle scoperte più importanti nella storia dell'umanità. Parlava di sterilizzazione, della bollitura del latte, dei batteri presenti nel vino, negli alimenti. Disse anche: «Se venite morso da un cane rabbioso, non è detto che dobbiate morire, possiamo salvarvi, ma dobbiamo vaccinarvi subito.»

Per fortuna tornò il ministro della Sanità francese e liberò lo scià dalle grinfie di quella persona importante.

«Come si chiama quel ricercatore?» chiese il re.

«Louis Pasteur, un grande uomo. Grazie alle sue scoperte, d'ora in poi milioni di persone potranno essere salvate dalla morte e dalle malattie. È grazie a lui che questo vino è così buono, è l'uomo dei batteri.»

Lo scià si voltò a guardarlo, Louis Pasteur arrancava con il bastone verso l'uscita. Lo rincorse, gli offrì il braccio e adeguò il passo al suo.

«È stato interessante», disse cortese, «parlavate di batteri, vero?»

Hekayat dei batteri

Quando la carrozza dello scià entrò nel cortile del laboratorio, un gruppo di giovanotti in camice bianco scese le scale. Louis Pasteur lo attendeva sul pianerottolo come un vecchio re con il suo bastone da passeggio. Mentre i giovanotti in camice bianco scortavano lo scià su per le scale, entrò in cortile un'altra carrozza. Ne discese il dottor Toluzan, che si affrettò a raggiungerli.

Il dottor Toluzan aveva poi spiegato allo scià che Louis Pasteur aveva salvato l'industria del vino e della birra francesi. Era riuscito a neutralizzare i batteri che facevano inacidire il vino, dimostrando che non erano la conseguenza, ma la causa del problema. La procedura da lui messa a punto per combatterli si chiamava pastorizzazione.

«È più importante di tutti i re d'Europa messi insieme», aveva detto, «i re muoiono, Pasteur invece combatte la morte.»

Lo scià non riusciva a capire del tutto quel concetto, ma era desideroso di vedere quei batteri.

Pasteur strinse con mano tremante quella dello scià e gli diede il benvenuto. Lo scià lo prese di nuovo a braccetto ed entrarono insieme nel laboratorio.

Dopo un breve giro per sale, arrivò il momento della verità. Dov'erano i batteri?

«Aprite la bocca», disse Louis Pasteur.

Lo scià lo guardò stupito, ma ubbidì. Pasteur gli infilò un bastoncino in bocca, prelevò un po' di saliva, la spalmò con dita tremanti su un vetrino e inserì il vetrino nel microscopio. Ruotò una manopola, poi disse: «Ecco, potete vederli qui.»

Lo scià chiuse un occhio e con l'altro guardò nel microscopio. Nel laboratorio scese un silenzio carico di attesa, era il momento in cui un re persiano vedeva per la prima volta nella storia dell'umanità un batterio, o meglio, una colonia di batteri. Lo scià vide migliaia di minuscoli animaletti brulicare nella sua saliva. Un velo di sudore freddo gli imperlò la fronte. Era talmente immobile da sembrare bloccato tra la sedia e il microscopio. Nessuno sapeva con quale pensiero stesse lottando in quel momento. Pensava che Pasteur si sbagliasse, che quella colonia di microrganismi non fossero batteri ma vermi appena nati. Alzò la testa, si asciugò il sudore con la manica della giacca, fissò impallidito il dottor Toluzan e disse in persiano: «I vermi, sono tornati i vermi.»

«Non sono tornati i vermi», lo rassicurò più tardi il dottor Toluzan.

Ora poteva riprendere i suoi incontri rilassanti con le più interessanti personalità parigine.

Hekayat di un ingegnere stravagante

Lo scià considerava un privilegio poter conoscere da vicino tante novità, cosa che per altri re e statisti era molto più difficile. Napoleone, per esempio, non aveva avuto l'occasione di vedere i batteri.

Parigi accendeva la sua fantasia. Aveva letto tutti i libri di Balzac e Victor Hugo, e, ultimamente, anche alcuni di Zola, ma per lui il più grande restava Balzac, il cui mondo si sposava perfettamente con il suo di Teheran. Lui, un re, era innamorato di Eugénie Grandet, la figlia ed erede del ricchissimo ma avaro monsieur Grandet. La bella Eugénie aveva diversi ammiratori, ma suo padre pensava solo al suo denaro e non voleva darla in sposa a nessuno. Un cugino di Eugénie venne a chiedere la sua mano. Lei se ne innamorò, ma lui era interessato al patrimonio del padre.

Alla fine Eugénie resta sola, senza amore, senza marito, senza figli. Non poteva sapere che lo scià di Persia si era innamorato di lei. La cercò ovunque a Parigi.

Anziché un incontro con Eugénie, il sindaco della città gliene aveva organizzato uno con il celebre Alexandre Gustave Eiffel: «*Dovete* vedere la sua torre, Maestà, un ingegnere stravagante e una cosa stravagante. Molti la trovano orribile, ma sono curioso di sapere il vostro parere.»

Pioveva quando lo scià smontò dalla carrozza nei pressi della torre. L'aveva già vista in fotografia e aveva letto qualcosa in proposito. Ma adesso che la vedeva da vicino non gli parve niente di speciale, e la pioggia rendeva quella visita ancora più sgradevole.

Gustave Eiffel aveva fatto sistemare una bella tenda, da lui stesso progettata, in cui riservare una grandiosa accoglienza allo scià. Il monarca aveva dormito in centinaia di tende diverse, ma questa era un'altra cosa, ricordava... Sì, cosa ricordava? Un racconto, una fiaba, e invitava a entrare.

Dimenticò la Tour Eiffel, la sua attenzione era tutta rivolta alla tenda. Avevano steso una passatoia rossa per lui e all'interno c'erano dei divani. Il profumo di caffè e di croissant freschi aveva diffuso un'atmosfera piacevole. Alcuni pannelli riproducevano i progetti della torre.

Lo scià bevve un caffè, mangiò un croissant, diede un'occhiata distratta ai progetti e fece qualche domanda banale, tanto per farla. Ma a un certo punto riuscì a sorprendere Eiffel dicendo: «Non possiamo portare la vostra torre a Teheran, ma ci piacerebbe avere delle tende come queste. Potete procurarcele?»

«Al vostro servizio, Maestà», rispose Gustave Eiffel con un blando sorriso.

Quando la pioggia cessò, fu il momento di visitare la torre. Era curioso che un uomo tanto perbene avesse costruito una torre tanto insignificante. Una struttura di milioni di chili di travi di ferro per salire in alto a guardare le mucche di sotto. Con le mani incrociate dietro la schiena lo scià fece il giro della torre. Ma a un tratto scoprì una cosa: c'era un ascensore all'interno della costruzione. Lo vide come una specie di scompartimento ferroviario che saliva verticalmente fino alla cima della torre. Un'invenzione geniale, quella di Eiffel.

«Bravo, la troviamo un'ottima idea», disse lo scià.

Gustave Eiffel pensò che lo scià si riferisse alla torre. «Lo scià vuole accomodarsi per salire in cima?» gli chiese.

«No», rispose lo scià e si girò dall'altra parte. Trovava un po' volgare salire fin lassù come un comune cittadino a guardare le mucche al pascolo. E poi non è che se la sentisse proprio.

«Vi invitiamo a venire nel nostro paese», disse. «Abbiamo delle meravigliose torri antiche. Torri che si muovono, torri su cui vi trovate in un mare di stelle se ci salite di notte.» Poi cacciò in mano a Eiffel una moneta d'oro con la sua effigie, salì in carrozza e se ne andò.

Dopo la sua fuga alla stazione di Parigi, non avevo più informazioni per risalire a dove fosse fuggita Banu. Nelle sue memorie, che pubblicò molti anni dopo nella capitale francese, non ci sono notizie sul percorso che seguì. Le informazioni si fermano alla stazione di Parigi.

Per concludere il capitolo della sua storia, ho letto tutti i diari di viaggio, le memorie e le annotazioni delle persone che all'epoca viaggiarono al seguito dello scià. Anche nel loro caso, la storia di Banu si fermava alla stazione di Parigi. Ma in tutti i testi si ipotizzava che avesse ricevuto aiuti dall'esterno. Alcuni sostenevano che dietro il suo piano di fuga ci fosse il dottor Toluzan. Altri pensavano che fosse stata aiutata da un amico o da amici della regina del Belgio.

«Qualunque cosa sia successa, sono convinto che ad aiutare Banu siano stati dei complici degli inglesi. C'era sicuramente qualcuno ad aspettarla a Parigi», c'è scritto tra le annotazioni di Einoldowle. Il quale aggiunge poi che lui e i suoi uomini avevano setacciato tutte le vie di Parigi per tre settimane, ma invano: «Era stata risucchiata dal suolo di Parigi come una goccia d'acqua.»

Dopo il fatale attentato allo scià a Teheran, il dottor Toluzan fece ritorno con la famiglia in Francia e scrisse un libro sul suo lungo soggiorno in Persia. Nell'ultimo capitolo parla del viaggio dello scià in Europa. Ogni tanto fa il nome di Banu:

«*Mais quand nous étions à Paris, elle a soudainement pris la fuite.* Ma quando eravamo a Parigi, all'improvviso è fuggita.» E più avanti scrive: «Non racconterò tutta la storia, ma è finito tutto bene. Ha partorito una bambina e tiene compagnia alla figlia di un famoso scrittore francese.»

Se quel famoso scrittore era Victor Hugo, come aveva fatto Banu ad arrivare da sua figlia, e perché il dottor Toluzan aveva usato la parola compagnia? «*Elle aime la compagnie de la fille…*»

È possibile che quella parte della storia fosse stata volutamente omessa nelle loro pubblicazioni.

Contattai l'Archivio di stato francese alla ricerca dei testi originali di Banu e del dottor Toluzan. Di Banu non riuscirono a trovare traccia, del dottor Toluzan nemmeno, ma mi consigliarono di prendere contatto con le università in cui all'inizio del secolo scorso si insegnavano studi orientali. Con mia grande gioia un giorno ricevetti a sorpresa un'email dal Collège de Sorbonne di Parigi. «In una scatola dell'archivio sotterraneo del nostro dipartimento di studi orientali c'è un'autobiografia manoscritta del dottor Toluzan.»

Per poter scrivere l'ultimo capitolo della storia di Banu, andai a Parigi con la mia studentessa.

Passammo tre giorni nell'archivio sotterraneo dell'università.

Sono piuttosto lento a leggere in francese, ma Iris lo sa bene. Attraverso l'autobiografia di Toluzan e altre ricerche, ci siamo imbattuti in un'affidabile fonte di informazioni di nome Adèle. E questa Adèle ci ha mandato a casa di Victor Hugo.

Hekayat di Victor Hugo

Banu, dopo aver letto tutti i libri di Victor Hugo a Teheran, nella sua fantasia viveva nella Parigi dei suoi romanzi. E sognava di incontrarlo, un giorno, nella capitale francese. Quando, due anni prima, lo scià le aveva detto di voler fare un viaggio in Europa, aveva subito architettato un piano per andare con lui e fuggire una volta arrivata a Parigi. Ma dove andare? Nella sua immaginazione, con tutti i suoi limiti, le venne in mente Victor Hugo.

Alla stazione di Parigi afferrò prontamente la sua valigia e tagliò la corda. Aveva intenzione di strillare come un'aquila se Einoldowle l'avesse fermata, di strillare così forte da rovinare la cerimonia di benvenuto allo scià. Si aprì faticosamente un varco tra la folla in direzione dell'uscita e corse senza mai fermarsi per una serie di vicoli silenziosi fino a quando non raggiunse un'altra strada piena di gente. Fermò la prima carrozza che passava di lì e balzò a bordo senza esitazione.

«*Où est-ce que madame va*? Dov'è diretta la signora?»

«Non importa. Parta subito per favore. Mi porti il più lontano possibile dalla stazione, in modo che nessuno mi trovi.»

Il cocchiere avvertì l'urgenza della sua richiesta e continuò a cambiare strada in modo che nessuno potesse seguirli. Dopo una mezz'ora si fermò davanti a un caffè affollato e disse: «Signora, qui non può trovarla nessuno.»

C'era il sole quel giorno e tutti bevevano seduti ai tavolini all'aperto. Banu si vide riflessa nella vetrina del caffè, indossava un cappello, un bell'abito lungo e aveva in mano una valigia. Fantastico, era a Parigi. Si accomodò titubante su una sedia vuota e ordinò un panino e un caffè come aveva sempre fatto nelle sue fantasie.

Mentre era lì seduta, salì mentalmente su un'altra carrozza e andò a casa di Victor Hugo. Scese dalla vettura con la valigia in mano, si diresse verso un bell'edificio antico e suonò il campanello. Ci volle qualche istante prima che una domestica le aprisse la porta.

«*Que puis-je faire pour vous, madame*? Che cosa posso fare, signora, per voi?»

«*Je veux parler avec monsieur Hugo.* Desidero parlare con monsieur Hugo.»

«*Ce n'est pas possible, madame, il ne reçoit pas des visites à la maison.* Non è possibile, signora, monsieur non riceve visite a casa.»

«*Dites-lui, une princesse de Perse est à la porte. Elle provient des contes des* Mille et une nuits. Ditegli, c'è una principessa persiana alla porta. Viene dai racconti delle *Mille e una notte.*»

Questa conversazione poteva avvenire solo nella sua fantasia, perché non poteva presentarsi a casa di Victor Hugo così come se niente fosse. Doveva riflettere bene sulla cosa migliore da fare. Prima di tutto sarebbe andata all'indirizzo che aveva annotato sia all'interno della valigia sia tra le pagine dei *Misérables*. Era l'indirizzo di Amélie Leiris, una famosa sarta, ormai anziana, che era amica della regina del Belgio e le confezionava i vestiti.

Finito il suo spuntino, prese una carrozza e andò a casa di Amélie Leiris. La carrozza attraversò un quartiere elegante e si fermò davanti a una villa.

Quando Banu suonò il campanello, un maggiordomo aprì la porta. Lei disse che desiderava vedere madame Amélie Leiris. Poteva accomodarsi nella camera degli ospiti.

Pochi minuti dopo, Amélie Leiris entrò nella stanza come una vecchia principessa francese. Era al corrente dell'arrivo di Banu, quindi sapeva chi era. La baciò e chiese: «Come sta il bambino?»

Dopo essersi riposata e aver raccontato la sua storia, Banu disse che intendeva incontrare Victor Hugo. Disse anche che tempo prima gli aveva scritto delle lettere attraverso l'ambasciata francese di Teheran, e aveva ricevuto un paio di risposte.

A quel punto Amélie Leiris dovette darle una dolorosa notizia: «*Oh, ma chère princesse, Victor Hugo est mort. Déjà il y a quelques années.* Oh, mia cara principessa, Victor Hugo è morto. Già da qualche anno.»

Gli occhi di Banu si riempirono di lacrime. Perché non lo sapeva? Perché non l'aveva scoperto prima?

«E cosa ne è stato della sua famiglia?» chiese disperata.

«A parte la figlia minore Adèle, tutti gli altri membri della famiglia sono morti.»

«Oh, che peccato. Dove abita Adèle?»

«In una villa di campagna fuori Parigi, dove suo padre aveva fatto in modo che qualcuno si prendesse cura di lei dopo la sua morte. È gravemente malata, ha una mente seriamente dissociata.»

Scese il silenzio.

Banu era in fuga e doveva contare sulle sue forze, sulla forza dell'immaginazione che le aveva permesso di arrivare fino a lì.

«Allora andrò da Adèle.»

«Per la vostra sicurezza, è meglio che non usciate per qualche giorno. E poi avete bisogno di riposo, farà bene a voi e anche al bambino. Nel frattempo mi informerò su dove abita esattamente Adèle.»

Banu doveva avere ancora un po' di pazienza, o rischiava di finire nelle mani degli uomini di Einoldowle e perdere tutto. Decise di rimanere da madame Leiris finché lo scià era a Parigi. Leggeva libri e faceva passeggiate nei viali intorno alla grande casa. Fu lì che decise di scrivere le proprie memorie, in francese.

Mentre lei leggeva *Nana*, il nuovo romanzo di Émile Zola, nella quiete della villa, lo scià proseguiva la sua perlustrazione di Parigi. E vide uomini fare la pipì in piedi.

Hekayat degli uomini che fanno la pipì in piedi a Parigi

Mentre Banu a Parigi seguiva la sua fantasia alla ricerca di un tetto, lo scià cercava di togliersi Banu dalla testa per potersi godere il suo soggiorno in quella stessa città. Come Einoldowle, era convinto che dietro la sua scomparsa ci fossero i servizi segreti britannici che attraverso di lei speravano di ottenere maggiori informazioni sulla sua vita privata. La considerava una questione di potere che cercava di affrontare con il massimo sangue freddo possibile. Si comportava dunque come se niente fosse successo e si dedicava serenamente ai suoi progetti. Voleva vedere ogni angolo di Parigi.

Andava perfino la sera dopo cena a fare i suoi giri. Ammirava dalla carrozza la rue de Rivoli, il boulevard de Sébastopol, place Vendôme e il Palazzo delle Tuileries. Parigi risplendeva alla luce dei lampioni a gas. Centinaia di vetture percorrevano le strade, portando la gente ai ristoranti, ai teatri e ad altri locali notturni. La Senna si snodava attraverso la città.

Una sera andò a passeggiare lungo il fiume, le mani incrociate dietro la schiena, seguito a distanza da Einoldowle. A un certo punto sentì un acre odore di urina. Il suo sguardo cadde su due o tre uomini che facevano la pipì in piedi contro un muro. Non si vergognavano di fare la pipì così, in pubblico, in un luogo dove passavano anche delle donne? Come poteva Parigi permettere una cosa simile?

Lo scià non aveva mai fatto la pipì in piedi in vita sua. L'islam lo aveva proibito perché era cosa sudicia e impura. Rimase dunque a osservare gli uomini da lontano e vide che facevano la pipì in una specie di buco.

Al gruppetto si aggiunsero adesso altri due o tre uomini. Si sbottonarono i pantaloni con la massima tranquillità e fischiettando fecero la pipì in quei buchi nel muro. Anche il fatto di fischiare mentre si faceva la pipì era una novità per lo scià. Perché fischiavano? Facendo la pipì seduti in realtà non ci si riesce.

Per non sentire l'acre puzzo di urina, si coprì il naso e la bocca con il fazzoletto. Voltando le spalle agli uomini, proseguì in direzione della Senna, ma a un tratto sentì che anche lui aveva bisogno di urinare, anzi un bisogno impellente. Che sensazione curiosa. Guardò il fiume per vedere se c'era un punto dove poteva liberarsi di quella necessità improvvisa, ma c'erano giovani coppie di parigini innamorati che passeggiavano mano nella mano lungo la riva. Einoldowle gli indicò un ristorante nei paraggi, lo scià si precipitò all'interno, dove signore e signori in abiti eleganti cenavano a lume di candela. Non poteva andare a fare la pipì e uscire come se niente fosse. Stava per scoppiargli la vescica, quindi non poteva far altro che tornare di corsa a quel muro dell'urina. Aspettò che si liberasse uno dei buchi. Poi, con dita tremanti, sbottonò la patta dei pantaloni e infilò il suo regale attributo nel buco del muro. Fece la pipì beato e si sorprese a fischiettare anche lui.

Trovò magnifico trascorrere quei giorni a Parigi libero come un uccello. Adesso che non aveva più doveri ufficiali, poteva prendere impegni con chi voleva.

Per il giorno seguente aveva organizzato un incontro singolare.

Hekayat dell'incontro con i principi deposti di Francia

Luigi Filippo d'Orléans fu re di Francia dal 1830 al 1848. Lo scià non sapeva molto di lui, ma conosceva suo padre Luigi Filippo II di Borbone-Orléans. Filippo II aveva sostenuto la Rivoluzione francese ed era a favore dell'instaurazione della Repubblica. Congiurò contro suo cugino Luigi XVI e votò per la sua condanna a morte. Ma quando la Rivoluzione fallì, fu arrestato e mandato alla ghigliottina.

In seguito all'esecuzione, il figlio Luigi Filippo fuggì dal paese. Dopo alcuni anni di peripezie, raggiunse l'America e lì rimase. Quando re Carlo X abbandonò la Francia, Filippo fece ritorno a Parigi, dopo ventisei anni di esilio, e si mise in capo la corona, ma nel 1848 anche lui fu costretto ad abdicare, passando alla storia come l'ultimo re di Francia.

La sua abdicazione, o meglio la sua deposizione come ultimo re di Francia, dava spesso da pensare allo scià, che aveva il costante presentimento che sarebbe stato l'ultimo sovrano del suo paese. Ma le ragioni per cui voleva incontrare i figli di Filippo II, i principi deposti di Francia, erano tutt'altre.

Luigi Filippo II di Borbone-Orléans, il padre di Luigi Filippo, aveva avuto due scambi di corrispondenza con il nonno dello scià. Lo scià non sapeva dove i due re si fossero incontrati, ma una volta Filippo II aveva mandato in dono a suo nonno un grande cannone. Non uno di quelli da portare al fronte in caso di guerra, ma un cannone ornamentale con cui sparare alle cerimonie ufficiali. Da bambino lo scià aveva potuto sparare con quel cannone alla presenza del nonno. L'arma era abbinata a un dipinto a olio, un ritratto di Filippo II, che adornava una parete della reggia di Teheran. Era il primo uomo di stato occidentale il cui ritratto fosse stato appeso nella reggia, cosa che aveva molto colpito lo scià. Luigi Filippo II d'Orléans e il suo cannone erano un ricordo d'infanzia che teneva caro nella memoria. Quando in seguito, da giovane, lesse che era stato condannato alla ghigliottina, sviluppò un interesse per la Rivoluzione francese e quindi una predilezione per la storia e la letteratura francesi. Le radici del suo viaggio in Europa, e soprattutto in Francia, affondavano in realtà nel suo ricordo di bambino di Luigi Filippo II d'Orléans.

Adesso aveva un appuntamento con i figli di Luigi Filippo, i nipoti di Luigi Filippo II d'Orléans. Dovevano incontrarsi in un caffè vicino al fiume. A quell'incontro sarebbero stati presenti il duca di Nemours, il duca di Aumale, il principe di Joinville, il duca di Montpensier e il conte di Parigi, figlio del defunto duca d'Orléans.

Quei vecchi principi erano stati banditi dalla Francia da Napoleone. Avevano vissuto per anni in esilio in Inghilterra. Quando la Francia era diventata una repubblica erano tornati a casa. Ora aspettavano tutti lo scià seduti attorno a un tavolo del caffè. Non sapevano perché volesse incontrarli, ma erano certamente onorati dal fatto che il re di Persia avesse espressamente chiesto di vederli.

Lo scià non poté fare a meno di ridere quando vide quegli anziani nobiluomini. Sembravano tutti vecchi re caduti da cavallo. Leoni grigi che non erano più leoni. Rivide nei volti di quei vecchi tracce del ritratto del loro nonno. Fu un incontro bizzarro, un vecchio ritratto a olio della sua infanzia che si presentava redivivo sotto diverse spoglie in un caffè lungo la Senna.

Lo scià raccontò ai principi la storia del cannone e del ritratto a olio del loro avo e della sua personale predilezione per la lingua e la letteratura francesi. Ma loro non erano molto interessati al suo racconto. Un re o un principe ha prestigio, incarna parte della storia di un paese, ma un re decaduto o un principe in abiti borghesi non è nessuno. Negli occhi di quei vecchi nobili la luce si era spenta. Non avevano letto i libri di Balzac e non nutrivano il minimo interesse per i batteri di Louis Pasteur. Non erano andati nemmeno a vedere la Tour Eiffel. Erano degli alcolizzati che si scolavano un bicchiere di vino dietro l'altro. Era tutto senza senso, lo scià non toccò bicchiere e si alzò.

Fuori il leggendario fotografo francese Félix Nadar aveva preparato la macchina fotografica vicino al fiume per scattare una serie di foto dello scià, cosa di cui il sovrano avrebbe fatto volentieri a meno. Ma chissà, forse la vita voleva mostrargli qualcosa di bello.

Hekayat del leggendario fotografo francese Félix Nadar

Félix Nadar* era un fotografo impegnato e un grande amante dell'arte. Era amico di tutti i celebri artisti della sua epoca ed era considerato l'ispiratore dei pittori impressionisti del suo paese. Tempo prima lo scià aveva ricevuto in dono un suo album di fotografie dall'ambasciatore francese a Teheran.

L'atelier di Nadar a Parigi era diventato un luogo di ritrovo di pittori e scrittori come Claude Monet, Eduard Manet, Gustave Courbet, Paul Cézanne, Victor Hugo ed Émile Zola. Lì i giovani pittori impressionisti potevano esporre i loro primi dipinti. La sua ultima opera monumentale era stata la storica foto di Victor Hugo sul letto di morte.

Nadar era invecchiato. Ora era lì sulla riva della Senna, dove aveva sistemato la sua attrezzatura per fare qualche ritratto allo scià. Essendo già stato fotografato centinaia di volte, il monarca non aveva mostrato nessun interesse per quella sessione fotografica. Ma l'ambasciatore persiano, che aveva organizzato l'incontro, gli

* Fotografo, pittore, caricaturista e aeronauta, Gaspard-Félix Tournachon, in arte Nadar (Parigi 1820-1910), è famoso soprattutto per essere stato un pioniere della fotografia. Celebre per i suoi ritratti di personalità come Rossini, Baudelaire e Manet, eseguì le prime fotografie aeree nel 1863 e nel 1874 ospitò nel suo studio la prima esposizione degli impressionisti. (N.d.T.)

aveva spiegato che Nadar non era un fotografo qualunque. «È la memoria di Parigi degli ultimi venticinque anni», aveva detto. «Inoltre, ha fotografato le più belle donne di Parigi nude.»

Lo scià vide Nadar da lontano, sulla riva del fiume. I lunghi capelli, il portamento, il modo in cui aspettava in piedi accanto alla macchina fotografica lo colpirono subito. Si strinsero la mano come due vecchi amici. Senza chiedere permesso, Nadar afferrò il mento dello scià e gli fece ruotare delicatamente il capo a destra e a sinistra: «*Un visage royal oriental, un visage que je n'ai jamais dépeint. Restez dans cette position, ne bougez pas.* Un volto da re orientale, un volto che non ho mai ritratto. Restate fermo così, non muovetevi.» E scattò velocemente una serie di foto con le carrozze e le donne che passavano.

«Fermo! Non ci servono le vostre foto», disse a sorpresa lo scià, «sappiamo che avete un ottimo stato di servizio. Voi capite questo nuovo mondo, avete visto molte cose e fatto molte esperienze. Quindi mettete via la macchina fotografica e i vostri attrezzi e diteci qualcosa di bello, qualcosa di saggio, qualcosa di nuovo. Non abbiamo fatto questo viaggio faticoso per essere fotografati ovunque. Stiamo scrivendo un diario di viaggio, fateci vedere qualcosa di speciale perché possiamo parlarne nel nostro diario. Fateci vedere qualcosa che sia degno di noi e che gli altri re non abbiano ancora visto. Capite che cosa intendiamo?»

Nadar lo guardò con un sorriso, in effetti aveva visto molte cose e fatto molte esperienze, era l'incarnazione di Parigi, ma che cosa poteva dare allo scià da portare con sé che gli altri re non avevano già visto? Di cosa poteva parlare questo autentico re nel suo diario di viaggio? Ci pensò su, mentre riponeva la macchina fotografica nel bagagliaio della carrozza.

«Ho un'idea», disse a un tratto. «Salite a bordo, se volete.» Con una certa titubanza, lo scià montò in carrozza dicendo in persiano al fido Einoldowle: «Sei libero, per oggi. Divertiti.»

Nadar e lo scià percorsero le vie trafficate di Parigi.

«Dove stiamo andando?» chiese lo scià.

«Nel mondo degli impressionisti», rispose Nadar.

«Dove?»

«Dagli impressionisti», ripeté Nadar.

Lo scià pensò che volesse portarlo in un famoso bordello. Un luogo frequentato dall'élite parigina, dove sarebbero stati accolti da giovani prostitute eleganti vestite alla moda.

«Avete qualche impegno stasera?»

«Se va tutto bene, andiamo a mangiare con qualche ministro fuori città.»

«Allora annullate l'appuntamento, se volete vedere qualcosa di nuovo.»

«Ma non possiamo», replicò lo scià.

«Certo che potete, siete un re. Annullate tutto senza dare spiegazioni. È una cosa cui l'élite di Parigi è abituata.»

«Vedremo, dipende da quali cose nuove volete farci vedere.»

«Ho un ospite a casa mia, un amico, e voglio che lo conosciate, o che lui conosca *voi*. Sarà un incontro speciale, sia per voi che per lui.»

«E chi sarebbe costui?» chiese lo scià.

«È una personalità importante, che in futuro significherà molto per la Francia. Volevate fare un'esperienza nuova. I tempi di Balzac e di Victor Hugo sono un po' superati, sono stati grandi scrittori, ma adesso la Francia ha un altro genere di arte e di letteratura.»

Alla parola letteratura lo scià drizzò le orecchie. Che cosa intendeva per «un altro genere di letteratura»? Lui sapeva tutto della letteratura francese, ma quali erano le novità di cui non era al corrente?

Nadar attraversò ancora un paio di strade trafficate e alla fine si fermò davanti al suo atelier in boulevard des Capucines.

Lo scià non poteva sapere che quello era uno dei palazzi più famosi di Parigi. Nel 1874 Nadar aveva messo il suo atelier a disposizione di un gruppo di pittori sconosciuti, pittori di cui nessuna galleria d'arte parigina voleva esporre le opere. Nadar aveva offerto loro il suo studio. In seguito quel palazzo sarebbe passato alla storia come la casa natale dell'impressionismo.

Lo scià aspettò con aria noncurante che il fotografo scaricasse la sua attrezzatura. Quando ebbe finito, Nadar infilò la chiave nella porta e la aprì.

«Perché siamo venuti qui?» chiese di nuovo lo scià.

«Vi ho spiegato che desidero presentarvi una persona. È un animale che nessun altro re ha mai visto finora.»

«Un animale?»

Lo scià entrò nel palazzo per vedere l'animale.

Hekayat di un uomo sotto le coperte

Lo scià seguì Nadar lungo una serie di stretti corridoi, dove c'erano molti quadri appoggiati contro il muro. Salì dietro di lui le ripide scale che portavano a un ampio locale con un tappeto consunto per terra e diversi quadri appesi alle pareti. Sotto la grande finestra del soggiorno, da cui si godeva di un'ampia vista della città, c'era un uomo avvolto in una coperta da cui spuntavano solo gli stivali militari.

«Si svegli, abbiamo un re qui nello studio», gridò Nadar all'uomo sotto le coperte.

Lo scià conosceva il pittore persiano Kamal ol Molk,* che proveniva da una nobile famiglia e si comportava come un re, ma per il resto non aveva mai visto come vivevano gli artisti. Trovò l'atelier di Nadar lurido e puzzolente e preferì restare in piedi anziché sedersi.

«*Réveillez-vous, je vous ai apporté un vrai roi*... Si alzi, le ho portato un vero re», ripeté Nadar rivolto all'uomo sotto le coperte, che non reagì. Nadar tirò via le coperte e lo costrinse ad alzarsi. L'uomo si mise seduto. Aveva una lunga barba e i capelli corti e assomigliava come una goccia d'acqua all'ayatollah

* Mohammad Ghaffari (1848-1940), meglio noto come Kamal ol Molk, fu un celebre pittore, autore di ritratti di importanti personalità iraniane, di paesaggi, riserve di caccia e interni di palazzi reali. Fu chiamato a corte da Nasser al-Din Scià Qajar, dove esercitò la sua arte fino alla morte del sovrano, nel 1896. (N.d.T.)

della moschea Jomeh di Teheran, ma senza turbante.

«Alzati! Hai davanti un re!» gridò Nadar.

L'uomo si stropicciò gli occhi e scrutò lo scià. Lo scià trovava quell'atelier indecoroso per un re e voleva andarsene. Ma a un tratto l'uomo si alzò, si lisciò la barba, si sistemò i vestiti e porgendogli la mano si presentò: «Monet.»

Lo scià gliela strinse con aria indifferente.

«Oscar-Claude Monet, pittore leggendario, un mito vivente di Parigi, il padre della pittura impressionista», disse Nadar.

Lo scià non aveva mai sentito parlare dell'impressionismo. Le sue conoscenze pittoriche non andavano al di là dei ritratti a olio che gli erano stati fatti.

Monet. Il pittore, l'artefice di dipinti incantevoli come *La femme en robe verte*, *Femmes au jardin*, *Impression, soleil levant*, *La promenade*, *La gare Saint-Lazare*, *Mer agitée à Étretat*, *La vallée de la Creuse*, *Le parlement, soleil couchant* e naturalmente la serie delle ninfee a cui stava lavorando, che lo avrebbe reso famoso in tutto il mondo. Avrebbe tenuto una mostra a Parigi di lì a due settimane, per questo alloggiava nello studio di Nadar.

Nadar estrasse da una cassa uno dei suoi dipinti più famosi e lo appese a una parete. Era il celeberrimo *Impressione, levar del sole*, il manifesto degli impressionisti.

«Cosa ne pensa il re?» chiese.

Lo scià osservò il quadro, un brutto dipinto dell'alba, con il sole che gettava una luce arancione sull'acqua e un paio di barchette insignificanti.

«Non vi dice niente?» disse Nadar. «Qui, in

questo studio, abbiamo esposto anni fa una serie di dipinti simili. Allora i pittori erano tutti giovani e sconosciuti. Un critico autorevole scrisse una stroncatura.»

Che cosa doveva rispondere? Doveva tacere o farsi dare lezioni da quel Nadar e dal suo socio Monet? Certo che no, lui era lo scià di Persia e aveva un suo parere al riguardo. Siccome Monet gli ricordava l'ayatollah di Teheran, disse: «Questo dipinto ci ha colpito, non vale niente.»

«Perfetto, avete pronunciato esattamente le parole che usò quel critico nella sua stroncatura. "Ne sono rimasto sicuramente colpito. Sì, mi ha colpito. Ma una carta da parati è più curata di questa impressione."»

Ora Nadar appoggiò gli altri quadri di Monet alla parete, in modo che lo scià potesse vederli bene. Ma lui li trovò tutti brutti.

Nadar lo aveva portato lì per fargli vedere quei dipinti come esempi di novità, di opere importanti?

Al piano di sotto qualcuno aprì una porta facendo un gran baccano e un rumore di passi pesanti rimbombò sulle scale. Un altro uomo alto e barbuto, con un cappello in testa e un quadro sotto il braccio, entrò nella stanza.

«Guarda un po' chi c'è», esclamò Nadar, «adesso la compagnia è al completo. Paul, che cos'hai portato, un nuovo quadro? Un attimo che vi presento: Paul Cézanne.» E gli presentò lo scià.

Cézanne pensava che lo scià fosse un mercante d'arte orientale e che Nadar lo chiamasse il re di Persia per prenderlo in giro, perciò non gli prestò ulteriore attenzione, sollevò leggermente il cappello, consegnò il quadro a Nadar e raggiunse Monet.

Nadar appoggiò la nuova tela di Cézanne al muro e la osservò. Era un dipinto intitolato *Les joueurs de cartes*.

Lo scià lo osservò insieme a lui, Nadar notò che quegli artisti e le loro opere non dicevano niente al re persiano.

«Maestà, vi ho portato qui proprio per farvi conoscere questi due giganti della pittura. Sono esattamente quel nuovo che volevate vedere, artisti moderni che nessun altro re ha mai visto prima.»

Mise sul tavolo una bottiglia di vino rosso e tre bicchieri e li riempì.

Nel frattempo, parlando con Monet, Cézanne aveva capito che quel signore era davvero lo scià di Persia. Dopo aver bevuto un paio di bicchieri, a poco a poco lo scià si rese conto che forse era finito veramente in un mondo unico. La stanza risuonava di risate e i quattro uomini erano impegnati in una fitta conversazione. Cézanne estrasse il taccuino e fece un ritratto dello scià.

Due giorni dopo apparve un suo disegno sulla terza pagina del *Figaro*, con la seguente didascalia: «Il re di Persia ha incontrato Monet e Cézanne nell'atelier di Nadar.» Quando vide una copia del giornale, lo scià non si riconobbe, perché era disegnato in modo bizzarro. Accanto a lui c'era Monet, che sembrava un mendicante, e sullo sfondo si vedevano un profilo di Nadar e l'ombra di Cézanne sul muro.

Lo scià pensò che il giornale l'avesse messo in ridicolo e si sentì inondare di sudore, ma si ricordò la spiegazione di Nadar sulla pittura impressionista: «Non si tratta di voi, ma del modo in cui il pittore vi guarda.» Tirò un sospiro si sollievo: che gente stramba!

Hekayat del commiato dello scià

Monet e Cézanne avevano trovato piacevole la compagnia dello scià. Perciò Nadar lo invitò a bere qualcosa insieme a loro la sera dopo la pubblicazione del disegno.

Dopo aver bevuto un paio di bicchieri, lo scià si rivolse a Cézanne e disse: «Apri la bocca!»

Cézanne non capì, ma spalancò comunque la bocca, al che lo scià vi infilò dentro una manciata di monete d'oro. Era una tradizione presso i re persiani. Se un poeta arrivava con una poesia speciale e lo scià la trovava bella, gli riempiva la bocca di monete d'oro. «È impressionismo. Io esprimo le mie impressioni in questo modo», disse lo scià sorridendo e levò il bicchiere. Bevve un sorso e proseguì: «*Écoutez! Au début, je ne savais pas ce que je rencontrerais pendant mon voyage. Maintenant je le sais. Je suis venu vous trouver, vous voir. Vous tous, du czar à Nadar, Monet et Cézanne. Voici mon voyage arrive à sa fin, et je vais rentrer à la maison.* Ascoltate! All'inizio non sapevo chi e che cosa avrei incontrato durante il mio viaggio. Ora lo so. Sono venuto a trovarvi. A vedervi. Tutti quanti, dallo zar a Nadar, a Monet e a Cézanne. E con questo metto la parola fine al mio viaggio e torno a casa.»

Poi batté le mani ed Einoldowle, che era in corridoio, entrò. «Portami il mio diario», disse.

Einoldowle glielo consegnò e gli porse il calamaio. Lo scià intinse la penna nell'inchiostro, scrisse un paio di annotazioni, e concluse con «*Au revoir, l'Europe*».

L'ultima *hekayat*

Lo scià mise la parola fine al suo viaggio in Europa e non aggiunse altro sul suo diario. Ma la storia di Banu era lungi dall'essere conclusa. Nel momento esatto in cui lo scià saliva sul treno per fare ritorno a casa, lei salì su una carrozza e diede un indirizzo al cocchiere.

La carrozza lasciò Parigi e proseguì per un'ora tra piccoli borghi e campi coltivati, finché in lontananza, dietro gli antichi alberi, spuntò un castello. Il cavallo avvertì subito il silenzio e rallentò l'andatura. La carrozza si fermò a poca distanza dal cancello della tenuta.

C'era il sole e da una finestra del castello si diffondeva la musica dolce e riposante di un pianoforte. Posati sugli alberi centenari, gli uccelli erano immobili.

Tre piccole infermiere anziane in tunica bianca comparvero sulla veranda in cima alle scale per vedere chi fosse arrivato alla tenuta in quel primo pomeriggio. Videro una donna scendere dalla carrozza ed ebbero l'impressione che si trattasse di una signora orientale fuori dall'ordinario. Con loro stupore, la carrozza ripartì subito, lasciando lì la visitatrice, che posò a terra la valigia e rimase immobile ad ascoltare il pianoforte. Era incinta, videro le infermiere.

Banu aveva sentito la musica di un pianoforte per la prima volta nella residenza dell'ambasciatore francese a Teheran. Quella che sentiva ora suonava come una melodia di benvenuto. Chi suonava dava voce alle emozioni, al dolore e all'apparente felicità di Banu.

Le tre piccole donne in divisa bianca scesero insieme le scale e andarono verso di lei.

«In che cosa possiamo servirla?» domandò l'infermiera più anziana, che aveva i capelli bianchi.

Banu le salutò e si presentò come una viaggiatrice orientale, venuta lì per incontrare Adèle, la figlia di Victor Hugo.

Le infermiere si guardarono l'un l'altra. Ma era possibile? Adèle riceveva raramente visite, non le gradiva, si stava riprendendo dall'ultima crisi psicotica.

Dopo trent'anni di tresche, amori, viaggi, malattie e vagabondaggi in America e in Africa, alla fine la schizofrenia di Adèle era approdata al castello che suo padre aveva acquistato per lei prima di morire. Aveva provveduto affinché ricevesse assistenza fino alla fine dei suoi giorni. Adèle non aveva nessun altro a parte lui. La madre, i fratelli e la sorella erano morti tempo prima. Passava la vita a suonare, scrivere e dormire.

«Non è possibile, signora. Madame Hugo non riconosce più nessuno e non desidera ricevere visite», disse l'infermiera più anziana rivolta a Banu.

«Lo so, ma vengo da molto lontano, dal paese delle fiabe. Riferite questo alla vostra signora, ditele che c'è una principessa orientale che desidera incontrarla. Non sono una sconosciuta, ho con me delle lettere che mi ha scritto monsieur Hugo.»

Le tre donne si guardarono di nuovo. In effetti era una visita insolita. La carrozza era partita e non potevano mandare via una giovane donna incinta. Lasciarono Banu in giardino, salirono le scale ed entrarono nel castello.

Poco dopo la musica del pianoforte si interruppe, gli uccelli volarono via dai rami e sulla tenuta scese un silenzio perfetto.

Le tende si mossero e dietro i vetri comparve una donna grigia sulla cinquantina. Era uno di quei momenti in cui Adèle riemergeva dal suo delirio e tornava alla realtà, il resto del giorno viveva nel suo mondo inventato.

C'era davvero quella donna orientale con la valigia in giardino o era un'altra delle sue allucinazioni? Per sicurezza guardò le infermiere con aria interrogativa. «*C'est vrai, madame, pas une illusion. Elle est vraiment dans le jardin.* È vero, madame, non è un'illusione. C'è davvero una donna in giardino», confermò l'infermiera più anziana.

«Che cosa vuole da me?» domandò Adèle.

«Non lo sappiamo.»

«Fatela entrare. Ma restate nei paraggi nel caso succedesse qualcosa.»

Le tre infermiere scesero di nuovo le scale e dissero a Banu: «Fate in fretta, signora. Madame è presente in questo momento, ma se si perde di nuovo nel suo mondo, dovrà andarsene anche lei.»

Banu sollevò l'orlo del lungo abito e salì le scale con il suo pancione. D'un tratto si trovò di fronte Adèle, la figlia del grande scrittore Victor Hugo.

Che cosa doveva dirle, in realtà, e come doveva presentarsi? Come una principessa? O, con più modestia e gratitudine, come una lettrice?

Si era immaginata le più svariate situazioni, ma non il fatto che la figlia di Victor Hugo potesse svanire da un momento all'altro nel mondo della sua immaginazione.

Si spicci, le dica quello che deve dirle prima che scompaia di nuovo, la sollecitarono a gesti le infermiere. Banu capì di essere finita in un mondo in cui il personale di servizio aveva acquisito troppo potere, e perciò decise di imporsi, come una vera principessa. Disse alle infermiere: «*Laissez-nous tranquilles et fermez la porte*. Lasciateci sole e chiudete la porta.»

Le infermiere, servili, conoscevano la voce del potere e si ritirarono nell'altra stanza.

Banu si trovava di fronte a una donna di cui negli ultimi tempi aveva sentito parlare molto e sulla quale aveva letto molto. Una donna che era stata l'unica preoccupazione di Victor Hugo sul suo letto di morte. E adesso doveva dirle quello che voleva dirle prima che scomparisse di nuovo. Scelse con cura le parole: «*Je viens du même monde où vous vivez, le monde de l'imagination. Un enfant se déplace dans mon ventre, qui est la seule réalité dans mon monde. Je quittais la fiction à Paris et j'ai échappé au monde de l'illusion. Je suis une vraie princesse perse. Le roi a quitté Paris aujourd'hui, après une visite d'État. Je ne vais pas revenir avec lui. Je veux rester avec vous jusqu'à ce que mon enfant est né. Ensuite, nous allons voir ce que la vie a prévu pour nous…* Vengo dal mondo in cui anche voi vivete, il mondo dell'immaginazione. Nel mio ventre si muove un bambino, che è l'unica realtà del mio mondo. A Parigi ho lasciato la finzione e mi sono sottratta al mondo dell'illusione. Sono una vera principessa persiana. Oggi il re ha lasciato Parigi dopo una visita di stato. Non tornerò a casa con lui. Voglio restare con voi fino a quando nascerà mio figlio. Poi vedremo che cosa la vita ha in serbo per noi.»

Adèle allungò la mano e sfiorò il suo ventre. Che situazione incredibile. Che esperienza trovarsi al limite tra realtà e fantasia. Sentì le infermiere dietro la porta, esclamò: «*Entrez!*»

Le infermiere entrarono frettolose come galline.

«La principessa è incinta», disse. Poi tornò al pianoforte, nel suo mondo.

Le infermiere si guardarono in faccia, non sapevano cos'altro volesse dire Adèle con «la principessa è incinta».

Ora spettava a Banu decidere il resto: «*Je veux d'abord manger quelque chose et puis je veux faire une sieste*... Voglio prima mangiare qualcosa e poi riposare un po'», disse.

Le infermiere pensarono che anche Banu vivesse in un mondo tutto suo, come Adèle. Perciò la assecondarono. Una di loro andò svelta in cucina, l'altra si affrettò a prepararle il letto nella stanza degli ospiti e la più anziana andò ad apparecchiare la tavola per Adèle e Banu.

33

Lasciai Parigi con Iris, oltrepassando le fattorie e i piccoli borghi dove un tempo Banu era passata in carrozza, alla ricerca della casa di Adèle, la figlia di Victor Hugo.

Quando era nel suo mondo immaginario, Adèle suonava il pianoforte o passeggiava nei viali della tenuta. Ma quando tornava nella realtà leggeva libri e scriveva. Dopo la morte i diari furono pubblicati e si rivelarono una fonte inesauribile di notizie sulla sua vita, i suoi amori, il suo dolore, suo padre e anche su Banu.

Negli ultimi giorni avevamo studiato i testi originali nell'archivio del Museo delle Lettere di Parigi. Ci interessava soprattutto il periodo in cui Banu era andata a trovarla, e infatti trovammo un capitolo sulla «principessa», che però non veniva chiamata per nome.

Mentre percorrevamo la strada dove un tempo Banu era passata in carrozza, la mia studentessa lesse un brano dell'autobiografia di Adèle.

«Veniva dal mondo delle fiabe e partorì per noi una bambina, che ci mise tutte a contatto con la vita vera. Pensavo che avrei passato i miei ultimi giorni nella quiete e nel silenzio, ma all'improvviso risuonarono nel castello suoni nuovi, felici, che riuscirono a tenermi più a lungo dentro la vita vera.»

Quando l'antico castello spuntò in lontananza dietro gli alberi, entrammo nei tempi passati. A un certo punto fermai la macchina. Proseguimmo a piedi fino alla tenuta.

Il cancello era chiuso da una vecchia catena di ferro arrugginito. Come se qualcuno avesse detto: fino a qui e non oltre.

Le storie dei re non finiscono mai del tutto, perché i narratori devono sempre conservare qualcosa per la prossima volta. Perciò metto qui la parola fine al mio racconto.

Salam

Seyed Jamal
Amsterdam 2016

Nota dell'autore

Gli eventi citati nel libro sono basati su verità storiche, ma i racconti seguono le leggi della letteratura: «Tutte menzogne!» dice Max Havelaar.

Non c'è un unico re persiano che ha compiuto un lungo viaggio in Europa, ce ne sono almeno altri due che hanno seguito lo stesso itinerario e tenuto un diario. Dopo il viaggio di questi re, molti hanno percorso lo stesso tragitto e hanno tenuto un diario.

Postfazione

In una fase storica in cui l'Europa vive divisioni profonde, diffusi e radicali mutamenti politico-sociali e inquietanti rigurgiti nazionalistici, Kader Abdolah ci riporta sul crinale di un altro convulso passaggio della nostra storia moderna, quello in cui, tra la fine dell'Ottocento e i primi decenni del Novecento, si consuma il declino degli antichi regimi – segnato dalla progressiva dissoluzione dei grandi imperi e dalla nascita di nuovi stati (la Germania unita di Bismarck e, in prospettiva, l'Unione delle Repubbliche Socialiste Sovietiche) – con il quale si delinea il profilo dell'Europa che abbiamo imparato a conoscere nell'ultimo secolo.

Uno dei grandi motori di quei rivolgimenti epocali fu, dopo la Rivoluzione francese, che echeggia in sottofondo come imprescindibile punto di svolta ideale e politico, la Rivoluzione industriale, che vide non solo i tempi del lavoro (e della vita umana) convertirsi «in tessuto», come plasticamente ci ricorda Abdolah quando accompagna lo scià nella visita delle manifatture tessili inglesi, ma anche l'evolvere del sapere scientifico, la nascita delle grandi acciaierie, di imponenti cantieri navali, di fabbriche d'armi e del trasporto ferroviario. Sono, queste, alcune delle straordinarie novità in cui anche l'anonimo scià di Persia, protagonista del romanzo – nel quale gli affezionati lettori di Abdolah non faticheranno a riconoscere quel Naser al-

Din Shah Qajar già incarnato dalla figura del Re dell'omonimo romanzo (Iperborea 2012) – si imbatte nel suo lungo e, si sarebbe detto un tempo, periglioso viaggio nella terra incognita d'Europa. Ingenuo e crudele, colto e rozzo, dispotico e fragile, questo scià bonaccione e sensibile si porta appresso, nelle sue peripezie, una carovana elefantiaca, emblema dell'arretratezza di un regno millenario destinato presto a soccombere: un regno su cui grava il peso di una sudditanza politica ed economica verso un'Europa avida e scaltra, in cui le potenze della Russia zarista e dell'Impero britannico si sfidano in quel Grande Gioco che determinerà per i decenni a venire, e ancor oggi informa, le relazioni politiche tra l'Iran e la Russia da un lato e tra lo stesso Iran e alcune nazioni dell'Europa occidentale dall'altro. (Similmente, il libro evoca con vividezza le rivalità e il cementarsi di alleanze tra paesi europei, in cui non è difficile individuare i prodromi delle due guerre mondiali e i riflessi nelle odierne relazioni interstatuali.)

Che cosa ha spinto lo scià a intraprendere questo viaggio dall'esito incerto? Basandosi sulle annotazioni riportate nel suo diario (con relative inesattezze storiche), o meglio nei diari dei diversi sovrani persiani che visitarono l'Europa, Abdolah tenta di metterne a fuoco le motivazioni. Apprendiamo così che lo scià, che «non era un re, era un bambino», era stato insediato dalla Storia sul trono del Pavone suo malgrado e, sempre suo malgrado, educato a diventare un monarca spietato, ma inetto. Il viaggio che compie in Europa sulla scorta di sentimenti contrastanti si rivela quindi come un percorso ideale, oltre che fattuale, per conoscere e inverare se stesso, ma lo scià è innanzitutto indotto a farlo dalla curiosità di scoprire «storie vere, che forse sarebbero state potenti quanto le fiabe orientali».

È questa inesauribile curiosità a portarlo a visitare i regni europei, a conoscerne i sovrani e le rispettive vicissitudini, ad addentrarsi in fumose officine, ad arrampicarsi sul rompighiaccio più grande del mondo, a sperimentare la pericolosa velocità dei treni e la magia di una mongolfiera, a incontrare scrittori, musicisti, inventori e pittori, a stupirsi della bellezza della natura e delle opere dell'uomo. Uscire dai propri confini, conoscere l'altro, scoprirne la diversità e la sorprendente somiglianza con noi stessi è l'esistenza stessa che prende forma e trova il suo senso, sembra volerci dire Kader, che con il suo nobile predecessore condivide curiosità, passione per la vita e il desiderio di immortalarla sulla carta, alimentando e perpetuando così la sua stessa esistenza. La scrittura diventa quindi il filo che tesse il racconto di una *quête* antica ed eterna e Kader Abdolah, come lo scià, una Sherazade con la penna in mano. Scrive, attraverso il suo moderno laptop, il docente fittizio di studi orientali creato dalla fantasia dell'autore: «E [lo scià] disse tra sé: Vittoria resterà nella Storia per essere stata a capo di un grande regno. Anche noi continueremo a vivere, grazie a quella penna d'oca d'oro che ci portiamo sempre appresso. Un re curioso, che desidera vedere tutto della sua epoca e provare tutto»... «Questo viaggio gli aveva offerto la possibilità di scrivere un libro. Una serie di storie sull'Europa alla fine dell'Ottocento. Non voleva morire prima di averlo finito, e sapeva che finché continuava a scrivere non sarebbe morto.»

Scegliendo ancora una volta uno stilema narrativo persiano, quello della *hekayat*, un racconto che rimanda alla «narrazione a cornice», Abdolah intreccia anche in questo romanzo storia e ricostruzione fantastica (legittimandosi voli acrobatici nel tempo), realtà e invenzione, passato e presente, confermando, accanto al gusto per l'arte del narrare e dell'intrattenere il lettore, una passione spregiudicata e sorgiva per la scrittura, l'amore per il suo paese e la sua cultura e uno sguardo attento alle ragioni della Storia e all'attualità. In questo modo ci conduce arditamente in un viaggio nel viaggio alla riscoperta dell'Europa, le cui vicende storiche slittano di continuo tra passato e presente, procedendo talvolta come un funambolo su una fune tesa nel vuoto. La spregiudicatezza dell'invenzione letteraria, la vena surreale che contraddistingue la sua scrittura e l'incalzare dei «quadri» racchiusi nel breve testo delle *hekayat* formano la rete di sicurezza che lo salva dalle cadute che potrebbero interrompere il lungo percorso del libro.

Ma anche altri importanti e noti appigli permettono all'autore di tener vivo il dialogo con chi legge, favorito qui dalla leggerezza del tono e dal ricorso all'umorismo e all'ironia. Mi limito a citare i tre «appigli» che più mi hanno affascinato.

Il tema del viaggio, con le inquietudini e la vitalità che lo accompagnano, e che rappresenta una costante nei romanzi di Abdolah: il viaggio come conseguenza di una necessità congiunturale (la fuga), come *quête* (la *peregrinatio* dello straniero), come dato esistenziale (la vita come passaggio). Un viaggio che nella narrativa abdoliana si coniuga con l'incontro, la conoscenza, l'accoglienza dell'altro e l'accettazione del destino.

Il tema della testimonianza, che vede lo scrivano Abdolah farsi sguardo attento sulle crisi e le contraddizioni del presente: in particolare, in questo romanzo, come in *Un pappagallo volò sull'IJssel*, la scrittura dell'autore è un faro puntato sul confronto e la possibile integrazione tra culture. «Non c'è un unico re persiano che ha compiuto un lungo viaggio in Europa, ce ne sono almeno altri due che hanno seguito lo stesso itinerario e tenuto un diario. Dopo il viaggio di questi re, molti hanno percorso lo stesso tragitto e hanno tenuto un diario», scrive l'autore nelle sue note finali, ed è chiaro il riferimento a quanti, come lui, provenendo da Oriente, o dal Sud del mondo, sono approdati negli ultimi decenni in Europa alla ricerca di un focolare. «*When I was still in the fatherland, I was afraid to leave my country. But one thought ruled: "You have to go." Apparently something overwhelming was happening, but it took time before I understood. Then I realized that I was part of the first wave of people who had left their homes and went. But where to go to? To look for uncertain gold. Looking for a new identity. Looking for a new Me.*»

Nel suo essere testimone, inoltre, Abdolah non rinuncia, neanche in questo libro, ad assumere una posizione profondamente politica, da intendersi nell'accezione più ampia della parola, anche se a saltare all'occhio qui è soprattutto il netto contrasto che emerge tra i sistemi liberali di un Occidente democratico e quelli oppressivi dei regimi autocratici.

Infine non possiamo non citare la sensibilità e l'indulgenza che l'autore dimostra in ogni suo scritto sia per le vicende e le debolezze dei suoi personaggi – che appaiono chiare nel ritratto dello scià – sia per le velature dell'animo umano, in particolare quando si sofferma malinconicamente sulla fugacità dell'esistenza e sulla linea d'ombra della vita, citando i versi dell'amato poeta Khayyām: «*Oh, cogli il giorno in questa vita così breve. / Prima che ci riduciamo in polvere...*»

Ma accanto al *carpe diem* del maestro persiano, altre citazioni, come quella di Ivan Aleksandrovič – «A tutto c'è una fine, soprattutto a questo nostro breve, piacevole incontro» – evocano quella consapevolezza della «transitorietà del potere, della gloria e anche del piacere» tramandate a noi già dagli antichi lirici greci. A riprova che tutti i noi, come i *refugees*, condividiamo il viaggio dell'esistenza, siamo «*mankind, Man himself*».

Ma, a conclusione di queste considerazioni, è giusto cedere il passo alle parole che lo stesso autore ha suggerito a commento di questo suo ultimo romanzo: «Abdolah ci porta a compiere un viaggio con lo scià in Europa, nel tempo, un viaggio verso noi stessi con la domanda finale: chi sono io?»

Elisabetta Svaluto Moreolo

La traduttrice ringrazia Raffaella Isoardi, della Sezione di Apparecchi e Collezioni di Precinema del Museo Nazionale del Cinema di Torino; Francesco Lavazza del Museo della Stampa e Stampa d'arte di Lodi «Andrea Schiavi»; Giacomo Longhi, traduttore dal persiano e Bruno Osimo, traduttore dal russo, per la loro preziosa e generosa consulenza.

Indice

Ultimi volumi pubblicati

GLI IPERBOREI

320. Frank Westerman: *Ingegneri di anime*
321. Mathijs Deen: *Per antiche strade* (4ª ed.)
322. Cees Nooteboom: *Addio*
323. Lars Gustafsson: *Storie di gente felice* (2ª ed.)
324. Rosa Liksom: *La moglie del Colonnello*
325. *Saga di Gunnar* (2ª ed.)
326. Kjell Westö: *La sciagura di chiamarsi Skrake*
327. Andri Snær Magnason: *Il tempo e l'acqua*
329. Kader Abdolah: *Il sentiero delle babbucce gialle* (2ª ed.)
330. Jón Kalman Stefánsson: *Crepitio di stelle* (2ª ed.)
331. Stig Dagerman: *Il serpente*
332. *Leggende groenlandesi*
335. Peter Terrin: *Il guardiano*

FSC
www.fsc.org
MISTO
Carta
da fonti gestite in
maniera responsabile
FSC® C105256

Iperborea dà il suo contributo a un futuro sostenibile
per i libri, i lettori e il pianeta.

Questo libro è stato stampato da Joelle S.r.l.
per conto di Iperborea su carta certificata FSC.

Finito di stampare nel mese di gennaio 2021
presso Tipolitografia SAT s.n.c. per conto di Joelle s.r.l.
Città di Castello (PG)